So bleiben Pferde

Fit & Fröhlich

von

Christine Lange

Freuen Sie sich an Ihrem Pferd,
gleichgültig wie alt es ist und welche Leistung es erbringt.
Freuen Sie sich über das kostbare Geschenk,
das es alleine dadurch in Ihren Alltag bringt,
daß es als lebendiges Geschöpf auf dieser Erde existiert.
Und daß das Schicksal es Ihnen – ja gerade Ihnen! – anvertraute.

Christine Lange im Juli 1998

CIP-Titelaufnahme der Deutschen Bibliothek:

Lange, Christine:
So bleiben Pferde fit und fröhlich / von Christine Lange.
– Mainz :
– Fachverlag Dr. Fraund, 1998
ISBN 3-921156-39-4

Fotos: Christine Lange (67), Lothar Lenz (27, Titelfoto), Elke Berg (2)
Karikaturen: Birgit Fehlhaber

Lektorat: Christiane Kächler-Kröck
Umschlaggestaltung/Layout: Sabine Theis de Senna Diniz

ISBN 3-921156-39-4

Printed in Germany/Imprimé en Allemagne

KAPITEL 6 • IHRE WICHTIGSTEN PARTNER: STALLVERMIETER, TIERARZT, HUFSCHMIED

KAPITEL 7 • VERHALTENSEINMALEINS: DAS 'NORMALE' ERWACHSENE PFERD

KAPITEL 8 • LEBENSABSCHNITTE: JUNG - ERWACHSEN - ALT

KAPITEL 11 • GNADENHOF - BEISTELLPFERD - SCHUTZVERTRAG

KAPITEL 12 • HILFE VON DRITTEN - REITMÖGLICHKEITEN: PFLEGEMÄDCHEN, REITPARTNER, LEIHPFERD ODER NEUES PFERD?

KAPITEL 13 • TOD UND LEBEN: DAS ENDE - UND EIN NEUBEGINN

EIN DANKESCHÖN ZUM SCHLUSS

Ein paar Worte vorab

Liebe Leserinnen und Leser,

Sie tragen sich mit dem Gedanken, ein Pferd zu kaufen? Oder besitzen Sie bereits ein eigenes Pferd? Sicherlich möchten Sie eine harmonische Partnerschaft mit ihm aufbauen! Sie bemühen sich um sein Vertrauen und seine Freundschaft und wünschen sich, daß es darüber hinaus auch Arbeitseifer und Leistungsbereitschaft zeigt. Mit einem kraftvollen, gesunden und lebensfrohen Pferd umzugehen macht Spaß! Natürlich soll Ihr Pferd möglichst immer so fit und fröhlich bleiben - am liebsten bis ins hohe Alter. Ist die Verwirklichung dieses Wunsches eine Utopie?

Nein, Fitness und Fröhlichkeit sind das Ergebnis von körperlichem und seelischem Wohlbefinden. Sie können Ihrem vierbeinigen Kameraden zu diesem Wohlbefinden verhelfen. Dieses Buch zeigt Ihnen, wie Sie lernen, auf die Signale seines Körpers und seiner Psyche zu hören. Es hilft Ihnen zu entschlüsseln, was sie Ihnen zu sagen versuchen. Entdecken Sie, wieviel Freude es auch Ihnen macht, jeden Tag etwas Zeit darauf zu verwenden, die Lebendigkeit Ihres Pferdes zu unterstützen und seine Fähigkeit zu fördern, viele, viele Jahre lang energiegeladen und effektiv zu funktionieren. Sie lernen die Grundprinzipien gesunder Pferdeernährung kennen und reduzieren oder vermeiden die Zufuhr wenig zuträglicher Substanzen. Sie verbessern behutsam die Haltungsbedingungen, um Gesundheitsrisiken auszuschließen. Sie gestalten den Alltag Ihres Pferdes so um, daß es seine Bedürfnisse befriedigen, sich regelmäßig tief entspannen, Streß abbauen und seinen Energiepegel anheben kann. Und wenn Sie eines Tages feststellen, daß beinah unmerklich aus Ihrer Sports-

kanone nun doch ein etwas geruhsamerer Senior geworden ist, den hier und da ein Alterszipperlein plagt, wissen Sie das, was zunächst als Nachteil erscheint, klug in einen Vorteil umzuwandeln. Indem Sie Ihr Verhältnis zum Pferd auf eine neue Grundlage stellen, befreien Sie sich von gängigen Vorurteilen und nehmen die Herausforderungen und Möglichkeiten freudig an, die auch der letzte Lebensabschnitt Ihres Pferdes bietet. Haben Sie den Mut, Ihre persönlichen Stärken zu nutzen, um auch Wege aus zunächst schwierig erscheinenden Situationen zu finden und Krisen zu bewältigen! Dann können Sie eines fernen Tages Ihren vierbeinigen Freund auch liebevoll 'bis an das Tor zur ganz großen Weide' begleiten...

Dieses Buch möchte Sie nicht nur zum Lesen einladen, sondern zum Mitarbeiten anregen - als unterhaltsame Lektüre und effektives Arbeitsbuch zugleich. Checklisten, Fragebögen und Informationskästen helfen Ihnen, das Wohlbefinden Ihres Pferdes immer wieder neu zu überprüfen. Praxisorientierte Ratschläge machen es Ihnen leicht, alle Aufgaben und Herausforderungen zu bewältigen, die der Alltag als Pferdebesitzer Ihnen beschert. Sie und Ihr Pferd haben sich aufgemacht zu einer Reise durch die verschiedenen Lebensabschnitte. Entdecken Sie die Wunder, die der gemeinsame Weg für Sie beide bereithält. Vielleicht wird dieses Buch dabei zu Ihrem persönlichen Freund und Begleiter.

Christine Lange

Christine Lange

Kapitel 1 • Hier und heute:

Sie und Ihr Pferd!

Ein eigenes Pferd - genau das war die Erfüllung Ihres langgehegten Traumes! Oder besitzen Sie noch gar kein Pferd und denken erst daran, eines zu kaufen? Sicherlich spielt - oder spielte - bei Ihrem Traum die Vorstellung, eine viele Jahre andauernde, innige Beziehung zu einem Lebewesen aufzubauen, eine ebenso wichtige Rolle wie der Wunsch, sich sportlich zu betätigen und die Freizeit sinnvoll zu gestalten.

Gehen wir einmal davon aus, daß Sie derzeit noch auf der Suche nach einem vierbeinigen Partner sind. Sie kennen sich selbst genau und Sie schätzen auch Ihre private und berufliche Situation richtig ein. Vielleicht sind Sie das, was die Fachwelt heute einen Quereinsteiger nennt (Sie haben also erst im Erwachsenenalter das Reiten gelernt). Oder Sie geben ehrlich zu, daß Sie manchmal im Sattel noch ein wenig Angst empfinden - eine ganz natürliche Empfindung, derer Sie sich nicht zu schämen brauchen. Sie können sich ein Pferd leisten, aber Ihr Budget wäre überfordert, müßten Sie zusätzlich die Ausbildung eines Jungpferdes oder die Korrektur eines Problempferdes bezahlen. Beruf, Partner, Familie, Ihre sonstigen Interessen und Verpflichtungen lassen Ihnen wahrscheinlich täglich - oder zumindest fast täglich - zwei bis maximal drei Stunden Zeit für Ihr Pferd.

Ein bißchen bequem sind Sie auch, wie die meisten von uns! Und Sie sind selbstkritisch genug, um zu wissen, daß Ihnen das reiterliche Können fehlt, ein Pferd von der Pike an selbst solide auszubilden.

KAUFMÖGLICHKEITEN
auf einen Blick:

- beim Pferdehändler
- via Zeitungsannonce aus Privathand
- von einem Zuchtbetrieb/Gestüt
- von einem Reitbetrieb/Trainingsstall
- über Ihren Ausbilder
- auf dem Pferdemarkt

Hinsichtlich der Vor- und Nachteile lesen Sie bitte die Übersichtstabelle „Hier können Sie Pferde kaufen" auf Seite 20 ff.

Ein ausgewachsenes Pferd soll es sein!

Aus genau diesen Gründen haben Sie bereits beschlossen, ein erwachsenes, ausgereiftes und ausgebildetes Pferd zu erwerben. Sie haben damit einen sehr vernünftigen Entschluß gefaßt: Sie werden bereits beim Kauf den aktuellen Leistungsstand des Pferdes ziemlich präzise einschätzen können. Weiterhin können Sie davon ausgehen, daß ein solches Tier sich recht problemlos im Umgang erweist und 'normale' Ansprüche an Sie stellt in puncto Haltung, Pflege und Ernährung - Ansprüche, die Sie gern erfüllen wollen und die Sie (wenn alle sonstigen Voraussetzungen für die Pferdehaltung stimmen) auch nicht überfordern werden. Vor allem können Sie dieses Pferd vermutlich sofort in dem Bereich, der Ihnen am meisten Freude macht, einsetzen. Darüber hinaus wird es Ihnen voraussichtlich auch gelingen, das derzeitige Können des Pferdes zu erhalten oder noch zu verbessern. Bedingung ist selbstverständlich, daß es gesund ist. Sie haben klugerweise beschlossen, möglichst viele der vorhandenen guten Eigenschaften oder Verwendungsmöglichkeiten des Pferdes in einem schriftlichen Kaufvertrag (*siehe Infokasten auf Seite 16 ff.*) festzuhalten. Außerdem werden Sie beim Ankauf auch von einem erfahrenen Pferdefachtierarzt eine Ankaufsuntersuchung (*siehe Infokasten auf Seite 18 ff.*) durchführen lassen. Sie wissen, daß diese Maßnahmen solide Grundvoraussetzungen sind für eine funktionierende Partnerschaft zwischen Ihnen und Ihrem zukünftigem vierbeinigen Freizeit- und Sport-

Erbanlagen und Umwelteinflüsse machen Ihr Pferd zu einem Individuum, das es nur ein einziges Mal auf diesem Planeten gibt.

Checkliste für den Pferdekauf:

- ✔ Wo immer Sie Pferde besichtigen, achten Sie auf den Bau- und Pflegezustand der Anlage. Unordnung und Schmutz weisen auf Vernachlässigung hin!
- ✔ Lassen Sie sich den zum Pferd gehörenden Impfpass und einen Nachweis (z.B. Tierarztrechnungen) über regelmäßige Wurmkuren zeigen.
- ✔ Interessieren Sie sich nicht nur für das Ihnen angebotene Pferd, sondern auch seine Stallkameraden im Hinblick auf Pflege- und Futterzustand. Hören Sie Husten, sehen Sie Weber und Kopper? Auch Kleinigkeiten verraten viel über Horsemanship!
- ✔ Lassen Sie sich das Pferd niemals sofort unter dem Reiter vorführen. Seien Sie bei der Vorbereitung dabei. Fordern Sie den Verkäufer auf, es probeweise in den Transporter zu laden. Alles, was das Pferd routiniert beherrscht, brauchen Sie nicht mühsam zu trainieren.
- ✔ Beobachten Sie das Pferd im Zusammensein mit Artgenossen - auf der Weide, im Paddock. Ist es dominant oder weicht es eher ängstlich aus? So ziehen Sie Rückschlüsse auf seinen Charakter!
- ✔ Lassen Sie sich das Pferd zunächst auf beiden Händen, in allen Gangarten und Tempi vorreiten. Achten Sie nicht nur auf die Lektionen, die es beherrscht, sondern auf sein Verhalten beim Aufsitzen und Anzeichen von Ver- oder Entspannung unter dem Bereiter. Was Sie heute übersehen, beeinflußt morgen vielleicht die Fitness und Fröhlichkeit Ihres Pferdes!
- ✔ Bitten Sie, Ihnen das Pferd im Gelände vorzureiten (In festem Schuhwerk laufen Sie halt mit!). Konzentrieren Sie sich auf sein Benehmen in Schrecksituationen, im Straßenverkehr, im Zusammentreffen mit anderen Pferden. Der Grad seiner Nervenstärke ist ein Sicherheitsfaktor!
- ✔ Akzeptieren Sie einen Proberitt nur, wenn Zuverlässigkeit und Rittigkeit Sie überzeugen. Reiten Sie unbedingt mit Sicherheitshelm und zunächst nur auf eingefriedetem Platz im Schritt. Verzichten Sie auf Trab und Galopp, wenn Sie das Pferd nicht ganz leicht anhalten, rückwärtsrichten und auf Volten, Schlangenlinien und Zirkeln kontrollieren können.
- ✔ Lassen Sie sich bei einem Geländeproberitt von einem routinierten Reiter auf ruhigem Pferd begleiten. Haben Sie keinerlei Hemmungen abzusitzen, wenn Sie mit dem Pferd nicht zurechtkommen - es ist Ihre Gesundheit, die auf dem Spiel steht!
- ✔ Lassen Sie sich nicht zum Kauf drängen, sondern bitten sich Bedenkzeit aus und kommen zweimal wieder, um das Pferd im Alltag zu beobachten.
- ✔ Regeln Sie die Frage von Ankaufsuntersuchung und Kaufvertrag *(siehe Infokästen).*
- ✔ Erkunden Sie die Transportmöglichkeiten zu Ihrem Heimatstall.
- ✔ Haben Sie sich positiv entschieden, machen Sie sich mit Ihrem neuen Pferd in der derzeitigen Haltungsanlage ein bißchen vertraut. So bauen Sie einen ersten Kontakt auf, bevor es seine Reise in die neue Umgebung antritt.

kameraden. Sie selbst werden nach dem Kauf alles daransetzen, daß das Pferd auch ‘fit und fröhlich’ bleibt. Aus diesem Grund haben Sie ja dieses Buch bereits gekauft! Wo aber, fragen Sie sich jetzt sicher, finde ich überhaupt ein solches Pferd?

Wo finde ich das geeignete Pferd?

Ja, es bringt Spaß, in einer gemütlichen Stunde nach Feierabend die Lieblingspferdezeitschrift zur Hand zu nehmen und nicht nur in den Artikeln zu schmökern, sondern auch die Verkaufsanzeigen von A bis Z zu studieren. Wollen Sie allerdings tatsächlich auf die Suche nach Ihrem Wunschpferd gehen, sollten Sie aber unbedingt *sämtliche* Möglichkeiten, das richtige Pferd zu finden, nicht nur kennen, sondern auch ausschöpfen!

Praktische Hinweise

- „Freizeitpferd zu verkaufen, 15 Jahre, gut western geritten. Anfragen unter Telefon..." Eine Anschrift, ganz in Ihrer Nähe? Es könnte tatsächlich sein, daß Sie nur 'um die Ecke' fahren müssen, um sich ein interessantes Pferd anzusehen!

Schließen Sie den einfachsten Weg, nämlich Ihr Traumpferd über die **Verkaufsanzeige - meist unter der Rubrik 'Tiermarkt' - in der lokalen oder regionalen Tageszeitung** nicht aus. Den Vorteil, nicht weit fahren zu müssen, sollten Sie allerdings nicht überschätzen.

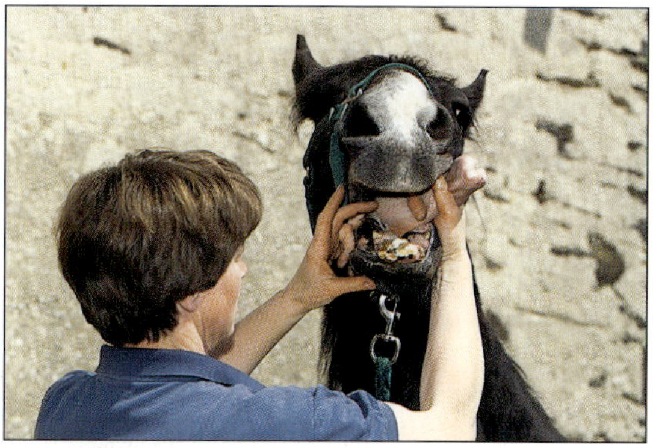

Bei der Ankaufsuntersuchung wird das Pferd von Kopf bis Schweif gründlich durchgecheckt.

Dennoch bietet Ihnen die kurze Entfernung die Möglichkeit, das Tier, falls es Ihnen gefällt und noch einige Zeit zum Verkauf steht, bei den verschiedensten Gelegenheiten zu beobachten, Rücksprache mit Menschen in seinem Umfeld zu halten oder sich vielleicht im Rahmen einer Reitpartnerschaft eine Art Probezeit auszubedingen, in der Sie herausfinden können, ob Sie und das Pferd zusammenpassen.

Weiterführende Untersuchungen helfen, das Risiko späterer Erkrankungen besser einzuschätzen.

- Beliebter ist bei Pferdeleuten jedoch **die Verkaufsanzeige (mit oder ohne Foto) in einer Pferdefachzeitschrift.** Die Aussagekraft des Begleitfotos hängt natürlich vom Können des Fotografen ab. Ein geschickter Fotograf kann ein 'schwaches' Pferd attraktiv auf Papier bannen - während Sie vielleicht auf ein hervorragendes Pferd, von einem Laien fotografiert, nicht einmal einen zweiten Blick verschwenden. Generell werden Sie von gedruckten Anzeigen durch die Wortwahl eher auf der Gefühlsebene angesprochen. Lesen Sie deshalb auch zwischen den Zeilen. Ein Pferd mit 'viel Vorwärtsdrang' umschreibt oft eine Rakete unterm Sattel.

Der als 'lieb im Umgang' gepriesene Wallach kann zwar ein Schmusebär sein, sich unterm Reiter trotzdem als unberechenbar erweisen. Pferde, die 'viel Einfühlungsvermögen' brauchen, stellen unter Umständen Anforderungen an Ihre Qualifikation im Umgang mit Problempferden - ebenso die auf Turnieren erfolgreich vorgestellte Stute, ausdrücklich 'Kein Anfängerpferd!'. Investieren Sie Zeit in einige Vorabtelefonate und klären Sie im Vorfeld, ob sich der Weg zu einer Besichtigung lohnen könnte.

PRAXISINFORMATION

Was Sie über den Kaufvertrag wissen müssen:

- Bestehen Sie auf einem schriftlichen Kaufvertrag.
- Im Pferdehandel haftet der Verkäufer nach dem Gesetz für bestimmte Mängel - „Hauptmängel" genannt, - als da sind *Periodische Augenentzündung, Koppen, Kehlkopfpfeifen, Dämpfigkeit, Dummkoller und Rotz.*
- Für die Beanstandung dieser Hauptmängel gilt eine sogenannte Gewährsfrist von 14 Tagen. Sie beginnt mit dem Ablauf des Tages, an dem die Gefahr auf Sie als Käufer übergeht (das heißt bei Übernahme des Pferdes) und endet mit dem Ablauf des letzten Tages der gesetzlichen Zeit.
- Gewährleistungsansprüche lassen sich nur geltend machen, wenn Name und Anschrift des Verkäufers bekannt sind und eine Quittung über den Kaufpreis ausgestellt wurde.
- Lassen Sie sich daher niemals auf einen Kauf per Handschlag ein, auch wenn für den Kauf eines Pferdes die Schriftform nicht notwendig ist.
- Sie müssen weder einen besonderen Vordruck noch einen Mustervertrag verwenden. Es reicht aus, alle wichtigen Punkte auf ein einfaches Blatt Papier zu schreiben und dabei die zweite Ausfertigung (eine für den Käufer, eine für den Verkäufer) nicht zu vergessen.
- Fixieren Sie all diejenigen Eigenschaften des Pferdes schriftlich, die Ihnen zugesichert wurden und auf die Sie besonderen Wert legen.
- Des weiteren muß der Kaufvertrag enthalten:
    - Name und die Anschrift des Verkäufers
    - Ihren Namen als Käufer
    - das Kaufobjekt (also das Pferd mit genauen Angaben zu Alter, Abstammung/Rasse, Abstammungspapieren, äußere Merkmale und sonstige Besonderheiten)
    - Kaufpreis und Zahlungsbedingungen (zum Beispiel Ratenzahlung)
    - den genauen Zeitpunkt der Übergabe des Pferdes an Sie als Käufer
    - die Zusicherung des Verkäufers, der Eigentümer des Pferdes und der zum Pferd gehörenden ordnungsgemäßen Abstammungspapiere zu sein
    - die Ihnen als Käufer zugesicherten Eigenschaften des Pferdes (z.B. eine besondere Gangveranlagung/*Tölt)* und für die spätere Nutzung erforderliche Merkmale (*„versiertes Jagdpferd"* oder *„zuchttauglich")*
    - Vermerke seitens des Verkäufers, die ihm im Rahmen seiner Aufklärungspflicht obliegen und vor Gewährleistungsansprüchen schützen (z. B. *Das Pferd ist an Arthrose erkrankt und nur noch bedingt einsetzbar)*
    - die für das Pferd abgeschlossenen Versicherungen (plus eventuell ein Vermerk, ob Sie als Käufer in diese eintreten werden)
    - sonstige Vereinbarungen (wie Transport des Pferdes oder Übernahme der Ausrüstung)
    - Datum und Unterschriften von Käufer *und* Verkäufer
- Nehmen Sie Abstand vom Kauf, falls die Papiere des Pferdes noch nicht ordnungsgemäß vorgelegt werden können.
- Zahlen Sie möglichst per Verrechnungsscheck, da Sie dann den Scheck noch sperren lassen können, falls sich Ihnen der Verdacht aufdrängt, der Verkäufer könne nicht in allen Punkten die Wahrheit gesagt haben. Der Verkäufer wird die Barzahlung vorziehen. Eine Zahlung per Überweisung scheidet im allgemeinen aus.
- Lassen Sie grundsätzlich vor der Vertragsunterzeichnung eine Ankaufsuntersuchung durch einen sorgfältig arbeitenden Tierarzt vornehmen. Stellt der Tierarzt weder Haupt- noch Nebenmängel fest, können sowohl der Verkäufer als auch Sie weitgehend sicher sein, ein mängelfreies Pferd verkauft bzw. erworben zu haben.

Fortsetzung nächste Seite

- Sie können eine Probezeit vorschlagen, in der Sie das Pferd zuhause bei sich aufstallen und ausprobieren. Allerdings wird sich kaum ein Verkäufer - zu Recht - darauf einlassen, denn das Pferd verläßt dabei seinen Einwirkungsbereich und entzieht sich seiner Kontrolle.
- Während der Probezeit bleibt der Verkäufer Eigentümer und haftet als Tierhalter nach § 833 BGB.
- Kommt das Pferd in Ihrem Einwirkungsbereich zu Schaden, haften Sie nur, wenn Sie ein Verschulden trifft. Ein solches Verschulden ist Ihnen seitens des Verkäufers nur schwer nachzuweisen.
- Sollte der Verkäufer Ihnen dennoch eine Probezeit zubilligen, muß dies im Kaufvertrag durch einen Passus wie „ *Der Käufer erhält das Recht auf Probe bis spätestens....* " fixiert werden.
- Generell sind Sie ab Unterzeichnung des Kaufvertrages und Bezahlung des Kaufpreises auch der neue Eigentümer und Tierhalter und haften für die vom Tier ausgehenden Schäden.
- Falls Sie innerhalb der Gewährsfrist (14 Tage) einen Hauptmangel feststellen, müssen Sie diesen Mangel schriftlich formulieren und Ihren Anspruch spätestens zwei Tage nach Ablauf der Gewährfrist beim Verkäufer geltend machen.
- Sie haben das Schreiben entweder persönlich gegen Quittung zu übergeben oder es dem Verkäufer per Fax oder als Einschreiben mit Rückschein zuzusenden, denn es handelt sich um eine Willenserklärung, die auch empfangen werden muß.
- Der Verkäufer muß den Anspruch schriftlich anerkennen!
- Tut er dies nicht oder streitet er den Mangel ab, erheben Sie *innerhalb von 8 Wochen* bei Gericht Klage (Sie müssen rechtzeitig zu einem Anwalt gehen!).
- Gewährsmängel verjähren 6 Wochen nach Ablauf der Gewährsfrist.
- Daher haben Sie insgesamt nur 8 Wochen zur Verfügung, um Ansprüche zu stellen.
- Bei Feststellen eines Hauptmangels muß der Verkäufer Ihnen nicht nur den Kaufpreis, sondern nach § 488 BGB Futter-, Pflegekosten, die Kosten für den Tierarzt und die Behandlung (z. B. Arzneimittel) sowie die Kosten für einen eventuellen Rücktransport von Ihnen zum Verkäufer erstatten, ebenso die Kosten für eine eventuell notwendige Tötung ersetzen.
- Kennen Sie den Verkäufer nicht, kann er keine Papiere vorlegen, verweigert er einen schriftlichen Vertrag oder eine Quittung oder verlangt für ein gutes Pferd einen 'Spottpreis', handeln Sie bei einem Kauf grob fahrlässig. Der Verdacht, das Pferd sei gestohlen, muß sich Ihnen aufdrängen.
- Sie haben dann auch kein Recht auf Eigentum am Pferd und müssen das Pferd, falls es gestohlen wurde, dem Eigentümer zurückgeben, ohne den Kaufpreis zurückerstattet zu bekommen.

Anmerkung: Die Informationen zum Thema Kaufvertrag stammen von Rechtsanwalt Reinhard Hahn.

Zusatzinformation 'Hauptmängel'

Die sogenannten **Hauptmängel** datieren noch aus der 'Kaiserlichen Verordnung' aus dem Jahr 1899. Zu den Hauptmängeln zählen:

∂ ***Rotz*** *(eine anzeigepflichtige, durch den Rotzbazillus hervorgerufene bösartige Seuche)*

Σ ***Dummkoller*** *(unheilbare Gehirnwassersucht)*

Π ***Dämpfigkeit*** *(chronische, unheilbare Krankheit der Lunge oder des Herzens)*

π ***Kehlkopfpfeifen*** *(durch chronische Erkrankung von Kehlkopf oder Luftröhre verursachte Atemstörung)*

∫ ***Periodische Augenentzündung*** *(entzündliche Veränderung an den inneren Teilen des Auges)*

❻ ***Koppen*** *(ein 'als Spielerei' vom Pferd ausgeführtes Öffnen des Schlundkopfes, bei dem es meist zusätzlich Luft abschluckt)*

PRAXISINFORMATION

Was sie über die Ankaufsuntersuchung wissen müssen:

- Die Ankaufsuntersuchung findet auf jeden Fall *vor* Abschluß des Kaufvertrages statt. Eine Untersuchung nach Vertragsabschluß ist sinnlos. Wurden im Kaufvertrag keine besonderen Absprachen fixiert und werden bei dieser verspäteten Untersuchung Mängel festgestellt, haben Sie als Käufer lediglich die Möglichkeit der Rückgabe des Pferdes, falls einer der gesetzlichen Hauptmängel diagnostiziert wird.
- Bei der Ankaufsuntersuchung überprüft der Tierarzt die Gesundheit des Pferdes, stellt seinen *momentanen* Gesundheitszustand fest und prüft, soweit möglich, ob es seinen geplanten Nutzungszweck (als Zucht- oder Sportpferd) erfüllen kann.
- Prinzipiell kann jeder Pferdetierarzt eine Ankaufsuntersuchung durchführen - er sollte jedoch möglichst große Erfahrung auf diesem Sektor besitzen. Befindet sich das zu kaufende Pferd zu weit vom Heimatort des Käufers entfernt, empfiehlt es sich, eine gute Pferdeklinik in der Nähe mit der Untersuchung zu beauftragen. Auf jeden Fall sollten Sie einen *neutralen Untersucher* wählen.
- Sowohl der Verkäufer als auch Sie als potentieller Käufer sollten anwesend sein, außerdem möglichst ein weiterer unparteiischer Zeuge. Dann gibt es später weniger Diskussionen, wenn etwa ein Mangel (zum Beispiel eine positive Beugeprobe und ähnliches) festgestellt wird.
- Zunächst berät der Tierarzt Sie über den Umfang der Ankaufsuntersuchung. Je nach der nun getroffenen Absprache erfolgt die Untersuchung des Pferdes erst in Ruhe und dann in Bewegung und am gesamten Körper: Kopf, Maul, Zähne, Augen, Rücken, Gliedmaßen, Gelenke und Hufe sowie Lunge und Herz. Bei der Untersuchung in der Bewegung werden Beugeproben vorgenommen, das Pferd wird in der Bewegung im Schritt und Trab auf der Geraden auf hartem und weichem Boden begutachtet sowie an der Longe und eventuell unter dem Reiter. Wichtig ist auch die Belastungsuntersuchung im Galopp an der Longe.
- Danach sollte eine Beratung und Aufklärung des Käufers über mögliche weitergehende Untersuchungen stattfinden (Röntgen, Labor und Doping-Probe, Endoskopie zum Beispiel bei positiver Beugeprobe, Lungenbefund). Es gilt dabei, das Risiko zukünftiger Erkrankungen abzuschätzen.
- Im Anschluß daran werden die erhobenen Befunde beurteilt. Im übrigen sollten Sie auch wissen, daß auf den neueren Formularen der Verkäufer durch seine Unterschrift bestätigen muß, welche Medikamente das Pferd während der letzten sechs Wochen erhalten hat!
- Nicht alle Hauptmängel können bei der Ankaufsuntersuchung erkannt werden - oft sind weiterführende Untersuchungen (zum Beispiel eine Endoskopie bei Verdacht auf Kehlkopfpfeifen) notwendig. Viele Hauptmängel sind heute allerdings nicht mehr relevant (wie Dummkoller und Rotz). Vielmehr ist es wichtig, Mängel wie COPD (chronisch-obstruktive Lungenerkrankung) und Gliedmaßenerkrankungen (Hufrolle, Spat, Arthrose) ausschließen zu können. Hier hilft nur Röntgen!
- Den Rahmen der Ankaufsuntersuchung sprechen Sie mit dem Tierarzt ab. Unterschiede ergeben sich unter anderem durch den Ausbildungsstand des Pferdes. Labor, Röntgen, Endoskopie etc. gehören zu den weiterführenden Untersuchungen, die bei besonderen klinischen Befunden empfohlen werden (zum Beispiel bei positiver Beugeprobe, Ton beim Longieren usw.) und die entsprechend mehr kosten.
- Je teurer das Pferd, desto umfangreicher sollte auch eine Ankaufsuntersuchung sein.
- Der Tierarzt hat Ihnen - seinem Auftraggeber - gegenüber eine Beratungspflicht. Das heißt, er muß Sie über die Bedeutung der erhobenen Befunde auch beraten und - abhängig vom geplanten Nutzungszweck - das Risiko zukünftiger Erkrankungen (zum Beispiel Hufrolle) bewerten.
- Die Kaufentscheidung tragen jedoch *allein Sie* und *nicht* der Tierarzt. Wenn der Tierarzt Sie richtig beraten hat, können Sie diese Entscheidung auch treffen!

Fortsetzung nächste Seite

- Bestehen Sie darauf, daß die Ankaufsuntersuchung auf einem speziellen Protokoll festgehalten wird - mit Durchschrift für Sie, den Verkäufer sowie den Tierarzt. So verfügen Sie über klare Aussagen bei einer eventuellen gerichtlichen Auseinandersetzung.
- Seien Sie sich aber auch darüber im klaren, daß der Tierarzt bei einer Ankaufsuntersuchung nur den Status Quo feststellen und keine Garantie für die Folgezeit abgeben kann.
- Der Tierarzt kann haftbar gemacht werden, wenn er seiner Beratungspflicht nicht nachgekommen ist und die Ankaufsuntersuchung nicht fachgerecht oder fehlerhaft durchgeführt hat.
- Der Verkäufer selbst haftet nur für die Hauptmängel (innerhalb der Gewährsfrist) oder für schriftlich zugesicherte Eigenschaften des Pferdes.
- Eine fehlerhafte Ankaufsuntersuchung unterliegt der allgemeinen Verjährungsfrist von 30 Jahren und wurde im Formular, entsprechend der gesetzlichen Regelung für den Werksvertrag, auf sechs Monate verkürzt.

Anmerkung: Die Informationen zum Thema Ankaufsuntersuchung stammen von Dr. med. vet. Lioba Wagner-Schlensok

- Überdenkenswert ist die **die Mund-zu-Mund-Information durch Reiterfreunde.** Es spricht sich herum, wenn ein gutes (oder schlechtes!) Pferd zu verkaufen ist - und Kritik zu üben ist im allgemeinen beliebter als Lob zu spenden. Wenn also viele verschiedene Leute über ein empfehlenswertes Pferd zu einem vernünftigen Preis sprechen, dann sollten Sie hinfahren und es anschauen!
- Professionell gehen Sie den Kauf an durch **eine Anfrage bei einem FN-Zuchtverband (= organisierter Zusammenschluß von Züchtern auf Landes- oder Bundesebene).** Hier kann man Ihnen vorab umfangreiches Informationsmaterial zukommen lassen, Listen von Züchtern zusenden und auch etwas über die Erfolge einzelner Zuchtbetriebe erzählen.
- Ebenso lohnenswert ist **die Anfrage bei einer Rassevereinigung,** falls Sie eine bestimmte Rasse näher ins Auge fassen. Auch von dort erhalten Sie Informationsmaterialien und Züchteradressen. Verwirren wird Sie die Tatsache, daß Spezialrassen oft gleichzeitig durch mehrere Vereinigungen vertreten werden und Sie den Eindruck von Rivalität gewinnen mögen. Filtern Sie die Boshaftigkeiten heraus und seien Sie sich darüber klar, daß gerade die Vertreter populationsschwächerer Rassen die vielseitige Verwendbarkeit 'ihrer' Rasse besonders hervorheben. Bleiben Sie objektiv und informieren Sie sich zusätzlich durch Fachliteratur.
- Falls Sie sich schon für eine Rasse entschieden und Adressenmaterial erhalten haben, empfiehlt sich **die Kontakt-**

Die meisten Pferdekäufer möchten Ihr Pferd sofort in Freizeit und Sport einsetzen können.

Die nächsten fünf roten Kästen zeigen Ihnen Beispiele (mit Vor- und Nachteilen), wo Sie Pferde kaufen können:

PFERDEHANDEL:

VORTEILE:

- Pferde aller Altersgruppen (meist außer Fohlen, selten ungerittene Jungpferde, so gut wie nicht mehr nutzbare Pferde/Gnadenbrotpferde)
- Pferde (fast) aller Preisgruppen
- Vergleichsmöglichkeit zwischen verschiedenen Pferden
- (Meist) professionelle Präsentation der Pferde
- (Gelegentlich) Umtauschrecht innerhalb einer bestimmten Frist bei Nichtgefallen

NACHTEILE:

- Gründe für den Verkauf des Pferdes sind nicht bekannt
- Die Vorgeschichte ist meist nicht nachprüfbar.
- Probleme im Umgang und unterm Sattel werden unter Umständen verschwiegen, Empfindlichkeiten (Kolikneigung, Ekzemneigung usw.) brauchen auch dem Händler nicht bekannt zu sein.
- Das Pferd verhält sich im ungewohnten Handelsstall anders als normal.

aufnahme mit einem seriösen Zuchtbetrieb. Halten Sie im übrigen auch Ausschau nach Artikeln (nicht Inseraten) in Ihren Pferdefachzeitschriften. Im allgemeinen werden im redaktionellen Teil solcher Magazine nur renommierte Betriebe mit guten Zuchterfolgen vorgestellt, die ihre Kunden eingehend beraten und korrekt bedienen. Angesichts der Vielzahl der Mitbewerber im Zuchtgeschehen kann langfristig nur der seriöse, kundenorientierte Betrieb überleben, so daß Sie davon ausgehen können, daß ein seit Jahren erfolgreich etablierter Züchter seinen guten Ruf nicht aufs Spiel setzen wird.

- Da es mittlerweile zahlreiche kombinierte Zucht- und Reit- bzw. Trainingsställe gibt, ist die **Kontaktaufnahme mit einem renommierten Trainingsstall, in dem die von Ihnen bevorzugte Reitweise praktiziert oder Ihre favorisierte Rasse gezüchtet wird,** ebenso sinnvoll. Hier gewinnen Sie einen Eindruck über den Background Ihres zukünftigen Pferdes, also Aufzucht- und Ausbildungsbedingungen. Sie haben Gelegenheit, verschiedene Pferde unter professioneller Anleitung auszuprobieren und sich und Ihr neues Pferd später, nach einem Kauf, fachmännisch fortbilden zu lassen. Großen Betrieben ist häufig auch ein Sattelshop angeschlossen, so daß Sie zum Pferd die passende Ausrüstung mit erwerben können. Zucht- und Trainingsställe, die sich mit Spezialrassen aus dem Ausland befassen, sind meist im Importgeschäft versiert und können Ihnen auch helfen, Ihr Wunschpferd direkt aus seinem Heimatland zu importieren.

- Ein selten genutzter, doch empfehlenswerter Weg zum passenden Pferd ist **die gründliche Rücksprache mit Ihrem Ausbilder.** Legen Sie ihm Ihre Vorstellungen dar und nehmen Sie seinen fachmännischen Rat an, da er Ihr Können richtig einschätzen kann. Seine Verbindungen zu Zucht- und Reit-/Ausbildungsbetrieben können hilfreich sein. Akzeptieren Sie die Tatsache, daß er vom Verkäufer eine Provision erhält - seine Berater- und Vermittlertätigkeit ist zeit- und kostenaufwendig. Auch Sie selbst können nicht alles aus purem Idealismus tun.

- Natürlich bleibt Ihnen noch **der Besuch in einem Handelsstall.** Alle Pferdehändler pauschal als Halsabschneider zu verurteilen ist falsch. Es gibt, wie in jeder Branche, 'solche und solche'. Auch wer den An- und Verkauf von Pferden zu seiner Haupteinnahmequelle gemacht hat, ist von einem guten Ruf abhängig. Hören Sie, was Reiterbekannte, die von diesem oder jenem Händler gekauft haben, berichten. Ein Händler, der offensichtlich gesunde, gepflegte Pferde in einer ordentlichen Stallanlage hält und entgegenkommendes, tierfreundliches Personal - unter anderem qualifizierte Bereiter - beschäftigt, wird Sie vermutlich eingehend beraten, Möglichkeit zum Probereiten bieten und Sie nicht zum Kauf drängen.

- Wenn Sie schlichtweg ein Pferd retten möchten, keine Ansprüche an Reitqualität oder Gesundheitszustand stellen, finden Sie liebenswerte Pferde auch auf dem **Pferdemarkt.** So faszinierend der volkstümliche Charakter dieser Veranstaltungen ist und so rettens- und schützenswert auch die hier angebotenen Pferde sind: Würden Sie auf diese Weise Ihr eigenes gut ausgebildetes Tier dem erstbesten Interessenten verkaufen? Sicher nicht. Behalten Sie dieses Wissen im Hinterkopf. Denken Sie auch daran, daß die meisten der hier stehenden Pferde in Kürze auf dem Schlachthof landen werden. Verschließen Sie Ihr Herz also nicht vollständig. Viele Menschen haben durch einen Mitleidskauf eine glückliche Wende in ein trauriges Pferdeschicksal gebracht! Falls es Ihnen nichts ausmacht, Zeit, Geld und Arbeit zu investieren, greifen Sie zu, wenn der Funke überspringt! Aber halten Sie den Neuerwerb eine Zeitlang fern von anderen Pferden, um eine eventuelle Infektion zu vermeiden!

PRIVATANZEIGE:

VORTEILE:

- Pferde aller Altersgruppen und in jedem Ausbildungsstand, auch Fohlen, ungerittene und angerittene Jungpferde
- Pferde aller Preisgruppen, sogar zu sehr geringen Preisen als Gnadenbrot- oder Beistellpferd und/oder gegen Schutzvertrag
- Möglichkeit, das bisherige Umfeld des Pferdes in etwa zu beurteilen
- Möglichkeit, Charakter und Temperament des Pferdes in dessen gewohnter Umgebung (besser als beim Händler) zu überprüfen

NACHTEILE:

- die wirklichen Gründe für den Verkauf werden nicht immer genannt
- Probleme im Umgang und beim Reiten/Fahren werden gern verschwiegen
- Empfindlichkeiten/Krankheitsneigungen werden beschönigt oder verschwiegen

Zwei Persönlichkeiten - ein Team?

Hurra, eines Tages ist es dann soweit: Sie haben das 'richtige' Pferd gefunden... und gekauft! Oder sind Sie - wie wir anfangs bereits vermuteten - doch bereits seit Jahren Pferdebesitzer? Haben Sie - ob 'Neukäufer' oder 'Altbesitzer' - jemals darüber nachgedacht, daß etwas ganz Besonderes in dem Augenblick geschieht, in dem Sie sich für ein Pferd entscheiden? Lassen Sie sich ein paar Minuten lang von einer kleinen Geschichte in die Welt der Phantasie entführen...

... Stellen Sie sich unseren Planeten einmal überzogen mit einem Netzwerk silberner Fäden vor. Jedes Lebewesen hinterläßt auf seinem Weg über die Erde eine glitzernde Spur, wohin immer es geht, wen auch immer es trifft. Von Ihrer Geburt an haben Sie auf diese Weise durch Ihre Entscheidungen und Taten ein einmaliges Webwerk geknüpft. Ihre Reise durch Vergangenheit, Gegenwart und

Zukunft wird sich so bis in alle Ewigkeit verfolgen lassen, denn die silbernen Fäden gehen niemals verloren. Das gleiche ist Ihrem Pferd passiert - vom Tag an, an dem es aus dem Leib der Mutterstute buchstäblich ins Leben purzelte und sein silberner Lebensfaden sich abzurollen begann. Was mag es erlebt haben? Wohin haben seine kleinen Hufe es getragen? Hat es Liebe erfahren, ist ihm Mißmut entgegengeschlagen? Verläuft seine glitzernde Spur ebenmäßig oder sieht sie aus wie ein Wirrwarr unordentlicher Knoten? Wie auch immer: Eines Tages kreuzen sich Ihrer beider Fäden. Erkennen Sie die Gelegenheit, die sich Ihnen bietet? Nehmen Sie die Herausforderung an, die beiden silbernen Fäden zu einer wunderschönen Kette glitzernder Perlen zu verknüpfen - Perlen, die den Namen Freundschaft, Vertrauen und Partnerschaft tragen. Geben Sie sich und Ihrem Pferd diese Chance...

ZUCHTBETRIEB:

VORTEILE:

- Pferde bestimmter Altersgruppen (meist Absetzerfohlen, ungerittene oder angerittene Jungpferde, auf Wunsch oder Anfrage auch ausgebildet gemäß den Wünschen des Käufers)
- Gelegentlich auch Importpferde der vom Zuchtbetrieb gezüchteten Rasse, wenn die eigene Nachzucht die Nachfrage nicht komplett bedienen kann
- Pferde der eher höheren Preisgruppen - je nach rassespezifischem Preislevel und bedingt durch seriöse Aufzucht und Ausbildung
- Möglichkeit, die Aufzucht- und bisherigen Haltungsbedingungen zu überprüfen
- (ggf.) die Elterntiere zu sehen und die Vorgeschichte des Pferdes kennenzulernen
- je nach Gegebenheiten Information über den Ausbildungshergang
- eventuell - im Falle eines Kaufes - Weiterschulung gemeinsam mit dem Pferd
- hohe Chance, ein gutes - und individuell passendes - Pferd zu bekommen, da ein seriöser Betrieb darauf bedacht ist, den Kunden optimal zu bedienen.

NACHTEILE:

- Bei der Beurteilung der Seriösität des Betriebes muß sich der Kunde auf Mundpropaganda oder die Empfehlungen von Zuchtverband und/oder Interessengemeinschaft verlassen.

REITBETRIEB:

VORTEILE:

- Pferde verschiedener Alters- und Leistungsstufen, meist ab angeritten bis turnierfertig ausgebildet in der vom Betrieb schwerpunktmäßig betriebenen Disziplin (Dressur, Springen, Vielseitigkeit, Western, klassisch-iberische Reitweise, Gangpferde). Gelegentlich auch nicht mehr oder nur bedingt einsatzfähige Pferde aus Reitbetrieb als Beistellpferde.
- Häufig auch Importpferde, um die Nachfrage nach bestimmten Rassen zu decken
- Preise - rassespezifisch - je nach Alter und Ausbildungsstand
- Möglichkeit, sich individuell und entsprechend der Zielsetzungen mit dem Pferd weiterschulen zu lassen
- Möglichkeit, eventuell ein aus dem Lehrbetrieb vertrautes Pferd zu erwerben, dessen Eigenschaften bekannt sind
- im Importstall gelegentlich (für finanzstarke Interessenten) Möglichkeit, ins Rasse-Ursprungsland mitzureisen und dort ein Pferd nach eigenen Vorstellungen auszusuchen

NACHTEILE:

- Auch hier hängt der Kunde von der Seriösität des Betriebes und der Beraterfähigkeit des Verkäufers ab.

Was ich damit sagen möchte? Wenn Mensch und Pferd aufeinandertreffen, begegnen sich immer auch zwei Charaktere - und beide sind einmalig auf dieser Welt:

Sie selbst bringen Ihre eigene Persönlichkeitsstruktur mit all ihren guten und weniger angenehmen Eigenschaften in diese neue Verbindung ein.

- Ihr privates und berufliches Umfeld eröffnen Ihnen besondere Möglichkeiten - aber sie setzen Ihnen auch gewisse Grenzen.

- Sie haben entweder sehr fest umrissene oder eher vage Vorstellungen und Erwartungen im Hinblick auf den Umgang mit dem neuen Pferd.
- Der individuelle Grad Ihres Könnens unterscheidet sich von dem eines jeden anderen Reiters auf dieser Erde: Niemand sonst besitzt genau Ihr Einfühlungsvermögen, Ihre reiterlichen Kenntnisse, Ihre Fähigkeiten, auch mit anspruchsvollen oder problematischen Pferden umzugehen - denn jeder ist einen anderen Weg gegangen, hat unterschiedliche Ausbilder gehabt und nicht dieselben Pferde geritten wie Sie selbst.
- Auch Ihre Bereitschaft, sich mit oder ohne Pferd weiterzubilden, unterscheidet sich von der Ihrer Reiterfreunde - und ist zudem abhängig von vielen Faktoren, die Sie heute noch gar nicht überblicken können.
- Fragen Sie sich ruhig einmal in einer stillen Stunde: Wer bin ich, was will ich, was kann ich für und mit meinem Pferd tun? (*Lesen Sie Näheres dazu in Kapitel 4, Ich - der Pferdebesitzer*)

Auch Ihr (neues oder vorhandenes) Pferd bringt eine Palette bestimmter Eigenschaften und Voraussetzungen in die neue Partnerschaft ein:

- Zum Beispiel seine höchst individuelle genetische Disposition, das heißt, sein Erbgut unterscheidet sich von dem aller anderen Pferde auf dieser Welt.

PFERDEMARKT:

VORTEILE:

- Pferde unterschiedlicher Altersstufen, häufig mit der Zielsetzung, sie notfalls auch an den Pferdemetzger zu verkaufen
- Preise ab Schlachtpreisniveau aufwärts
- Möglichkeit, einem liebenswerten (mitleiderregenden) Pferd ein schönes Zuhause zu bieten, falls der Käufer nur ein Tier zum Betreuen sucht und körperliche und psychische Probleme nicht scheut.

NACHTEILE:

- keinerlei (oder nicht komplett nachprüfbare) Information über die Vorgeschichte des Pferdes
- Risiko des Erwerbs eines erkrankten, krankheitsanfälligen, körperlich und/oder psychisch gestörten Pferdes, das gar nicht oder nur bedingt einsetzbar und/oder stark korrekturbedürftig ist.

- Seinen heutigen Gesundheitszustand: Er ergibt sich aus den Aufzucht-, Haltungs- und Nutzungsbedingungen seiner früheren Lebensjahre.
- Den derzeitigen Stand seiner Ausbildung (wie auch sein Betragen im Umgang, unterm Sattel oder im Geschirr), der das Können seiner Vorbesitzer und Ausbilder widerspiegelt, mögen es nun ungeschulte Autodidakten oder qualifizierte Trainer gewesen sein.
- Gute, aber auch schlechte Erfahrungen mit Menschen: Vielleicht wechselten seine Besitzer häufig, es mußte oft den Stall wechseln oder unter artungemäßer Haltung leiden. Sein körperliches Potential wurde unter Umständen unter- oder überfordert, sei es in Privathand, im Lehrbetrieb oder im Wettkampfeinsatz.

FAZIT:

Während Sie selbst Ihre eigenen Eigenschaften kennen, lassen sich zahlreiche Komponenten der 'Mitgift' Ihres Pferdes nicht schlüssig erfragen! Eine wichtige Aufgabe im Rahmen Ihrer Partnerschaft mit dem Pferd wird darin bestehen, seine Eigenschaften - Fähigkeiten, besondere Begabungen und Begrenzungen - behutsam auszuloten, um ihm - in jeder Situation, in jedem Lebensalter - wirklich gerecht zu werden!

Kapitel 2 • Ein anspruchsvolles Ziel:

Fitness und Fröhlichkeit

Vor Ihnen steht es nun: Ihr Pferd. Es spielt keine Rolle, wie lange Sie und Ihr vierbeiniger Kamerad schon beisammen sind - machen Sie sich gedanklich frei von Schwierigkeiten und Problemen, die in der Vergangenheit möglicherweise aufgetreten sind. Ab heute zählen nur Gegenwart und Zukunft. Was wünschen Sie sich? Listen Sie Ihre Erwartungen der Einfachheit halber einmal auf:

- Sie streben eine harmonische Partnerschaft mit dem Pferd an.
- Sie sind bereit, in diese Partnerschaft Zeit, Geld und Arbeit zu investieren - in einem für Sie akzeptablen Rahmen.

Eine gute körperliche Verfassung ist unverzichtbare Voraussetzung für fairen Reitsport.

- Sie möchten Ihr Pferd möglichst lange und ohne Beeinträchtigung in den Freizeit- und Sportbereichen, die Ihnen Freude machen - und für die Ihr Pferd die entsprechende Eignung mitbringt - einsetzen.
- Sie hoffen, daß es Ihnen gelingt, den natürlichen Abnutzungserscheinungen Ihres Pferdes vorzubeugen, und altersbedingte Beeinträchtigungen möglichst lange hinauszuzögern.
- Sie wünschen sich, daß Ihr Pferd später einmal - auch bei vorhandenen Altersbeschwerden - keine größere Beeinträchtigung seiner Lebensqualität erleiden muß.
- Und natürlich haben Sie sich ganz fest vorgenommen, Ihrem Pferd ein friedliches und gnädiges Ende zu gewähren.

Schauen Sie sich diese Liste noch einmal genau an! All Ihre Wünsche, Hoffnungen und Erwartungen lassen sich auf einen 'gemeinsamen Nenner' bringen. Dieser gemeinsame Nenner besteht aus zwei Schlüsselworten, die Ihr zukünftiges Zusammensein mit

Ihrem Pferd prägen werden. Es sind die Begriffe „Fitness“ und „Fröhlichkeit“. Ein fittes und fröhliches Pferd *plus* ein fitter und fröhlicher Pferdehalter ergeben zusammen ein Team, dem es gelingen kann, diese anspruchsvollen Zielsetzungen auch Wirklichkeit werden zu lassen. Das klingt gut! Aber Hand aufs Herz: Wissen Sie hundertprozentig, was genau sich hinter diesen zwei Schlüsselbegriffen versteckt? Nein? Dann lesen Sie weiter…

Fit sein – was heißt das eigentlich?

„Ich fühle mich topfit!“ Schön, wenn Sie das von sich sagen können. Die gängigen Lexika definieren Fitness mit ‘guter körperlicher Verfassung’. Laut Duden steht der aus dem englisch/amerikanischen Sprachraum stammende Begriff ‘fit’ für ‘tauglich, gut trainiert, in Form’ und ‘fähig zu Höchstleistungen’ und das Substantiv Fitness wird mit ‘gute, zur rechten Zeit erlangte körperliche Gesamtverfassung’ und ‘Bestform’ (besonders von Sportlern) erklärt.

Fitness = Gesundheit, Vitalität und ein langes Leben

- Aus der Sicht der Medizin steht ‘Fitness’ für einen gesunden, reibungslos funktionierenden Körper und eine hohe Lebenserwartung.
- Erreichen können Sie selbst dieses Ziel vorrangig durch eine gesunde Ernährung, kombiniert mit ausgewogener körperlicher Bewegung zum Beispiel im Rahmen eines Fitness-Trainingsprogramms.
- Zum Fitness-Trainingsprogramm gehört das Ausdauertraining. Ausdauer wird zum Beispiel durch die Sportarten Laufen, Schwimmen und Radfahren erzielt. Ihr Zweck ist es, die Sauerstoffversorgung Ihres gesamten Körpers zu verbessern, die Leistungsfähigkeit Ihrer Muskeln zu steigern (der wichtigste Muskel, der dabei trainiert wird, ist Ihr Herzmuskel!) und eventuell vorhandenes Übergewicht abzubauen.
- Ergänzt wird das Ausdauertraining durch Beweglichkeitsübungen, zum Beispiel Gymnastik. Sie halten den Körper - vor allem die Gelenke - geschmeidig und funktionstüchtig und beugen altersbedingten Schäden vor.
- Richtig durchgeführt, führt ein zusätzliches Krafttraining (durch Einsatz des eigenen Körpergewichts zum Beispiel bei Liegestützen und Klimmzügen oder an Trainingsgeräten mit fest montierten Gewichten) zu einer besonderen Stärkung der Muskeln.

Fitness für Ihr Pferd

- Natürlich lassen sich die Fitness-Zielsetzungen und -Regeln auch auf Ihr Pferd übertragen.
- Seine Ernährung - sprich eine art- und typgemäße Fütterung - stellt dabei eine wichtige Grundlage dar.
- Seine Ausdauer ist Voraussetzung für seinen reibungslosen Einsatz im Freizeit- und Wettkampfbereich. Sie baut auf artgemäßer Haltung und einem behutsamen Trainingsprogramm, bei dem das Pferd auf allmählich länger werdenden Strecken in ruhigem Tempo geht, auf.

- Seine Beweglichkeit wird sowohl durch das freie Spiel mit dem Artgenossen als auch durch gymnastizierende Übungen an der Hand und unter dem Reiter verbessert.
- Bei manchen - vor allem in bestimmten Wettkampfdisziplinen eingesetzten Pferden - wird die Kraft durch Kurzzeitbelastung bei hohem Tempo trainiert (siehe 'Anaerobe Bewegung' im Infokasten 'Fitness-Vokabular').

Mitten im Leben...

Interessant ist ein Blick in den Duden für sinn- und sachverwandte Wörter. Nach ihm kann Fitness auch durch 'Gesundheit, Temperament und Verfassung' ersetzt werden.

Ist der Hinweis auf die Austauschvokabel 'Temperament' nicht besonders aufschlußreich? Wer als fit beschrieben wird, gilt meist auch als temperamentvoll, als wach und geistig rege. Er kann sich konzentrieren und ist zum Gespräch bereit. Kurzum:

FITNESS-VOKABULAR:

- **Aerob:** (grch. Aero = Luft); wörtliche Bedeutung = mit Sauerstoff
- **Aerobe Aktivität:** jede körperliche Betätigung, bei der Sie ein wenig (nicht übermäßig) außer Atem geraten und tiefer Luft holen.
- **Aerobes Training:** ausdauersteigernde Übungen, die die Sauerstoffversorgung des Körpers verbessern und in den Muskeln mehr Energie freisetzen. Dabei bewegen Sie (oder Ihr Pferd) sich knapp unter der Höchstleistungsgrenze.
- **Anaerobe Bewegung:** Äußerst intensive und nur über einen kurzen Zeitraum erbrachte Anstrengung (für Sie beim Sprint, für Ihr Pferd bei einem Rennen über kurze Distanz). Die hierfür von den Muskelzellen benötigte Energie kann durch das aerobe System nicht schnell genug bereitgestellt werden. Der Muskel muß also versuchen, Energie durch unvollständige Verbrennung zu erzeugen. Das ist nur möglich, wenn er anschließend Gelegenheit zu einer Erholungsphase erhält.
- **Ausdauer** wird erzielt durch gleichmäßige Steigerung von Ausmaß und Intensität der sportlichen Betätigung knapp unterhalb der Belastungsgrenze.
- **Gymnastik:** beim Menschen rhythmische Übungen (an Ort und Stelle), beim Pferd Bewegungsschulung im Rahmen der dressurmäßigen Ausbildung. Gymnastik entwickelt Kraft, Beweglichkeit und Lockerheit, kräftigt Organe und das Herz-Kreislaufsystem und fördert die Koordination der einzelnen Bewegungsabläufe.
- **Intervalltraining:** Wechsel zwischen kurzen Phasen mit hoher Belastung und Ruhepausen (oder wenig anstrengenden Übungen) zur Regeneration, der sich positiv auf die Entwicklung von Knochen, Sehnen, Bändern, Muskeln und der Lungenkapazität auswirkt.
- **Kondition:** der Zustand der Leistungsfähigkeit von Pferd und Reiter über einen längeren Zeitabschnitt hinweg bei einem Energieverbrauch, der von Ihrem Körper selbst bereitgestellt werden kann. Kondition baut auf dem Pflege-, Ernährungs- und Trainingszustand auf. Erwünscht ist ein reibungsloses Zusammenspiel von Ausdauer, Muskelkraft, Schnelligkeit und Beweglichkeit.
- **Sauerstoffverbrauch:** Verbrennung der Nährstoffe mit Hilfe von (eingeatmetem) Sauerstoff zur Bereitstellung von Energie für alle Körpertätigkeiten.
- **Tempo-Training:** Mittel- und Langstreckenlauf (beim Pferd Langstreckenritte über mittlere und lange Distanzen) im Wettkampftempo.

ein Mensch, der gern mitmacht, rege am Umweltgeschehen teilnimmt und aktiv 'mitten im Leben steht'. Denken Sie einmal nach: Treffen alle diese Eigenschaften auch auf Sie zu - und auf Ihr Pferd? Werden Sie nicht mutlos, wenn Sie heute darauf noch mit 'nein' antworten müssen. Merken Sie sich einfach:

Fitness, also eine gute körperliche Verfassung, ist erreichbar – für Sie und Ihr Pferd!

Fröhlichkeit - ein viel zu selten benutztes Wort!

Hand aufs Herz - wann haben Sie zum letzten Mal die Vokabel 'fröhlich' gebraucht? Sie werden sich kaum erinnern können. 'Fröhlich' ist ein selten benutztes Wort geworden. Wie der Begriff 'Freude' scheint es ein wenig in Verruf geraten zu sein. 'Ernsthaft', so wünscht unsere Gesellschaft, sollten wir möglichst sein - zumindest bei der Arbeit. Dabei braucht das eine das andere gar nicht auszuschließen.

,Fröhlich sein' jedenfalls wird im Duden für sinn- und sachverwandte Wörter mit 'lustig sein, sich vergnügen' erklärt, 'Fröhlichkeit' mit Lust und Frohsinn umschrieben. Wer froh ist, kann sich noch an kleinen Dingen erfreuen. Er ist dankbar, atmet auf, ist 'frohen Herzens' und unbesorgt. Könnten Sie so Ihren psychischen Zustand umschreiben? Oder den Ihres Pferdes? Ist Ihnen schon einmal aufgefallen, daß zwar die meisten Pferdehalter wünschen, ihr Pferd möge in guter psychischer Verfassung sein (vorrangig um bessere Leistung zu erbringen) - dabei jedoch niemals von einem 'fröhlichen Pferdeleben' sprechen?

Das sinnverwandte Wort Frohsinn setzt sich aus 'froh' und 'Sinn' zusammen. Sinn - oder Geist/Psyche - ist gleichbedeutend mit Sinnlichkeit, nicht in der ausschließlich sexuellen Bedeutung, die wir diesem Begriff im allgemeinen zubilligen, sondern in Bezug auf die Sinnesorgane, die jedes Lebewesen besitzt. Sinnesorgane - die es uns ermöglichen zu sehen, zu hören, zu riechen, zu schmecken und zu fühlen - wollen in vollem Umfang benutzt und trainiert werden. Werden die Sinnesorgane 'be-friedigt', ist der Sinn insgesamt 'zufrieden': froh-sinnig also. Einem Pferd zu einem fröhlichen Leben zu verhelfen, heißt unter anderem auch: seinen Sinnesorganen, die in freier Wildbahn so wunderbar funktionieren und ihm und seiner Art das Überleben sichern, ausgiebig zu tun zu geben:

- in einer hellen, luftigen Haltungsanlage, in der es in die Weite schaut, ohne daß

Wälzen ist mehr als Körperpflege - es ist ein Hochgenuß fürs Pferd!

sein Blick immer wieder auf begrenzende Mauern trifft.

- In einer sauberen, schadstoffarmen Umwelt, in der es frische, gesunde Luft einatmet und seine Atemwege nicht belastet werden.
- In Ställen, Ausläufen und auf Weiden, wo es den Geräuschen einer natürlichen Umwelt lauscht und sein Gehör von keiner Dauerlärmkulisse von Industrieanlagen oder Autobahnen gequält wird.
- An Futterplätzen, die ihm eine schmackhafte Vielfalt gesundheitsfördernder Futtermittel bieten und nicht jahraus, jahrein pelletierte Einheitskost.
- Auf baumbestandenen Weiden und warmen, trockenen Sandplätzen, auf denen sein Körper Wind, Sonne und Regen spürt, auf warmem Boden flach niedergestreckt ruhen und sich genüßlich wälzen kann.

Erkennen Sie jetzt, daß Fröhlichkeit oder Frohsinn keineswegs altertümliche, unmoderne Begriffe sind, sondern - richtig entschlüsselt - die aktuellste Zielsetzung in allen Bereichen von Pferdehaltung und -sport? Jetzt sind Sie wahrscheinlich überzeugt:

Auch Fröhlichkeit, also die bestmögliche psychische Verfassung, sollten Sie für sich und Ihr Pferd anstreben - und wenn Sie es richtig anpacken, auch erreichen!

Beim Ausdauertraining lernt das Pferd, allmählich längere Strecken zu bewältigen.

Die Einbindung in den Herdenverband ist für das Selbstverständnis des Pferdes unverzichtbar.

Wellness - sich einfach wohlfühlen, rundum!

Vor gut einem Jahrzehnt kam ein neuer Begriff in Mode: Wellness! Er leitete in vielen Bereichen, die mit Gesundheit und Fitness zu tun haben, eine Art Umdenken ein. Niemand sollte und wollte sich mehr verbissen durch Diäten quälen und seinen Körper mit einem Mammut-Laufprogramm kasteien. Fitness sollte behutsamer und mit mehr Leichtigkeit erzielt werden - durch schmackhafte Vollwerternährung, bei der niemand mehr mit ausgehungertem Blick ständig in Richtung Kühlschrank schielte, sondern ein Gewicht erreichte und hielt, das vielleicht nicht dem in den gängigen Idealgewichtstabellen entsprach, bei dem sich der Mensch aber wohlfühlte. Beim Lauftraining brauchten die Schweißtropfen nicht mehr im Übermaß zu fließen - nein, es genügte ein Tempo, bei dem man sich noch nett mit dem mitlaufenden Partner unterhalten konnte. Wohlgefühl war gefragt, in allen Bereichen des Lebens.

Und genau so wird heute auch im allgemeinen der Begriff Gesundheit definiert: als körperliches und seelisches Wohlbefinden. Dieser angenehme Zustand, bei dem man sich einfach rundum gut fühlt, läßt sich tatsächlich erreichen:

- durch Beschäftigung mit den Vorgängen im Körper,
- durch pflegliche Behandlung des Körpers **und**
- durch den Aufbau und Erhalt einer guten seelischen Verfassung.

Das gilt natürlich für Sie *und* Ihr Pferd. Aber während Sie Ihr Leben selbstverantwortlich gestalten, hängt Ihr Pferd in fast allen Bereichen von Ihnen ab. Möchten Sie, daß es gesund und lebensfroh ist, daß es fit und fröhlich bleibt, müssen also *Sie* sich um seinen Körper kümmern, ihn pfleglich behandeln und für sein psychisches Wohlbefinden sorgen. Schaffen *Sie* optimale Rahmenbedingungen, in denen Ihr Kamerad auch als Pferd unter Pferden leben kann, dann kann es die ihm innewohnenden Ressourcen weiter ausschöpfen und sich auch 'rundum gut' fühlen.

MERKE:

Fitness und Fröhlichkeit schaffen Wohlbefinden. Wohlbefinden ist die einzig wichtige Voraussetzung für wirkliche Lebensqualität.

Kapitel 3 • Lebensqualität:

Körperliche und psychische Harmonie

'Sich rundum wohlfühlen...' Ob Sie es Fitness und Fröhlichkeit oder Wohlbefinden nennen: eine hohe Lebensqualität ist nicht etwas, das Sie für Ihr Pferd einmal anstreben, erreichen und dann unwiderruflich 'besitzen' können.

Es ist vielmehr eine Reise durch eine Landschaft der sich öffnenden Möglichkeiten, auf der Sie Ihr Pferd durch die Jahre und Jahrzehnte seines Lebens begleiten. Es ist nichts Statisches, sondern etwas, das sich immer wieder entwickeln muß. Lebensqualität hängt jeden Tag aufs neue von den Bedingungen ab, die Ihr Pferd in all seinen Lebensbereichen *(über die Sie im einzelnen in Kapitel 8, ‚Lebensabschnitte', lesen)* vorfindet. Sie handeln verantwortungsbewußt, wenn Sie Ihr Pferd in allen Bereichen vor Benachteiligungen, Unwohlsein und Schmerzen bewahren, indem Sie gezielte Vorsorgemaßnahmen treffen.

Lebensqualität bedeutet auch, Pferdehaltung und -sport in Einklang mit der Natur zu betreiben.

Das Ausmaß aller Schutz- und Vorbeugemaßnahmen, die zu treffen Sie bereit sind, kann das Leben Ihres Pferdes sowohl positiv als auch negativ beeinflussen. Einerseits soll Ihr Kamerad nirgendwo zu Schaden kommen, andererseits wollen Sie ihm ein pferdegemäßes Leben unter Artgenossen nicht verweigern. Für diese 'Gratwanderung' brauchen Sie eine gute Portion Sachkenntnis rund ums Gesamtthema Pferd.

KURZ GESAGT:

Sie müssen möglichst immer wissen,

- ***wie*** und
- ***wo,***
- ***wann*** und
- ***warum*** Ihr Pferd
- ***was*** tut!

Eine 'ganze' Persönlichkeit

Sicher erinnern Sie sich an einen Kinderreim, den Ihnen vielleicht Ihre Mutter oder Großmutter vorsang, wenn Sie hingefallen waren und sich verletzt hatten: 'Heile, heile, Gänschen...'. Der Ausdruck 'heil' ist ein sehr alter Begriff, der auf das gotische 'hails' = 'gesund' zurückgeht und damit die ursprüngliche, den Menschen tragende Lebenskraft meint. Wer Sie seinerzeit mit diesem 'Heile Gänschen' im Arm wiegte, bewirkte auf wundersame

SCHMERZAUSLÖSER	GEGENMASSNAHMEN
KRANKHEIT	optimale Haltungsbedingungen typ- und leistungsgerechte Fütterung sachgerechte Hufpflege tägliche Körperkontrolle und -pflege Schutzimpfungen Wurmkuren, Heilbehandlungen
UNFALLBEDINGTE VERLETZUNGEN	**Sicherheitsvorkehrungen - auch in bautechnischer Hinsicht - im gesamten Haltungsbereich:** • Stall/Auslauf • Hof • Reithalle, Außenplatz, Longierzirkel/Roundpen • Weide **Beachtung von Sicherheitsregeln** • beim Führen • bei der Arbeit an der Hand • bei der Arbeit unterm Sattel • im Straßenverkehr • im Gelände • bei Veranstaltungen
AUSRÜSTUNG	**Sorgfältige Auswahl von Ausrüstungsprodukten (Zäumung, Sattel, Sattelunterlage, Hilfszügel, Schutzvorrichtungen für Pferdekörper und -bein wie Decken, Bandagen, Gamaschen) im Hinblick auf** • anatomisch richtige Paßform • hochwertige, umweltfreundliche Materialien ohne allergieauslösende Komponenten • einwandfreie Verarbeitung, die jede/n Druck/Reizung auf den Pferdekörper ausschließt und • ermüdungsfreies und sicheres Arbeiten.

Soll der Pferdekörper kraftvoll funktionieren, muß auch die „Pferdeseele" zufrieden sein.

den funktionieren. Seine Lebensfreude, sein psychisches Wohlbefinden also, ist die zweite Säule. Sie wiederum beeinflußt seinen Körper. Eine 'heile Pferdeseele' erleichtert den Gesundungsprozess bei Krankheiten und verhilft ihm zu Lebensqualität, selbst wenn es Exterieurmängel aufweist, wenn es altersbedingte Gebrechen hat oder sein Körper den oberflächlich-stereotypen Vorstellungen von 'Pferdeschönheit' nicht entspricht. Oft sind darüber hinaus die 'intellektuellen' Ressourcen Ihres Pferdes viel größer, als Sie vielleicht glauben: seine Interessen, seine Begabungen, sein Lernvermögen.

Weise, daß der körperliche Schmerz nachließ und Sie sich geborgen und gut aufgehoben fühlten. Begriffe wie Lebensqualität, Wohlbefinden, Fitness und Fröhlichkeit drükken auf differenziertere Weise genau dieses 'Heilsein' aus.

DENKEN SIE DARAN:

Das Geheimnis des Wohlbefindens besteht darin, den Körper und die Psyche Ihres Pferdes aktiv zu lieben und sich ihnen wie ein fürsorglicher Elternteil zuzuwenden.

Körper *und* Psyche machen das Lebewesen Pferd aus und hängen in Gesundheit und Krankheit untrennbar voneinander ab. Ihr vierbeiniger Partner ist - wie Sie - eine 'Ganzheit'. Es ist weder nur Sportgerät oder Athlet noch Schmusebär und Kuscheltier. Auf seinen Körper zu achten hilft gleichzeitig, sein psychisches Befinden zu steigern. Körperliches Wohlbefinden ist die erste Säule des Fundaments, auf der das weitere Leben Ihres Pferdes aufbaut. In dem Maße, in dem Sie seinen Körper fit halten, wird er auch schmerzfrei und energiegela-

Sobald Sie in der Ausbildung und bei der Beschäftigung mit dem Pferd ausgefahrene Wege einfach ein-

Nur der Herdenverband erfüllt das dem Fluchttier angeborene Bedürfnis nach Schutz und Geborgenheit.

mal verlassen - diese Ressourcen also aufwecken - erschließen Sie auch dem Körper Ihres Pferdes neue, ungeahnte Möglichkeiten (und zwar in jedem Alter!).

Im Netzwerk der Beziehungen

Mensch - Pferd - Umwelt: Im „Netzwerk Ökosystem" hängen alle voneinander ab.

Manchmal, so werden Sie als Pferdebesitzer feststellen, erstaunt oder ängstigt Sie eine besondere Reaktion Ihres Pferdes - im Stall, auf dem Reitplatz, unterwegs beim Ausritt. Woran Sie dabei nicht denken: Das Wohlbefinden Ihres Pferdes wird nicht nur von Ihnen selbst, sondern auch vom Befinden aller, die mit ihm umgehen, es pflegen, reiten oder sich sonst in irgendeiner Form mit ihm beschäftigen, beeinflußt. Jeder von ihnen bringt seine individuelle Geschichte in den Umgang mit Ihrem Pferd ein.

Alles, was Sie und andere mit Ihrem Tier tun (meist ganz unbewußt), wird von Ihrem Pferd wahrgenommen und abgespeichert. Möglicherweise 'erinnert' es sich zu einem späteren Zeitpunkt daran und 'antwortet' in Form eines Benehmens, das Sie vielleicht schockiert oder amüsiert. Was damit gesagt werden soll? Niemand bleibt von seiner Umwelt unbeeinflußt. Jedes Lebewesen - auch Sie und Ihr Pferd - existiert in einem Netzwerk unterschiedlichster Beziehungen.

Im täglichen Zusammensein gehen Mensch und Pferd eine enge Bindung ein.

Warum sind 'gute Beziehungen' wichtig?

Sie möchten, daß Ihr Pferd nicht einsam ist? Das ist ein lobenswerter Vorsatz. Glauben Sie jedoch nicht, Sie oder andere Menschen könnten ihm seine Artgenossen hundertprozentig ersetzen.

Das Pferd ist ein im Gruppenverband lebendes Tier. Als Fluchttier braucht es in der Wildnis die

Gruppe, um zu überleben. Dieses Wissen ist in seinen Genen so fest verankert, daß jeder, der ihm die Einbindung in einen intakten Verband vorenthält (oder fortnimmt), es zu chronischer Einsamkeit verdammt. Einige wenige Jahrtausende der Domestikation, in der aus dem Wildpferd ein Hauspferd entstanden ist, haben daran nichts geändert.

Respekt und Ehrlichkeit: Die Liebe in der Pferdegruppe

Selbst wenn Sie, die Pferdepfleger, Ihr Bereiter oder Reitpartner sich noch so fürsorglich um das Pferd kümmern, wird es ihm ohne Kontakt zu Artgenossen stets an einer besonderen Art von Liebe mangeln: der Liebe innerhalb der Pferdegruppe. Diese Liebe ist nicht von Sentimentalität und Romantik geprägt, sondern baut auf gegenseitigem Respekt, auf Offenheit und Ehrlichkeit auf.

Achten und erfüllen Sie dem Pferd dieses besondere Bedürfnis. Sie helfen damit seiner Persönlichkeit, zu wachsen. Nur ein Pferd, das seine sozialen Neigungen ausleben darf, kann auch Ihnen und anderen Menschen echte freundschaftliche Empfindungen entgegenbringen. Und: Mit einem Pferd, das in der Gesellschaft anderer Pferde seine ureigene Sprache sprechen kann, können auch Sie eine bessere Verständigungsgrundlage aufbauen.

Pferde-'Beziehungskisten'

Vergleichen Sie einmal die 'Beziehungskisten', die Pferde untereinander pflegen, mit denen, die unsere Gesellschaft charakterisieren, und studieren Sie dann die Rollen, die Mensch und Pferd füreinander - jeweils aus der Sicht des einen oder anderen - spielen:

(Wild)pferd/ (Wild)pferd

- Nahrung, Schutz, Geborgenheit, Vorbild: ***die Mutterstute***
- Lehrmeister, Beschützer, Paarungspartner oder Paarungskonkurrent: ***der Leithengst***
- Vorbild, Führung, Autorität, Sicherheit, Souveränität: ***die Leitstute***
- Kameradschaft, Freundschaft, Spiel, Unterhaltung, Trost, Geborgenheit: ***das Gruppenmitglied***

Mensch / Mensch

- Nahrung, Schutz, Geborgenheit, Vorbild: ***Mutter und Vater***
- Lehrmeister, Beschützer: ***Vater und Mutter***
- Liebe, Vertrauen, Geborgenheit, Paarungs partner: ***der Lebenspartner***
- Vorbild, Führung, Autorität, Sicherheit, Souveränität: ***der Arbeitgeber***
- Kameradschaft, Freundschaft, Spiel, Unterhaltung, Trost, Geborgenheit: ***der Freund***

(Haus)-Pferd / Mensch

- Nahrung, Schutz, Geborgenheit: ***der Pferdehalter***
- Lehrmeister, Beschützer: ***der Pferdehalter bzw. der Ausbilder***
- Liebe, Vertrauen, Geborgenheit: ***der Pferdehalter, der Pfleger, das Pflegemädchen***
- Vorbild, Führung, Autorität, Sicherheit, Souveränität: ***der Ausbilder, der Pferdehalter***
- Kameradschaft, Freundschaft, Spiel, Unterhaltung, Trost, Geborgenheit: ***der Pferdehalter, das Pflegemädchen***

Mensch / (Haus)-Pferd

- Nahrung: ***Schlachtpferd***
- Schutz, Geborgenheit: ***Polizeipferd***
- Lehrmeister: ***Lehrpferd***
- Liebe, Vertrauen, Geborgenheit: ***das eigene Pferd in der Rolle des Freundes***
- (finanzielle) Sicherheit: ***das gewerblich genutzte Pferd (Reitbetrieb, Arbeitspferd usw.)***

Eines zeigt die Übersicht deutlich auf: die Wildpferdegruppe ist so aufgebaut, daß das Pferd alle seine sozialen Bedürfnisse in ihr stillen kann. Der Mensch benötigt über die eigene Familie/Sippe hinaus in der heutigen Gesellschaft noch andere Menschen - zum Beispiel, um finanzielle Sicherheit zu erzielen, den Arbeitgeber. Das Hauspferd könnte, zumindest in einer einfach aufgebauten Gesellschaft, dem Menschen nach wie vor sehr viele Bedürfnisse erfüllen: als Nahrungsquelle liefert es Fleisch, es kann für den Menschen in vielerlei Form arbeiten und verhilft ihm zu Freizeitvergnügen. Das Hauspferd selbst jedoch ist von einigen wenigen Menschen abhängig. Um so wichtiger ist es, daß es sich darauf verlassen kann, daß diese Menschen auch wirkliches Horsemanship praktizieren - in seinem Sinne und zu seinem Wohle.

WORAN SIE IMMER DENKEN SOLLTEN:

Das Wohlbefinden Ihres Pferdes ist verflochten mit Ihrem Wohlbefinden, dem der Gesellschaft, in der Sie leben, und der gesamten (Um)Welt.

Wenn Sie wirklich etwas für Ihr Pferd tun möchten, dann 'lieben' Sie Ihr Pferd nicht bloß sentimental auf der Gefühlsebene, sondern auf eine tatkräftige Weise:

- Reagieren Sie aktiv auf die Bedürfnisse Ihres Pferdes.
- Studieren und hinterfragen Sie seine Verhaltensweisen.
- Versetzen Sie es in die Lage, den Schatz seiner körperlichen und psychischen Möglichkeiten zu entwickeln - in jedem Lebensalter.
- Nehmen Sie unabänderliche Verluste, Krisen, Fehlschläge und Grenzen gelassen hin und nutzen Sie sie als konstruktive Denkansätze für mögliche Änderungen.

Kapitel 4 • Ich – der Pferdebesitzer:

Was will ich – was kann ich?

Sie besitzen bereits seit langem ein Pferd? Sie wollen erst eines kaufen? Sie sind seit ganz kurzer Zeit 'frischgebackener' Pferdebesitzer? Auf welche Frage auch immer Sie mit einem Ja antworten: Sie werden sich sicher dennoch wundern, warum es in diesem Kapitel in erster Linie um *Sie selbst* und weniger um das Pferd zu gehen scheint. Aber halt! Sie sind sich bereits darüber im klaren, daß das Wohlbefinden Ihres Pferdes mit Ihrem eigenen Befinden aufs engste verknüpft ist. Auch wenn es im ersten Augenblick in Ihren Ohren anmaßend klingt - aber in vielerlei Hinsicht sind *Sie* der Mittelpunkt der Welt Ihres Pferdes. Seine Haltungsform, seine Ernährung, seine Pflege, seine Kontakte zu anderen Pferden, seine Ausbildung und sein Einsatz in welcher Reitsportdisziplin auch immer - all diese Bedingungen hängen von Ihnen ab:

In der Souveränität des Pferdebesitzers liegt der Schlüssel zu harmonischer Partnerschaft mit dem Pferd.

- von der Zeit, die Sie aufbringen können,
- von dem Geld, das Sie in Pferdehaltung und -sport investieren können,
- von Ihrer körperlichen Konstitution,
- von Ihrer psychischen Situation,
- von Ihrem Wissen und Können in allen Belangen rund ums Pferd.

Je genauer Sie sich kennen(lernen), desto nutzbringender können Sie Ihre Stärken zum Wohle Ihres Pferdes einsetzen und desto besser können Sie an Schwächen arbeiten, damit Ihr Pferd nicht unter deren Folgen leidet.

Der Faktor Zeit

Obwohl Sie vermutlich den Blick auf Ihren Kontostand für die wichtigste Überlegung in bezug auf die Anschaffung oder Haltung eines Pferd betrachten, kommt der Frage, ob das Tier überhaupt in Ihren persönlichen Zeitrahmen paßt, viel größere Bedeutung zu. Die Möglichkeit, das Pferd in einem Reitbetrieb, in einer Haltergemeinschaft oder bei einem Landwirt aufzustallen, entbindet Sie nicht von enormen zeitlichen Verpflichtungen, die nachhaltig in Ihr Privatleben eingreifen. Auf wie viele Stunden sich dieser Zeitaufwand beläuft, hängt von verschiedenen Faktoren ab:

- der Haltungsform (*je mehr Arbeiten Sie selbst übernehmen, desto höher der tägliche/wöchentliche/monatliche Zeitaufwand*)
- Ihrer Bereitschaft, bestimmte Aufgaben (Putzen, Stallausmisten, Füttern, Pflege der Ausrüstung, Ausbildung, Longenarbeit, Beritt) gegen Bezahlung anderen Personen zu übertragen (*in größeren*

Rechenmodell für Ihren Zeitaufwand

Pferd im Pensionsstall (incl. Fütterung und Misten)	Pferd bei Auslaufhaltung in Eigenregie
1 Stunde Bewegung/Tag (= absolutes Minimum) 1 Stunde insgesamt für Vorbereitung und Nachsorge (Körper-, Hufpflege usw.) / Tag	1 Stunde Bewegung/Tag (kann bei Auslaufhaltung gelegentlich entfallen) 1/2 Stunde Kontrolle (Körper- und Hufpflege usw.)/ Tag 1 Stunde Füttern (Kraftfutter, Heu, Stroh) und Misten (Box, Offenstall,Paddock, Weide) pro Tag 1/2 Stunde Tränkwasserbereitstellung / Tag (je nach örtlichen Gegebenheiten) 3-4 Stunden Futterankauf, -transport, -einlagerung / Monat (je nach örtlichen/regionalen Gegebenheiten) 1-2 Stunden Kontrolle und Reparaturen in Stallanlage, an Paddock- und Weidezäunen usw. / Woche (Circawert) 1-2 Tage Weidepflegemaßnahmen (Entfernung von Unkraut- und Geilstellen, Abschleifen, Düngen, Nachsäen) / Monat
1 Stunde Pflege der Ausrüstung / Woche	1 Stunde Pflege der Ausrüstung / Woche
1 Stunde Anwesenheit/Hufeaufheben beim Beschlagen/Beraspeln der Pferdehufe durch Schmied oder Hufpfleger / alle 4 - 8 Wochen	1 Stunde Anwesenheit/Hufeaufheben beim Beschlagen/Beraspeln der Pferdehufe durch Schmied oder Hufpfleger / alle 4 - 8 Wochen
1 Stunde Anwesenheit beim Tierarztbesuch (geschätzt) / Monat (für Impfungen, Wurmkuren, andere Vorsorge- und Heilbehandlungen)	1 Stunde Anwesenheit beim Tierarztbesuch (geschätzt) / Monat (für Impfungen, Wurmkuren, andere Vorsorge- und Heilbehandlungen)
1 Stunde An- und Abfahrt / Tag von der Stallanlage (geschätzt)	entfällt bei Pferdehaltung direkt am Haus, ansonsten - bei Haltung auf hausfernem Land - je nach Gegebenheiten 1/2 - 1 Stunde / Tag (geschätzt)

Pensionsställen findet sich im allgemeinen Personal, das Sonderleistungen gegen Bezahlung übernimmt. Bei Haltung in Eigenregie können Sie Aushilfen hierfür beschäftigen).

- Ihrer Zielsetzung im Hinblick auf die Verwendung des Pferdes (*Grund-, Aufbau- und Erhaltungstraining, um einen bestimmten Leistungsstand zu erreichen und/oder das Pferd im Wettkampf einzusetzen, kosten Zeit).*

Vor jeder Neuanschaffung steht die Überlegung: Was bezwecke ich mit dem Kauf?

Entscheidung pro Zeitmanagement!

Auch wenn Sie fest damit rechnen, pro Tag eine bestimmte Anzahl von Stunden für Ihr Pferd erübrigen zu können und glauben, alle anfallenden Arbeiten wie ein Fitnesstraining zu bewältigen, werden Sie bald entdecken, daß der Ist-Zustand unangenehm hinter dem erhofften Soll-Zustand hinterherhinkt. Meist liegt das nicht am fehlenden guten Willen, sondern an

- **Organisationsmängeln** (*Ihr Partner und Sie fahren zusammen die Pferde füttern und tränken, obgleich es sinnvoller wäre, Sie versorgten die Pferde und Ihr Partner kaufte in dieser Zeit Heu und Stroh ein),*
- **Fehlplanungen** (*Sie haben für die Fahrt zum Veranstaltungsort die Baustellen auf der Autobahn, die Verkehrsdichte zur Fahrtzeit und die damit verbundenen Wartezeiten im Stau nicht einkalkuliert),*
- **Falschkäufen** (*Sie haben nach Katalog einen Sattel gekauft, der dem Pferd nicht paßt. Nun müssen Sie ihn aufwendig wieder verpacken, Rücksendeformulare ausfüllen, das Paket zur Post bringen - und doch einen Sattel mit Anprobe beim ortsansässigen Fachhändler kaufen),*

Wer Zeitmanagement praktiziert, braucht das Diktat des Uhrzeigers nicht zu fürchten.

Arbeitsmethodik mit System

Grundlage des Zeitmanagements ist die *Arbeitsmethodik.* Sie besteht aus

- der Situationsanalyse
- der Definition der Ziele, die Sie anstreben,
- der Problemermittlung und
- der Planung, Durchführung und Kontrolle der Lösungsschritte.

FALLBEISPIEL:

Bei der *Situationsanalyse* stellen Sie fest, daß Ihr Pferd noch nicht geländesicher genug ist für den im Sommer geplanten Wanderritt.

Ihr *Ziel* definieren Sie dahingehend, nun dem Geländetraining mehr Zeit zu widmen. Ihr *Problem* dabei ist, daß Sie nachmittags zu lange im Stau festsitzen, sich dann an Stallarbeiten 'festbeißen' und nur noch eine stereotype Runde um die Stallanlage reiten. Eine Lösung bietet sich wie folgt an: Im Rahmen der gleitenden Arbeitszeit verlängern Sie Ihre Mittagspause, essen zukünftig abends warm und nutzen die Mittagszeit zum Training. Für die Stallarbeiten engagieren Sie gegen ein vernünftiges Taschengeld einen Schuljungen. Zusätzlich nehmen Sie in den noch verbleibenden drei Monaten an drei Wochenenden an einem Geländereitkurs teil, der Sie und Ihr Pferd optimal auf alle Situationen unterwegs vorbereitet.

- **Zeitdieben** *(unangemeldete Besucher, hier ein Schwätzchen, dort ein Schwätzchen, Unordnung in Ihrer Pferde-Korrespondenz, Endlostelefonate...).*

Ein durchdachtes Zeitmanagement kann Abhilfe schaffen. Zeitmanagement bedeutet nicht, Tage, Wochen und Jahre vollständig zu verplanen und dem Terminkalender das Regime zu überlassen, sondern Ihre Aufgaben *zielorientierter* zu erfüllen durch

- systematische Planung und
- rationelle Erledigung.

Ärger stiehlt Zeit

Arbeitsmethodik läßt sich auf jeden Bereich in Pferdehaltung und -sport anwenden. Überall werden sich Aktivitäten herauskristallisieren, die Sie als unangenehm oder ärgerlich betrachten. Die Hauptärgerursachen sind:

- Unprofessionalität (*Sie versuchen, trotz mangelnder Reitausbildung Ihr Pferd selbst anzureiten),*
- Strategiefehler *(Sie entscheiden sich aus Bequemlichkeit für den Boxenstall, obwohl Ihr heuallergisches Pferd laut Tierarzt in Offenstallhaltung gehört),*
- Planlosigkeit *(Sie starten zu einem Mehrtagesritt ohne ausreichende Kenntnisse im Wanderreiten),*
- Organisationsmängel (*Sie versuchen, wenige Tage vor Ihrer Geschäftsreise einen Ersatzreiter zu finden),*
- fehlende Vorbeugung *(Sie versäumen die Termine für Wurmkuren und Schutzimpfungen),*
- Unordnung *(Sie lassen Gerätschaften liegen und provozieren einen Unfall),*
- Hindernisse *(Sie planen für besondere Ereignisse weder Zeit- noch Geldpolster ein),*
- Kommunikationsfehler (*Sie erteilen unklare Anordnungen z. B. zur Fütterung und nehmen das Risiko einer Kolikerkrankung in Kauf).*

MERKE:

Jede Form von Ärger stiehlt Ihnen kostbare Zeit, die Sie eigentlich zum Wohle Ihres Pferdes verwenden könnten. Ärger senkt Ihre Streß-Schwelle - auch am und auf dem Pferd. Streß erhöht das Unfallrisiko!

Zeit zu organisieren heißt auch: Zeit zu gewinnen für Mußestunden mit dem Partner Pferd...

Lassen Sie Ärgernisse hinter sich!

Die meisten Ärgernisse sind nichts als Aufgabenstellungen, die Sie - wenn Sie körperliche Kraft, guten Willen und Phantasie einsetzen - lösen können. Statt zu lamentieren „Ich hätte, ich müßte, ich sollte..." steuern Sie Ihre Ziele zukünftig geradlinig an „Ich werde...". Damit das auch klappt, halten Sie sich an folgende Regeln:

1. Erstellen Sie eine **Aktivitätenliste**. Notieren Sie alles, was Sie als belastend empfinden (Stall ausmisten, Stallschrank aufräumen, langfristig anderen Stall suchen...).
2. Setzen Sie sich **Prioritäten** und lernen Sie, dabei zwischen *wichtigen* (also wirklich für Sie bedeutungsvollen) und *dringlichen* (nur im Augenblick unaufschiebbar erscheinenden) Aufgaben zu unterscheiden. *Wichtig* hat immer Vorrang!
3. Zergliedern Sie jede Aufgabe in einfache **Einzelschritte.** (Räumen Sie den Stallschrank während drei Nachmittagen Fach für Fach auf).
4. Peilen Sie einen realistischen **Erledigungstermin** an, der sich mit Ihrem Gesamtzeitbudget vereinbaren läßt (Wechsel in einen artgemässeren Stall innerhalb der nächsten sechs Monate).
5. Schaffen Sie **Zeitpolster** für die Tatsache, daß immer alles anders kommt als Sie denken. Verplanen Sie in jedem Bereich (Beruf, Privatleben, Sport und Freizeit) höchstens 60 Prozent der offensichtlich für die Einzelaktivität verfügbare Zeit.

Arbeit mit Checklisten

Als Pferdesportler werden Sie mit Arbeiten und Gegebenheiten konfrontiert, die sich häufig wiederholen oder stets ähnlich erledigt werden. Legen Sie hierfür *Checklisten* an. Dadurch brauchen Sie die Rahmenbedingungen nicht immer wieder neu zu durchdenken, vergessen nichts und lernen, rationell zu arbeiten.

Fallbeispiel Veranstaltungsteilnahme:

- Zerlegen Sie den Gesamtablauf Ihrer Teilnahme in **Einzelphasen:**
  - Ausschreibung anfordern, ausfüllen, absenden
  - Nenngeld überweisen
  - Trainingsplan fürs Pferd erstellen
  - Termine für Impfungen, Wurmkur und Hufbeschlag auf den Veranstaltungstermin abstimmen
  - Ausrüstung von Pferd und Reiter überprüfen und ordnen
  - Unterkunft für Pferd und Reiter am Veranstaltungsort organisieren
  - Transportfahrzeug bestellen und/oder überprüfen und bereitstellen
  - bequeme Route festlegen.

Sorgfältige Planung mindert den Streß am Veranstaltungsort.

- Übertragen Sie die Termine für die Erledigung der Einzelphasen in Ihren Kalender.
- Haken Sie deutlich sichtbar ab, was Sie erledigt haben.
- Veranstalten Sie unter Umständen einen 'Probelauf', um Fehlerquellen zu finden.
- Planen Sie Phasen, die sich als kritisch herausstellten, neu.
- Heuern Sie notfalls Hilfskräfte im voraus an.
- Bringen Sie die Checkliste in die endgültige Form, die auch für spätere ähnliche Veranstaltungen gilt und bewahren Sie sie in Ihrer Akte 'Pferd' auf.

Der Kostenfaktor

Sie handeln verantwortungsbewußt, wenn Sie die Entscheidung für ein eigenes Pferd auf der Basis Ihrer finanziellen Situation treffen. Keinesfalls reicht es aus, wenn sich vom Monatseinkommen die Stallmiete gerade noch 'abzwacken' läßt. Neben den fixen Kosten fallen regelmäßig auch zusätzliche Aufwendungen an, die (manchmal mehr als) ein kleines Geldpolster erfordern. Arbeiten Sie daher unbedingt ein *persönliches Budget* aus, das einmalige (oder seltene) Investitionen ebenso einbezieht wie die in regelmäßigem Turnus anfallenden Ausgaben. Sollten Sie noch nicht Pferdebesitzer sein und jetzt feststellen, daß Sie mit Ihrem Geld 'so gerade eben über die Runden kommen werden', verzichten Sie zunächst lieber auf ein eigenes Pferd! Fassen Sie den Pferdekauf als motivierendes Langzeitziel ins Auge, auf das Sie hinsparen. Auch karrierefördernde Bildungsmaßnahmen sollten

Praxistips aus der Trickkiste:

Diskutieren Sie ruhig einmal das Thema mit Ihren Reiter- und Fahrerfreunden. Jeder Zeitgewinn dient Ihrer und Ihres Pferdes Fitness und Fröhlichkeit:

1. Trennen Sie sich von überflüssigen Ausrüstungsteilen!
2. Investieren Sie in zusätzliche Anschaffungen nur, wenn diese Ihnen wirklich Zeit sparen helfen!
3. Fragen Sie bei Neuanschaffungen: Warum überhaupt? Was habe ich, was hat mein Pferd langfristig davon?
4. Trainieren Sie Ihren Ordnungssinn!
5. Legen Sie Vorräte an (Futtermittel, Pflegemittel)!
6. Organisieren Sie vorsorglich Hilfe (Ersatztierarzt, Tierklinik, Ersatzhufschmied usw.)!
7. Wählen Sie für alles den richtigen Zeitpunkt (Hauptverkehrs-, Ladenöffnungs-, Büro- und Geschäftszeiten einplanen)!
8. Knausern Sie niemals mit der Zeit, wenn es um Ihre und Ihres Pferdes Sicherheit geht!
9. Lassen Sie sich von Mißgeschicken nicht blockieren (Fragen Sie: Was kann ich tun, um es nächstes Mal besser zu machen?)

Erstanschaffungen:

- Boxen- oder Offenstallbauten
- stabile Außenzäune samt Toranlagen für Koppeln und Paddock
- Elektro-Weidezaungeräte
- Federstäbe und Elektrolitze zur Errichtung von mobilen Wanderzäunen
- Futtertröge
- (ggf. beheizbare) Tränken
- Unterbringungs-/Lagermöglichkeiten für Kraft- und Rauhfutter, Einstreu, Ausrüstung
- Mistkarren, Mistgabeln, Heugabeln
- Gerätschaften für die Weidepflege
- Werkzeuge für Reparaturen

Sie nicht grundweg ablehnen. Sie können langfristig zu einem höheren Monatseinkommen führen. Sparen Sie vor allem ein finanzielles Polster für Notfälle an. Dazu gehören Tierklinikaufenthalte, aufwendige medizinische Maßnahmen und die Betreuung eines alternden oder nicht mehr reitbaren Pferdes, das nicht 'abgeschoben' werden möchte.

Selbstversorgung kostet Geld!

Spielen Sie mit dem Gedanken, Ihr Pferd in Eigenregie zu halten - vielleicht sogar, sich Ihren Traum vom 'Pferd hinterm Haus' zu erfüllen? Dann müssen Sie zusätzliche Anschaffungen tätigen *(siehe Kasten rechts).*

Fixkosten – mehr als bloß die Stallmiete

Als fixe Kosten werden all die Ausgaben bezeichnet, die in regelmäßigen Abständen anfallen:

Fixkosten im Pensionsstall:

- Stallmiete
- Futter
- Hufkontrolle und -bearbeitung durch einen qualifizierten Hufschmied oder einen geprüften Hufpfleger
- eventuell Hufschutz (Eisen-, Kunststoffbeschlag, Hufschuhe)
- Impfungen gegen Tollwut und Tetanus 1 x pro Jahr
- Impfung gegen Pferdegrippe gegebenenfalls 2 x pro Jahr
- Wurmkuren je nach Alter und Haltungsform des Pferdes bis 4 x pro Jahr
- Pflegemittel fürs Pferd (Anti-Fliegen-Lotion, Hufpflegemittel, Pferdeshampoo, Mähnenglanzspray usw.)

Erstinvestitionen:

- Der Anschaffungspreis für das Pferd
- Der Anschaffungspreis für das unverzichtbare Zubehör (ein bis zwei Halfter, Führ- und Anbindestrick(e), Stall- und Arbeitsbandagen, Sattel, Sattelunterlage/Pad, Zaumzeug, Zügel, Putzzeug, (mindestens) eine Pferdedecke
- Eventuell Anschaffung von einem Stallschrank/ einem Stallcaddy, Longe und Zubehör

Zusatzinvestitionen*)

- Kauf von Spezialausrüstung für die bevorzugte Disziplin (wie Packtaschen für Wanderreiter, Distanzsattel, Springsattel, Turnierkleidung)
- Eventuell Kauf eines Zugfahrzeugs plus Pferdetransporter
- Kauf von Ausrüstung für häufige Fahrten im Transporter (Transportdecken und -gamaschen)
- Kosten für Fahrten und Übernachtungen für Pferd und Reiter

*) bei Spezialisierung und/oder Wettkampf- und Veranstaltungsteilnahme

Qualitativ hochwertiges Stroh dient sowohl als Futtermittel als auch als Einstreu.

- Pflegemittel für Sattel- und Zaumzeug (Sattelseife, Lederfette und -öle, Metallpolitur für Beschläge am Sattelzeug, Schwämmchen, Läppchen usw.)
- Möglicherweise Zukauf von Zusatzfuttermitteln, um Erkrankungen vorzubeugen, chronische Defekte zu mildern oder grundfutterbedingte Mängel auszugleichen
- eventuell regelmäßige und dauerhafte Verabreichung von Heilmitteln
- Tierhalterhaftpflichtversicherung
- Reiterunfallversicherung
- ggf. Lebensversicherung fürs Pferd

Zusätzliche Fixkosten bei Haltung in Eigenregie:

- Grundfuttermittel (Kraftfutter, Qualitätsheu und -stroh)
- Einstreu (üblicherweise Stroh oder Sägespäne)
- Wasserverbrauch zum Tränken und für die Pferdepflege
- Energieverbrauch (Strom für die Beleuchtung von Stall, Paddock, Longierzirkel und Bewegungshalle)
- Maßnahmen zum Diebstahl- und Brandschutz (feuerhemmende Türen, Brandschutzmauern, Sicherheitsschlösser, abschließbare Sattelhalter, Feuerlöscher, usw.)

Persönliche Anschaffungen

Auch die Produkte, die der Pferdebesitzer für sich selbst benötigt, dürfen Sie von der Kalkulation nicht ausnehmen. Dazu zählen:

- die gewohnte Reitkleidung (Hose, Helm, Stiefel/Reitschuhe)
- festes Schuhwerk und Arbeitskleidung für Hof und Stallung
- wetterfeste Outdoor-Bekleidung für Geländeritte
- Spezialkleidung für Veranstaltungen (Turniere, Schauen usw.)

Praxistips:

- Listen Sie auf einem Blatt Papier alle voraussehbaren Kosten (auf einen Monat umgerechnet) genau auf.
- Addieren Sie etwa 150 Mark für Unvorhergesehenes hinzu.
- Daneben notieren Sie Ihr Nettoeinkommen und ziehen davon Ihre fixen Kosten für Haus oder Wohnung, Versicherungen, Kredite, Sparbeiträge, Nahrungsmittel, Kleidung, Auto, Reisen und Taschengeld ab.
- Die Restsumme sollte den für das Pferd errechneten Betrag um mindestens die Hälfte übersteigen.

Ihre körperliche Fitness

Über die Ausbildung und Gymnastizierung des Pferdes sind bereits zahllose Seiten geschrieben worden, doch der Frage, ob der Pferdehalter fit genug ist, die körperlichen Anforderungen von Pferdehaltung und -sport zu erfüllen, wird kaum eine Zeile gewidmet. Ihre Gesundheit beeinflußt sehr wohl auch das Befinden Ihres Pferdes, denn je öfter Sie durch Unwohlsein oder Krankheit ausfallen, desto weniger Betreuung und Bewegung erhält Ihr Pferd. Bringen Sie sich daher unbedingt 'rundum' in Form durch

- **eine gesunde Kost** (*Konsultieren Sie bei Gewichts-, Ernährungs- und Allergieproblemen unbedingt Ihren Hausarzt und lassen sich von einem Ernährungsspezialisten beraten*),
- **körperliche Bewegung** (*Sie senken das Risiko von Herz- und Arterienerkrankungen, schlafen besser, haben seltener Schmerzen und Depressionen und erhöhen Ihre Leistungs- und Konzentrationsfähigkeit im Berufs- und Privatleben*),
- **ausreichend Schlaf** (*Wenigstens vier Nächte pro Woche brauchen Körper und Geist sieben bis neun Stunden, um sich vollständig zu regenerieren*),
- **Verzicht auf Rauchen und ein Übermaß an Alkohol** (*um Ihr Organsystem nicht zusätzlich schwer zu belasten*),
- **typgerechte Körperpflege** (*Gutes Aussehen und das Gefühl, gepflegt zu sein, steigern insgesamt das Wohlgefühl*),
- **regelmäßige Zahnpflege und -kontrolle** (*Unbehandelt, können Zahndefekte zu schweren Gesundheitsstörungen führen*),

Mit ein wenig Übung läßt sich die tägliche Jogging-Runde auch mit Partner Pferd absolvieren!

- **Wahrnehmung der für Frauen und Männer angebotenen Vorsorgeuntersuchungen** (*Frühzeitige Krebserkennung kann Ihr Leben retten!*),
- **regelmäßige Generaluntersuchungen, auch von Augen und Ohren** (*Rechtzeitig erkannt, können Krankheiten oder ein Nachlassen der Funktionen abgefangen und/oder geheilt werden*).

Hält Reiten fit?

Reiten gehört zu den Sport- und Freizeitaktivitäten, die zunehmend beliebter werden. Wie aber wirken sich Pferdehaltung und -sport selbst auf Ihre Fitness aus? Folgende Tabelle bewertet die Auswirkungen der Sportart Reiten nach einem Punktesystem. Die niedrigste Bewertung wird mit 1, die höchste mit 10 Punkten angegeben.

Aerobe Fitness	2
Muskelkraft	7
Koordination	7
Beweglichkeit	2
Erholungswert	8
Sicherheit	3
Geselligkeit	6

Die niedrigen Punktezahlen bei Aerober Fitness und Beweglichkeit deuten schon an: Sie sollten zusätzlich noch etwas Sport betreiben, um körperlich fit zu bleiben (oder zu werden), auch wenn alle rund ums Pferd anfallenden Tätigkeiten ein gewisses Beweglichkeitstraining darstellen. Körperlich fit zu sein hängt zwar mit Disziplin zusammen, bedeutet aber nicht, daß Sie zum besessenen Anhänger des Fitness-Kults werden. Fitness heißt lediglich, Freude daran zu haben, jeden Tag etwas Zeit darauf zu verwenden, die Lebendigkeit, die Attraktivität und die Fähigkeit des eigenen Körpers, energiegeladen, kraftvoll und effektiv zu funktionieren, zu fördern.

Fitness-Praxistips:

Absolvieren Sie ein kleines Gymnastikprogramm vor dem Reiten. Sie ermüden weniger schnell, weil Ihr Blut mehr Sauerstoff enthält. Im Zustand der Ermüdung lassen Ihre Reflexe nach, und Sie reagieren im Sattel langsamer auf eine unerwartete Bewegung des Pferdes.

Machen Sie direkt, bevor Sie in den Sattel steigen, ein paar Lockerungsübungen: Joggen Sie auf der Stelle, federn Sie mit den Zehenspitzen auf und ab... notfalls fegen Sie die Stallgasse mit ein paar tänzelnden Schritten! Das bringt Ihren Kreislauf in Schwung. Geschmeidigkeit schützt Bänder und Sehnen vor Überdehnung und Verletzung!

Auf einen Blick:

Die wichtigsten Beweglichkeitsübungen:

- isometrische Übungen
- kraftvolles Tanzen
- Hatha Yoga
- Tai Chi (ein sanfter, gleitender Tanz, der sich aus dem Taoismus entwickelt hat).

Merke: Beweglichkeitsübungen strecken Ihre Muskeln, halten Ihre Gelenke beweglich, lassen Ihre Bewegungen anmutiger und Ihre Haltung lässiger und attraktiver werden. 5 Minuten am Tag genügen!

Die wichtigsten kraftfördernden Übungen:

- Arbeit mit Hanteln
- Übungen an Bodybuildingmaschinen
- kalisthenische Übungen wie Klimmzüge und Liegestütze

Merke: Diese Übungen erhöhen Umfang, Tonus und Kraft Ihrer Muskeln. Die Zahl der Übungen darf nur allmählich und behutsam gesteigert werden.

Die wichtigsten aeroben Übungen:

- schnelles Gehen
- Joggen
- Radfahren
- Bahnenschwimmen
- Rollschuh-, Eis- und Skilanglauf
- Aerobic
- Seilspringen

Merke: Aerobe Übungen halten Herz, Lunge und Blutbahnen in Schuß, erhöhen das Stehvermögen, verbessern die Verwertung der aufgenommenen Nahrung und reduzieren Fett, indem sie es durch Muskeln ersetzen. Ganz langsam steigern auf viermal pro Woche 20 Minuten.

Die Psyche – Spiegel Ihrer Persönlichkeit

'Ich rege mich leider viel zu schnell auf!' oder 'Zum Glück bringt mich nichts so schnell aus der Ruhe...' Welchem Persönlichkeitstyp würden Sie sich zuordnen?

„Zeit für mich..." – Stunden der Entspannung sind wichtig für die psychische Stabilität.

Heute geht die Wissenschaft davon aus, daß Menschen mit einer bestimmten Veranlagung geboren werden. Ihre individuelle Persönlichkeit entwickelt sich dann aus den Erfahrungen, die sie seit Ihrer Kindheit machten und noch heute machen. Ihre Persönlichkeit - sozusagen ein Puzzle aus biologischen, psychologischen, sozialen und spirituellen Teilen - beeinflussen Ihren Umgang mit dem Pferd und somit letztlich *seine* Chance auf ein Leben in Fitness und Fröhlichkeit.

Welcher Persönlichkeit nun gelingt es am besten, weitgehend positiven Einfluß auf das Wohlbefinden des Pferdes auszuüben? Sicher derjenigen, die größeren Aufgaben, Konflikten und streßreichen Situationen nicht ständig aus dem Weg geht, sondern sich ihnen stellt und sie *aktiv* bewältigt. Eine solche Bewältigung kann verschiedene Gesichter haben. Sie besteht nicht ausschließlich darin, Konflikte zu *lösen* (denn bestimmte Lebenssituationen lassen sich nicht kontrollieren), sondern auch, die innere Einstellung zu ändern und *loszulassen*. Folgende Techniken können Ihnen dabei helfen:

- körperliche Entspannung
- Selbstgespräche
- Meditation
- autogenes Training
- mentales Training
- Biofeedback

Auf einen Blick:

Entspannung ist der Zustand psychischer und körperlicher Gelöstheit und biologisch als Ausgleich für Phasen der Anspannung und Erregung notwendig. Erreicht wird sie durch Atemübungen und das An- und Abspannen der Muskulatur eines jeden Körperteils.

Im **Selbstgespräch** trainieren Sie Lösungsmöglichkeiten für anstehende Probleme. Wichtig ist es, sich dabei auf positive Aspekte der Aufgabe zu konzentrieren und optimistische Formulierungen zu wählen.

Meditation (lat. Besinnung) bedeutet, sich im Zustand körperlicher Entspannung geistig auf das Wesen der Wirklichkeit zu sammeln und negative Gedanken zu zerstreuen. Aus der Sicht des Psychotherapeuten ist dieses Entspannungsverfahren die 'Oberstufe' des Autogenen Trainings.

Das von dem deutschen Neurologen Dr. J. K. Schulz entwickelte **Autogene Training** ist eine Methode konzentrierter Entspannung. Diese Entspannung wird durch sogenannte autosuggestive Kräfte erreicht, das heißt, der Übende spricht mit sich selbst, indem er bestimmte Sätze mehrfach wiederholt, bis der Körper durch bestimmte Gefühle darauf reagiert.

Auf einem ähnlichen Prinzip baut das **mentale Training** auf, das zunächst für Sportler entwickelt wurde, um deren Leistungen zu steigern. Im Zustand körperlicher Entspannung konzentriert sich der Übende in Gedanken auf Spieltechniken und Körperhaltungen und unterstreicht sie durch positive Aussagen.

Beim **Biofeedback-**Verfahren wird der Übende an ein Meßgerät angeschlossen. Ton- und Lichtsignale informieren ihn über Blutdruck, Muskelverspannungen, Hautwiderstand und -temperatur. Der Patient lernt, durch Entspannungstechniken diese Werte, auf die er normalerweise keinen Einfluß hat, bewußt zu steuern und so auch Streß abzubauen.

Hoffnung, Liebe und gute Freunde

Ein relativ junger Forschungszweig befaßt sich mit den Zusammenhängen zwischen Körper und Seele. Sogenannte Psycho-Neuro-Immunologen fanden heraus, daß der Körper viel größere Selbstheilkräfte - auch bei schwersten und als unheilbar geltenden Krankheiten - aktivieren kann als bislang von der Schulmedizin angenommen. Freigesetzt werden diese Kräfte durch die eigenen Gedanken, durch die innere Einstellung zum Leben. Sie können mit Sicherheit davon ausgehen, daß Sie Ihr gesamtes Leben - in der Familie, im Bekanntenkreis, im Beruf und in Ihrer Freizeit mit und ohne Pferd - positiv verändern können, wenn Sie lernen, die äußeren Gegebenheiten als interessante Herausforderungen zu betrachten. Erleichtert wird diese Sehensweise durch Freunde und gute soziale Kontakte, die Ihnen das Gefühl der Geborgenheit vermitteln. Hoffnung und Liebe geben Ihnen die Kraft, auch widrigen Umständen mutig ins Auge zu sehen.

Gute Freunde zu besitzen ist ein Stützpfeiler seelischer Gesundheit.

MERKE:

Als Pferdehalter und -sportler werden Sie unweigerlich gelegentlich mit Streß konfrontiert. Streß hat schädigende Auswirkungen auf Ihren Körper und Ihre Psyche. Je besser Ihre körperliche und seelische Verfassung ist, desto besser werden Sie Streß im Alltag mit dem Pferd verkraften können, ohne daß Ihr Pferd darunter leiden muß.

Wie steht es mit Fachwissen und Können?

Artgerechte Pferdehaltung, leistungsbezogene Fütterung, die richtige Körper- und Hufpflege, ein individuelles Trainingskonzept - wissen Sie *wirklich* darüber Bescheid? Alles, was Sie *nicht* wissen, kann dazu führen, daß Sie Fehler machen, Sicherheitsvorkehrungen unterlassen, Vorbeugemaßnahmen übersehen. Abgesehen von einem großen Zeit-, Geld- und Arbeitsaufwand, der notwendig wird, um Ihre Fehler wieder gutzumachen, ist der Leidtragende immer Ihr Pferd. Überlegen Sie sich als Pferdehalter oder Pferdekäufer einmal: 'Wo habe ich noch Wissenslücken - wie und wo kann ich mein Können verbessern?' Folgende Übersichtsschemata helfen Ihnen, Defizite aufzuspüren:

Was Sie unbedingt *können* sollten

- Sie können Pferde vom Boden aus handhaben - führen, pflegen, für den Ritt vorbereiten, nach einem Ritt versorgen. Sie wissen, wie Sie Ihr Pferd bei Tierarzt- und Hufschmiedtermin handhaben. Sie sollten auch schon einmal das Verladen geübt haben.
- Sie können verschiedene Pferde unterschiedlicher Rassen und Stockmaßhöhen in allen Gangarten und Tempi reiten, auch über schwieriges Geläuf, allein und in der Gruppe an jedem Platz. Sie wissen ein Pferd im Straßenverkehr korrekt zu bewegen. Sie haben eine Reitausbildung (nach FN-Richtlinien bis Klasse A) und verfügen über grundlegende Kenntnisse für das Reiten im Gelände (zum Beispiel Reiterpaß FN, VFD oder EWU).
- Sie können ein Pferd korrekt ausrüsten. Das heißt, Sie können nicht nur den Sattel auflegen, sondern auch seine Paßform einigermaßen beurteilen, die Zäumung an Pferdekopf und -maul anpassen, Hilfszügel richtig verschnallen und sonstige Ausrüstungsteile (wie Bandagen, Gamaschen, Glocken usw.) auf die vorgeschriebene Weise anlegen.

Eine faszinierende Aufgabe ist es, Wissen über die verschiedenen Reitstile und ihre Entstehung zu sammeln.

Was Sie unbedingt *wissen* sollten

- Sie besitzen Grundkenntnisse über die natürlichen Verhaltensweisen und Bedürfnisse des Flucht- und Herdentieres Pferd.
- Sie kennen die Bedingungen für artgerechte Pferdehaltung und umweltgerechten Reitsport.
- Sie wissen über die Grundlagen der Pferdesprache Bescheid.
- Sie haben ein solides Basiswissen über die verschiedenen Reitsportdisziplinen, die in unserem Land praktizierten Reitweisen und die häufigsten Pferderassen.
- Sie verfügen über Grundkenntnisse über die häufigsten Pferdekrankheiten und Gesundheitsvorsorgemaßnahmen.
- Sie informieren sich auch über pferdefreundliche Möglichkeiten der Tötung des Pferdes im Alter oder bei einem Notfall.

Ausgerüstet mit diesem Wissen und Können haben Sie gute Chancen, Ihrem Pferd zu einem pferdegemäßen Leben zu verhelfen. Sie müssen aber auch als echte *Horsewoman* beziehungsweise als wirklicher

Horseman zu handeln bereit sein. Horsemanship beinhaltet, daß Sie über fachliches Knowhow hinaus das Pferd achten und seine individuelle Persönlichkeit respektieren.

Der Umgang mit einem lebendigen Mitgeschöpf wird und soll Sie ermutigen, sich stets weiterzubilden, um Ihr Wissen und Können zu vertiefen und um Ihr Gespür für das Wesen Pferd mehr und mehr zu entwikkeln.

Kapitel 5 • Bestandsaufnahme:

Lernen Sie Ihr Pferd genau kennen

'Ja, ich kenne mein Pferd - sozusagen aus dem Effeff!' Wenn Sie mit (möglichst allen) körperlichen Merkmalen und seelischen Eigenschaften Ihres Pferdes wirklich vertraut sind, dann haben Sie ausgezeichnete Chancen, Fitness und Fröhlichkeit Ihres vierbeinigen Sportkameraden zu fördern und zu erhalten. Sie können Schwächen und Stärken berücksichtigen, dadurch auch gesundheitliche Risiken besser einschätzen und Erkrankungen vorbeugen, sowie Unfallgefahren mindern. Selbst wenn Sie lernen müssen, mit bestimmten Einschränkungen, die die Nutzung Ihres Pferdes beeinträchtigen, zu leben, brauchen Sie doch kaum mehr zu befürchten von einer Woge unerwarteter Ereignisse überrollt zu werden. Das verleiht Ihnen selbst das Gefühl der Sicherheit und stärkt Ihre Kraft, wann - und wo immer nötig, etwas für das Wohl Ihres Pferdes zu tun.

Ihr Pferd - absolut einmalig auf der Welt! Wie gut kennen Sie es?

Notizen als Gedächtnisstütze

Stop! Eilen Sie nicht sofort tatendurstig in den Stall, um Ihr Pferd von Kopf bis Schweif zu untersuchen. Erinnern Sie sich daran, wie lange beispielsweise zwei Lebenspartner brauchen, um einander wirklich kennenzulernen. Sie brauchen also nichts zu überstürzen. Nehmen Sie sich stattdessen vor, Ihr Pferd in den nächsten Tagen und Wochen ganz systematisch kennenzulernen. Notieren Sie möglichst viele der Eigenheiten, die Sie dabei herausfinden, ebenso wie alle gemessenen Maße nicht bloß auf ein paar losen Blättern Papier, sondern in einem Heftchen. Zusätzlich fertigen Sie Fotos und Skizzen an. Auf diese Weise schaffen Sie nicht nur für sich selbst, sondern auch für Tierarzt, Tierklinik und Hufschmied - und sogar für die Polizei im (hoffentlich niemals eintretenden!) Fall des Diebstahls Ihres Pferdes - eine verläßliche Grundlage mit Aussagen, die Sie in Text und Bild dokumentiert haben.

Die Schriftform liefert Ihnen eine zusätzliche Hilfe: Sie können den Fakten, die Sie ermitteln, mögliche Auswirkungen gegenüberstellen. (Ein Beispiel: Ihr Pferd ist sehr weich gefesselt. Mögliche Auswirkungen sind - auf der Positivseite - ein weicher, bequemer Sitz, auf der Negativseite eine erhöhte Gefahr der Sehnenscheidenerkrankungen). Eventuelle Auswirkungen schreiben Sie nicht sofort nieder, sondern notieren sie immer dann in der entsprechenden Spalte, wenn Ihnen in Fachbüchern oder im Gespräch mit kompetenten Pferdefachleuten ein Hinweis begegnet. Auf diese Weise addieren Sie Mosaiksteinchen zu Mosaiksteinchen des Wissens über Ihr Pferd, nicht nur, wie es sich heute, sondern voraussichtlich auch in Zukunft präsentieren wird.

Untersuchung von Kopf bis Huf

Notieren Sie als allererstes

- den Namen des Pferdes (sowohl den in den Zuchtpapieren eingetragenen Namen als auch den Rufnamen),
- das Geschlecht,
- die Rasse,

Hufe sind keineswegs bei allen Pferden gleich, sondern weisen unterschiedliche Färbungen auf.

- das Geburtsdatum, falls Sie es kennen - ansonsten das vom Tierarzt geschätzte Alter,
- Datum und Ort des Pferdekaufes und legen Sie den Daten bei:
- die Abstammungspapiere (im Original und mit einer beglaubigten Fotokopie).

Sehen Sie diese Hinweise nicht als überflüssig an - Sie werden sich wundern, wie viele Pferdebesitzer nach ein paar Jahren das genaue Alter ihres Pferdes nicht mehr wissen...

Danach widmen Sie sich einer genauen Untersuchung Ihres Pferdes von Kopf bis Schweif und von Kopf bis Huf in der unten genannten Reihenfolge:

Das Gebäude

- Stellen Sie das Pferd auf planem Boden vor sich auf.
- Begeben Sie sich auf die linke Körperseite des Pferdes und betrachten es von der Seite. Wenn möglich, fotografieren oder skizzieren Sie es.
- Das gleiche tun Sie von der rechten Seite her, danach von vorn und zum Abschluß von hinten.

- Messen Sie Ihr Pferd mit einem Stockmaß (ersatzweise einem Zollstock) und einem Bandmaß und notieren Sie Widerristhöhe (mit dem Stockmaß vom Boden bis zur höchsten Stelle des Widerrist), Röhrbeinumfang (mit dem Bandmaß direkt unter dem Vorderfußwurzelgelenk an der schmalsten Stelle) und Brustumfang (mit dem Bandmaß in der Gurtlage hinter dem Widerrist).
- Auf diese Weise erhalten Sie einen Gesamteindruck über das Gebäude Ihres Pferdes. (Wollen Sie das Gebäude im Einzelnen korrekt beurteilen, besorgen Sie sich die Beurteilungsrichtlinien bei der für Ihre Rasse zuständigen Zuchtvereinigung).

MERKE:

Auch ein Pferd, das kein perfektes Exterieur aufweist, kann ein gutes Pferd sein, indem es Grenzen seines *Leistungsvermögens* durch erhöhte *Leistungsbereitschaft* ausgleicht.

Damit sich Gebäudefehler nicht langfristig negativ auf die Gesundheit des Pferdes auswirken, müssen sie durch eine *korrigierende Reitweise* ausgeglichen werden.

Das gesunde Aussehen

'Du siehst wieder ganz gesund aus!' haben Sie wahrscheinlich schon einmal zu einem Freund gesagt, der eine schwere Krankheit überstanden hat und nun von einem längeren Erholungsurlaub zurückkehrt. Gesundheit

Gebäudebesonderheiten und mögliche Auswirkungen auf das Wohlbefinden des Pferdes

Stellungsfehler der Gliedmaßen	Verletzungsgefahr (Greifen, Streichen), Verschleißerscheinungen an Sehnen und Gelenken (Folge: Lahmheiten), Störungen im Bewegungsablauf, unausbalancierter Gang in schwierigem Gelände
Sehr kurze Maulspalte	Zungenstrecken
Starke Ganaschen, enger Kehlgang	Schmerzen, Atembeschwerden
Fehlerhafte Zahnstellungen	Schmerzen, Kaustörungen, erschwerte Nahrungsaufnahme
Tiefer, kurzer Hals	Gleichgewichtsprobleme, kurze Gänge
Zu langer Rücken	Schwäche der Lendenpartie, vorzeitiger Verschleiß der Vorhand (da Hinterhand nicht aktiviert wird)
Zu kurzer Rücken	Greifen
Überbautheit (Kruppe höher als Widerrist)	Überlastung der Vorhand, früherer Verschleiß

spiegelt sich wirklich in vielen äußeren Merkmalen wider - bei Menschen ebenso wie bei Tieren. Als echter Partner Ihres Pferdes achten Sie daher auf Veränderungen in seinem Aussehen ebenso wie in seinem Verhalten. Notieren Sie zum Zeitpunkt der Bestandsaufnahme den Ist-Zustand wie folgt:

1. Farbe des Haarkleids

Bestimmen Sie die Fellfarbe möglichst genau und benutzen Sie dabei als Besitzer eines Rassepferdes die von den Züchterverbänden vorgegebenen Fellfarbbezeichnungen. Malen oder fotografieren Sie besondere Fellzeichnungen ab.

Infokasten Fachvokabular

Wenn Sie mit Fachleuten über das Thema Pferdebeurteilung sprechen, werden Sie unweigerlich mit Fachausdrücken 'bombardiert'. Da ist von Typ, Kaliber, Format, Rahmen, Konstitution und Kondition die Rede. Dahinter verstecken sich Eigenschaften, die auch im Hinblick auf die Frage, ob ein Pferd für einen bestimmten Verwendungszweck überhaupt geeignet ist, eine Rolle spielen. Machen Sie sich daher mit der grundlegenden Bedeutung der Begriffe vertraut:

Format: das Verhältnis der Körperlinien zueinander. Unterschieden wir dabei zwischen dem Pferd im *Rechteckformat* und dem Pferd im *Quadratformat.*

Kaliber: das Verhältnis des Gewichtes zu Widerristhöhe, Brustumfang und Röhrbeinstärke. Kaliber und Stockmaß hängen nicht voneinander ab. Ein kalibriges Kleinpferd (wie Haflinger, Fjordpferd oder Welsh Cob) kann ein besserer Gewichtsträger sein als ein schmal gebautes Großpferd.

Kondition: der Zustand körperlicher und seelischer Leistungsfähigkeit des Pferdes. Er baut auf dem Pflege-, Ernährungs- und Trainingszustand auf. Erwünscht ist ein reibungsloses Zusammenspiel von Ausdauer, Muskelkraft, Schnelligkeit und Beweglichkeit.

Konstitution: (1.) die Gesamtheit der ererbten Anlagen eines Pferdes plus Gesundheit und Leistungsvermögen; (2.) die Beurteilung des Zustandes des Körpergewebes (weich oder hart).

Quadratpferd: Bezeichnung für ein Pferd, dessen Länge von Bug zum Sitzbeinhöcker genau seiner Höhe, gemessen von Widerrist (oder dem höchsten Punkt der Kruppe), entspricht. Eine gedachte Linie, so zum Viereck verbunden, ergäbe ein Quadrat. Das Quadratpferd mit kurzem Rükken, starker Lende, langer Hüfte und kurzen stabilen Röhren kann sich müheloser ausbalancieren als das *Rechteckpferd.* Seine Hinterbeine nehmen bei stärker gebeugten Hanken mehr Last auf, so daß sich das Pferd leichter versammeln läßt.

Rahmen: die Länge der Körperlinien des Pferdes. Ein 'großer Rahmen' steht für einen langen Hals, eine lange, schräge Schulter, einen tiefen Brustkorb und eine angenehm lange Kruppe.

Rechteckpferd: Pferd mit langer Oberlinie, dessen Länge - gemessen von Bug bis Sitzbeinhöcker - seine Höhe (gemessen zwischen Widerrist bzw. Kruppe zum Erdboden) deutlich übersteigt. Würden die gedachten Linien zu einem Viereck verbunden, ergäbe sich die Rechteckform. Bei nicht zu langer Lende und straff bemuskeltem Rücken wird sowohl beim Spring- und Dressurpferd als auch beim Fahrpferd das Rechteckformat gewünscht, da es dem Pferd zu mehr Schwungkraft verhilft. Durch energisches Abfußen trabt und galoppiert es raumgreifender und rationeller und deckt mehr Boden.

Typ: Fachausdruck (1.) zur Unterscheidung zwischen leicht und kräftig wirkenden Pferden, (2.) zur Unterstreichung der gewünschten Eigenschaften einer bestimmten Rasse. Nennt man ein Pferd besonders typvoll, entspricht es den im Rassestandard niedergelegten Zuchtzielen.

2. Abzeichen

Notieren Sie sämtliche Abzeichen auf der Stirn, über dem Nasenrücken und am Maul (wie Flocke, Stern, länglicher Stern, Keilstern, Blesse, Strich, Schnippe). Vergessen Sie auch die Abzeichen an den Beinen nicht. Sie laufen entweder über die Krone, die Vorderfessel, den Vorderfuß, den Ballen, den Hinterfuß, die gesamte Fessel, das gesamte Bein oder aber sie treten als Kronenfleck auf. Eine Zeichnung oder Fotos dokumentieren die Abzeichen am genauesten.

Skizzieren oder fotografieren Sie unbedingt weiße Abzeichen an Pferdegesicht und -körper.

3. Besonderheiten des Haarkleids

Schreiben Sie auch Besonderheiten bezüglich des Haarkleids auf, zum Beispiel, falls das Deckhaar gewöhnlich im Fellwechsel dunkler oder heller wird. Achten Sie sehr genau auch auf Haarstrich und Wirbel. Beide sind für die Winterhärte Ihres Pferdes von Bedeutung.

4. Individuelle Kennzeichen

Vergessen Sie auch die Farbe oder die besondere Zeichnung der Augen, der Lidränder, der Nüstern und Lippen, der Partie rings ums Euter oder Schlauch sowie der Hufe nicht. Falls Ihr Pferd unveränderliche Kennzeichen zum Beispiel in Form alter Narben besitzt, notieren (besser fotografieren!) Sie auch diese - ebenso das/die Brandzeichen, die je nach Rasse und Herkunftsland sehr individuell sein können und - falls zutreffend - einen Hinweis auf den implantierten Microchip.

Was Sie alles selbst feststellen können

Möchten Sie darüber hinaus den derzeitigen Gesundheitszustand Ihres Pferdes möglichst genau definieren, gehen Sie nach der folgenden Liste vor:

(Ein Tip: Fotokopieren Sie sich die Arbeitsblätter aus diesem Buch und kreuzen Sie sowohl in der linken als auch der rechten Spalte alle augenblicklich zutreffenden Symptome an.

Führen Sie von Zeit zu Zeit oder bei einer Verhaltensänderung Ihres Pferdes einen neuen Checkup durch. So erhalten Sie sich selbst den neuesten Stand.

Und im Falle einer Erkrankung des Pferdes können Sie Ihren Tierarzt kompetent und sachlich informieren).

Was Sie sehen können:

Zeichen von Gesundheit	Zeichen einer Störung
Glänzende Augen	Matte Augen, milchige Trübung der Pupille, starre Pupille
Kein Ausfluß aus den Augen	Tränende Augen, Lider halb geschlossen
Nüstern sauber, kein Ausfluß	Wässriger, schleimiger oder blutiger Ausfluß aus den Nüstern
Fell glänzend, der Rasse und - auch im Hinblick auf die Haltungsform - der Jahreszeit entsprechend	Fell stumpf, nicht rassetypisch, nicht der Jahreszeit und Haltungsform entsprechend, Hautentzündungen, kahle Stellen, offener, nässender Hautausschlag, Verkrustungen
Mähne lang, dicht und fest bzw. seidig-glänzend, je nach Rasse und Typus	Mähne zu dünn oder stumpf, Kahlstellen, Scheuerstellen am Mähnenkamm
Schweifrübe glatt und intakt, Schweifhaare dicht und glänzend je nach Rassetypus	Schweifrübe rauh, Schweifhaare spärlich (falls nicht rassebedingt), schuppig
Schleimhäute frisch rosafarben	Schleimhäute sehr blaß oder eher rot und entzündet
Futterzustand normal (die Rippen sollten zu fühlen, aber nicht zu sehen sein)	Magerkeit, eingefallene Flanken, Übergewicht, Tonnenbauch
Afterrosette sauber und geschlossen, keine Anzeichen von Schleimaustritt oder Durchfall	Afterrosette entzündet, Schleimaustritt, Spuren von Durchfall
Kotballen ziemlich trocken, gelblich-grün oder braungrün, kein unangenehmer Geruch, keine ganzen Haferkörner im Kot	Haferkörner im Kot oder Kot nicht ballen-, sondern breiförmig, schleimiger Durchfall oder Verstopfung, zu dunkel oder übermäßig helle Färbung, intensiver unangenehmer Geruch
Urin milchig-gelblich, normaler Geruch	Urin völlig trüb, rosafarben bis blutig oder gar schwarzbraun bzw. schwarzrot, strenger Geruch
Scheidenränder normal, nicht entzündet, kein Ausfluß	Scheidenränder nicht geschlossen, gerötet, eitriger Ausfluß
Festes Hufhorn, elastischer Strahl, keine faulen Stellen, angenehmer Geruch	Sprödes Horn, fauliger Strahl, unangenehmer Geruch

Was Sie fühlen können

Zeichen von Gesundheit	Zeichen einer Störung
Insgesamt straffe Haut, glatte, feste Muskulatur	Schlaffe Haut, Dellen bleiben lange sichtbar, Muskulatur unterentwickelt
Trockenes Fell	Schweißbildung ohne ersichtliche Ursache
Fell seidig oder kräftig, je nach Rasse und jahreszeitlich bedingter Haltungsform	Fell rauh, schuppig, spröde Borken, Verkrustungen, Knötchenbildung
Gliedmaßen ohne Schwellungen, weder Wärmebildungen noch Knochenauftreibungen, keine Überbeine oder Beulen	Schwellungen mit und ohne Wärmebildung, Knochenauftreibungen, Überbeine, mit Flüssigkeit gefüllte Beulen
Glattes Hufhorn	Sprödes Hufhorn
Alle Teile des Hufes kühl	Hufe heiß und druckempfindlich

Was sie hören können

Zeichen von Gesundheit	Zeichen von Krankheit
Normale, mehr oder minder geräuschlose Atmung	Hörbare Atmung, stoßweise Atmung, Röcheln, kurzes 'Anstoßen' (Hustenreiz), Husten in allen Varianten
leichte Darmgeräusche (regelmäßiges 'Kollern')	keinerlei Geräusche im Darm, oder aber ununterbrochenes, lautes 'Knarzen', begleitet von Krampferscheinungen

Was Sie messen können

Zeichen von Gesundheit	Zeichen von Krankheit
normale Körpertemperatur (im Mastdarm gemessen), zwischen 37,5 und 38,3 Grad Celsius*)	Körpertemperatur unter 37,5 und über 38,3 Grad Celsius
normale Atemwerte **)	deutlich erhöhte Atemwerte auch im Ruhezustand, Hecheln, Röcheln
Durchschnittspulswerte***) im Ruhezustand (28 - 40 Schläge pro Minute) + schnelle Beruhigung nach Anstrengung	erhöhte oder extrem flache Pulswerte im Ruhezustand, zu langsame Beruhigung nach körperlicher Anstrengung

Was Sie beobachten können

Zeichen von Gesundheit	Zeichen von Krankheit
Normales Verhalten: freundliches, dem Menschen zugewandtes Interesse an der gesamten Umwelt	Abwehrverhalten, Desinteresse, Resignation oder Aggressivität, Unruhe, Muskelzittern
Futteraufnahme: Fressen mit Appetit, keine aus dem Maul fallende Heu- und Graswickel	Appetitlosigkeit bis zur völligen Futterverweigerung, lustloses Knabbern am Heu
Wasseraufnahme normal (je nach Wassergehalt des Futters und Außentemperatur)	Verweigerung der Wasseraufnahme oder gieriges Saufen übermäßiger Wassermengen
Normaler Bewegungsablauf der Gliedmaßen, schwungvoller, freier Gang auf allen Böden, auch in Biegungen, Wendungen und beim Rückwärtsrichten	Vorsichtige, unregelmäßige oder 'klamme' Bewegungen, steifer, schwankender Gang, Lahmheit, Kopfnicken, ständiges Entlasten eines Beines
	Häufiges ziel- und grundloses Scharren, plötzliches Hinwerfen und Wiederaufspringen, Nach-dem-Bauch-Schlagen, Zum-Bauch-Sehen
Normales Ruheverhalten, also erkennbarer Wechsel zwischen Phasen der Aktivität und der Ruhe; Tiefschlaf in entspannter Seitenlage	Übermäßig lange Aktivitäts- oder Ruhephasen, das Pferd erholt sich nur langsam, Vermeiden von Niederlegen trotz erkennbarer Müdigkeit
Normales Sozialverhalten, Einbindung in Herdenverband möglich, keine übermäßige Angst oder Aggressivität anderen Pferden gegenüber	Gestörtes Sozialverhalten, wenig oder gar keine Kontaktaufnahme mit anderen Pferden, Anzeichen von Angst oder Wut gegenüber den Herdengenossen, ständiges Absondern vom Herdenverband

Die Persönlichkeit Ihres Pferdes

Halt! Ihre Bestandsaufnahme ist noch nicht beendet. Sie haben bislang erst die äußeren Merkmale notiert. Ebenso wichtig für Ihre harmonische Partnerschaft ist es, daß Ihnen auch die gesamte Persönlichkeit Ihres Pferdes gefällt. Fitness und Fröhlichkeit sind nur von einem Team zu erreichen, das wirklich zusammenpaßt. Die Persönlichkeit Ihres Pferdes setzt sich aus der Gesamtheit seiner Wesenszüge zusammen, zu der auch die individuellen Besonderheiten zählen, durch die es sich von seinen Artgenossen unterscheidet. Dabei gilt:

- Jedes Pferd erlebt die Welt auf seine ureigene Weise.
- Seine individuelle Erlebensweise bestimmt sein Verhalten.
- Sein Verhalten kann Sie entweder erfreuen oder in Gefahr bringen und Ihrer beider Wohlbefinden entsprechend beeinflussen.

Welchem Persönlichkeitstyp gehört mein Pferd an?

'Mein Pferd hat Charakter!' sagen Sie wahrscheinlich stolz. Damit nehmen Sie Bezug auf das griechische Wort Charassein, das soviel wie 'prägen' heißt. Wotan, Suleika, Flicka und Askhan - so wie sie sich heute präsentieren, sind sie geprägt von ihren Erbanlagen ebenso wie von den Umweltbedingungen, denen sie von der Stunde ihrer Geburt an ausgesetzt waren.

Ererbte und erworbene Wesensmerkmale faßt man mit dem Begriff Persönlichkeit zusammen. Welche Wesensmerkmale sind in der Persönlichkeit Ihres Pferdes vorherrschend? Ist es besonders ausgeglichen, lernfähig, reaktionsfreudig, umgänglich oder eher furchtsam und zurückhaltend? Nach Ansicht zahlreicher Verhaltensforscher lassen sich auch Pferde den vier Persönlichkeitstypen zuordnen, welche die griechische Temperamentenlehre beschreibt.

Welche Beschreibung paßt auf Ihr Pferd am ehesten? Kreuzen Sie auf dem Testbogen **Der Charaktertest** alle Eigenschaften an, die auf Ihr Pferd zutreffen. Die Spalte, unter der sich zuletzt die meisten Kreuze befinden, nennt den Typ, dem Ihr Pferd wahrscheinlich angehört. Bedenken Sie dennoch: die Übergänge zwischen den Typen sind fließend - Ihr Pferd kann Eigenschaften sowohl des einen als auch des anderen Typus besitzen.

*) **Körpertemperatur:** Von Alter, Geschlecht, körperlicher und psychischer Konstitution beeinflußter Wert zwischen 37,5 und 38,2 Grad Celsius, der bei Langzeitbelastung um etwa 0,5 Grad ansteigt. Bei 39 Grad und mehr gehört das Tier in Behandlung. Zur Messung stellen Sie sich seitlich hinten neben das Pferd, heben die Schweifrübe an und schieben das eingefettete Thermometer mit leichter Drehbewegung in den After. Mit einem Bindfaden und einer Wäscheklammer am Ende versehen, kann es nicht im Darm verschwinden. Nach drei Minuten läßt sich die Temperatur ablesen; Digitalmesser zeigen durch einen Signalton an, wann der Höchstwert erreicht wird.

) **Atemwert: Anzahl der Atemzüge des Pferdes pro Minute. Als Ruhewerte gelten 8 - 16 Atemzüge pro Minute, abhängig von Rasse, Haarkleiddichte, Außentemperatur und Luftfeuchtigkeit. Der Atemwert steigt bei Beanspruchung; er sollte beim gesunden Pferd jedoch nach einer Pause von zehn Minuten wieder auf das Normalmaß abgesunken sein. Messen können Sie den Atem mit der flachen Hand an der Flanke des Pferdes. Zählen Sie die Heb- und Senkbewegungen 15 Sekunden lang und multiplizieren die Zahl mit 4. So erhalten Sie den Atemwert pro Minute.

***) **Pulswert:** Als Puls wird die an den oberflächlich gelegenen Arterien wahrnehmbare Bewegung bezeichnet. Sie wird durch das stoßartige Einpressen des Blutes in die elastischen Schlagadern erzeugt. Eine Pulsfrequenz von 28 bis 40 Schlägen pro Minute ist beim gesunden Pferd in Ruhe normal. Erfühlen können Sie den Puls mit sanft aufgelegtem Mittel- und Zeigefinger an der Unterseite der Ganaschen, ober- oder unterhalb des Vorderfußwurzelgelenks und an der Unterseite der Schweifrübe.

Der Charaktertest

Typ A	Typ B	Typ C	Typ D
kräftig-athletisch, normalfuttrig	starkknochig, gelegentlich zu Fettleibigkeit neigend, leichtfuttrig	schlank, unter Umständen schwerfuttrig, auch zu Hagerkeit neigend	eher schwerfuttrig, zu Verstopfungen neigend
ausgeglichenes Wesen, menschenzugewandt	im Grunde freundlich mit einem Hang zur Gleichgültigkeit, gelegentlich widersetzlich, wenn er arbeiten soll	zwischen Freundlichkeit und Abwehr hin- und herpendelnd, starke Bindung an eine Bezugsperson, gelegentlich angriffslustig gegenüber bestimmten Personen oder Tieren	zurückhaltend, bestimmten Personen sehr zugewandt, sonst eher resigniert erscheinend
nervenstark, hohe Reizschwelle, scheut selten	fordert starke Hilfengebung heraus, ist auch in Schrecksituationen kaum aus der Ruhe zu bringen	Phasen hysterischen Verhaltens wechseln mit Perioden scheinbarer Ausgeglichenheit, in Schrecksituationen schwer zu kontrollieren, weil unberechenbares Verhalten	im Gelände häufig furchtsam, ohne jedoch unkontrollierbar zu werden
fleißig und arbeitswillig im Training, konzentrationsbereit und -fähig, lernt leicht und gern	eher faul, Konzentrationsfähigkeit läßt früh nach, schaltet auf stur, wenn ihm eine Lektion nicht behagt	mal übereifrig, mal unkonzentriert, neigt bei Lektionen, die er nicht versteht, zu Aufregung (Schweißbildung), bei Überforderung widersetzlich	sehr gehorsam, schwierig zu lösen, reagiert ängstlich auf Strafen, Konzentrationsbereitschaft äußerst schwankend
umgänglich mit Artgenossen, leicht in fremde Gruppen einzubinden, mittlerer bis hoher Rang, durch souveränes Auftreten selten in schwere Kämpfe verwickelt	Im Rang eher im unteren Drittel, ohne jedoch jemals der letzte ganz unten auf der Rangleiter zu sein. Muß aber, ohne häufig in Kämpfe verwickelt zu sein, aufgrund seiner Trägheit gelegentlich einen Puff einstecken	fühlt sich in der vertrauten Gruppe am wohlsten, neigt zu Aggressivität bei Neuzugängen oder bei Einbindung in fremde Gruppe, ist häufig in Rangkämpfe verwickelt (wobei er selbst auch gern 'austeilt'), bindet sich eng an ein bestimmtes Pferd und 'leidet' bei seinem Fortsein	läßt sich in der Gruppe meist auf den letzten Platz abdrängen, wird aber gelegentlich gerade vom ranghöchsten Pferd als Freund akzeptiert, schlägt bei Rangkämpfen wenig zielgerichtet zurück, sondert sich leicht ab

TYP A: der Sanguiniker

Der Ausdruck Sanguiniker rührt vom lateinischen 'sanguis' = 'Blut' her. Hippokrates hat den Menschen dieses Persönlichkeitsbildes als leicht ansprechbar, erregbar, heiter, aber auch ein wenig oberflächlich beschrieben. Verhaltensforscher beschreiben den Sanguiniker unter den Pferden als den kräftigen, ausgeglichenen Typ, der sich schnell auf neue Situationen einstellen kann. Er besitzt eine hohe Reizschwelle, empfindet also nicht jede Gegebenheit vorschnell als akuten Stress. Der ihm angeborene Flucht- und Kampfmechanismus funktioniert auf eine gesunde, dem Menschen verständliche Weise. Das Pferd ist weder 'hypersensibel' noch stoischer Langweiler. Es wird als umgänglich beschrieben und ist eigentlich genau der Typ, den Sie als Reiter am liebsten immer unter den Sattel nähmen.

Die Aufzuchtbedingungen formen den Charakter des Jungpferdes maßgeblich mit.

TYP B: der Phlegmatiker

Der Ausdruck 'Phlegmatiker' hat eigentlich einen recht unangenehmen Ursprung. Es rührt von dem griechischen 'phlegma' her und bedeutet soviel wie 'zäher Schleim'. Galen, einer der berühmtesten Ärzte der Antike, hat den phlegmatischen Menschen als sehr langsam reagierend und zu Gleichgültigkeit neigend beschrieben. Als genauso träge bezeichnen auch Pferdeverhaltensforscher den Pferdetypus 'Phlegmatiker'. Er kommt unterm Sattel kaum, wie man so sagt, in die Gänge. Feinfühlige Hilfengebung ruft keinerlei Reaktion hervor, der Reiter fühlt sich manchmal - obgleich er im Grunde seines Herzens gar nicht will - zu heftigem Gerteneinsatz gezwungen, um Gangartenwechsel oder gar Tempoverstärkungen aus seinem 'gemütlichen Dicken' hervorzukitzeln... Dafür ist der Faulpelz, den weder Schneepflug noch Sattelschlepper aus der Ruhe bringen, ein wahrer Genuß für den ängstlichen Reiter.

TYP C: der Choleriker

Vom griechischen 'chole', der 'Galle', rührt die Bezeichnung Choleriker her. Sie kennen sicher den volksmundlichen Ausdruck: 'Dem ist die Galle übergelaufen!' Wie so viele Redewendungen deutet auch diese auf den engen Zusammenhang zwischen Körper und Seele - oder Psyche - hin. Die psychosomatische Medizin weiß, daß der am Galleleiden erkrankte Mensch durchaus als ruhig erscheinen kann, um dann bei einem - von anderen als nichtig bewerteten - Ereignis buchstäblich 'überzuschnappen'. Nach der griechischen Temperamentenlehre wird der Choleriker als ein Mensch beschrieben, der zu starken Gefühlsausbrüchen und zu Jähzorn neigt. Diese Beurteilung soll auch auf das cholerische Pferd zutreffen. Solch ein Tier steht eigentlich in beinah jedem Vereinsstall. Es ist der Hysteriker schlechthin, der schon nach fünf Minuten im Gelände vor Schweißnässe schäumt und zu piaffieren beginnt, wenn ihm von weiten eine fremde Reitergruppe entgegenkommt. Er kann aber auch tageweise äußerst brav sein und an Flatterband-behafteten Baustellen mit großer Gemütsruhe vorbeitraben (sein Reiter meint frohlockend: 'Jetzt komme ich endlich mit ihm zurecht!'), um dann am Wochenende aus nichtigem Anlaß (ein Vögelchen huscht durchs Geäst) sich samt Reiter in den den Reitweg säumenden Graben zu werfen. Der Choleriker braucht eine liebevoll-strenge Hand. Keineswegs gehört er in die Box, sondern unbedingt in Gruppenauslaufhaltung. Hier schaut er sich von den Sanguinikern etwas mehr Gelassenheit ab. Absolut heilbar ist er nie!

TYP D: der Melancholiker

Mit Melancholie bezeichnet die griechische Sprache die 'Schwarzgalligkeit'. Trübsinn und Niedergeschlagenheit bestimmen das Leben des Melancholikers. Mit Schwermut sieht er in den Ereignissen des Lebens unüberwindliche Hindernisse, die sich fast immer nur mit Hilfe anderer bewältigen lassen. Eine ähnliche Grundstimmung schreiben Pferdeverhaltensforscher auch dem melancholischen Pferd zu. Es gilt als sehr furchtsam (ohne jedoch zu hysterischen Ausbrüchen zu neigen), ist überaus gehorsam und erscheint immer ein wenig resigniert, da es auch kaum Anteil an seiner Umgebung nimmt. In Gruppenhaltung wird das melancholische Pferd oft zum Außenseiter, zum an den Zaun abgedrängten 'Underdog'. Die Herde, in die es integriert werden soll, muß unbedingt - mit ihm - aus einer geraden Pferdezahl bestehen, damit es eine Chance hat, einen verständnisvollen Kumpel zu finden. Mit sehr aggressiven Pferden sollte es nicht zusammengestellt werden. Generell braucht der Melancholiker viel Lob und Verständnis, ohne verhätschelt zu werden.

Aus der Praxis:

Tips zur Charakterbeurteilung

- Versuchen Sie beim Fohlenkauf herauszufinden, welchen Rang die Mutterstute im Herdenverband innehatte, denn das Fohlen erlebt und imitiert sowohl souverän-dominantes als auch ausweichend-unterwürfiges Verhalten. Ein souveränes Pferd braucht liebevolle Konsequenz, ein ängstlich-scheues Pferd behutsame, aber sichere Führung.
- Fragen Sie nach den Aufzuchtbedingungen! Ob es verwaist, ausschließlich mit seiner Mutter oder in einer Jungpferdegruppe aufwuchs, prägt sein späteres Benehmen Ihnen gegenüber. Konnte es im Herdenverband die Regeln des Umgangs mit Artgenossen kennenlernen, wird es sich (sofern Sie die Rolle des Leittiers übernehmen) Ihnen leichter unterordnen als ein einzeln aufgezogenes Tier, das vielleicht gar verhätschelt oder vernachlässigt wurde.
- Erkunden Sie die frühere Haltungsform - und halten Sie selbst Ihr Pferd artgemäß! Nicht artgemäße Haltung kann ein zurückhaltendes Pferd gänzlich resignieren lassen; es wird nie die Arbeitslust entwickeln, die Sie erwarten. Ein temperamentvolles kann dabei aggressiv werden - und Ihre Zusammenarbeit wird zum ständigen Kampf.
- Unterschätzen Sie nicht den Wert einer pferdegerechten Ausbildung! Zu frühes und zu intensives Training belasten Pferdekörper und -psyche so nachhaltig, daß die Persönlichkeit des Tieres ebenso wie sein Körper dauerhaft Schaden nehmen können. Ebenso nachteilig wirkt es sich auch aus, wenn das Pferd umgekehrt überhaupt nicht solide ausgebildet wird und der Besitzer es aus Bequemlichkeit 'dahinschludern' läßt. Richtig dosierte Ausbildung fördert die Freude des Pferdes an der Mitarbeit.
- Stimmen Sie den Leistungsanspruch auf die individuellen Fähigkeiten Ihres Pferdes ab. Ein Pferd, dessen Lernfähigkeit und Leistungsvermögen dauernd über- oder unterfordert werden, entwickeln ein Verhalten, das entweder als 'arbeitsunwillig' oder 'überaus nervig' mißgedeutet wird.

Basisinformation zum Thema Urpferdetypen:

- Aus dem eurasischen Urwildpferd sind vier Grundpferdetypen hervorgegangen.
- Es wird unterschieden zwischen dem Tundren- oder Kaltsteppenpferd, dem Nordlandpferd (Urpony), dem Gebirgssteppen- (oder Ramskopf)-Pferd und dem orientalischen Pferd (dem Urvollblüter).
- Das **Tundrenpferd** (Stockmaß ca. 140 cm) ist der Vorfahr des Przewalskipferdes und wird auch als Urahn aller kaltblütigen Pferderassen bezeichnet. Es war in der zentralasiatischen Wüstensteppe beheimatet (daher auch die Bezeichnung Kaltsteppenpferd). Seine besonderen Merkmale sind der kräftige, eher lange Kopf mit struppiger Stehmähne, der etwas tonnige Rumpf (für optimale Futterverwertung), der tiefangesetzte, waagerecht getragene kurze Hals, die kurzen stämmigen Gliedmaßen sowie die fahlgelbe, der Tarnung dienende Fellfärbung.
- Das **Nordlandpferd** war als 'Urpony' einst in vielen Teilen Nordeuropas beheimatet, kommt ursprünglich jedoch aus Zentralasien. Sein besonderes Merkmal: in dem naßkalten Klima mit schneereichen Wintern kann es ein besonders dichtes Fell mit nässeableitenden Grannenhaaren und Fellwirbelungen und einer mächtigen Doppelmähne ausbilden. Sein damaliges Stockmaß wird auf 120 bis 125 cm geschätzt. Nachkommen des Nordlandpferdes sind das Islandpferd und das Exmoorpony.
- Das **Gebirgssteppenpferd** war ein recht großrahmiges, flachrippiges Urpferd (Stm. 170 - 180 cm). Es entwickelte sich in den Gebirgssteppenlandschaften im Süden der Iberischen Halbinsel und in Nordwestafrika - also in Regionen mit flirrend heißen Tagen und frostklaren Nächten. Sein feines, dichtes, gut gegen trockene Kälte isolierendes Haarkleid sowie der etwas derb wirkende, konvex geformte Kopf (daher auch die Bezeichnung Ramskopfpferd) finden sich heute noch im Sorraiapferd sowie im Berber wieder. Das Gebirgssteppenpferd gilt als der Vorfahr der modernen Warmblutpferde.
- Das **orientalische Pferd** ist ein feingliedriger Urpferdetyp mit hellem, das Licht reflektierendem Haarkleid. Er entwickelte sich in den sonnendurchglühten Landschaften Nordafrikas und des Vorderen Orients, wird heute im Arabischen Vollblutpferd verkörpert und auch als Urvollblüter bezeichnet.

Bestimmen Sie den Grundtypus Ihres Pferdes

Wenn Sie dieses Kapitel von Anfang bis zu diesem Punkt gründlich durchgearbeitet haben, verfügen Sie nun über außergewöhnlich viele Daten und Beobachtungen über Ihr Pferd (viel mehr übrigens als der Durchschnittspferdehalter!). Wenden Sie sich jetzt dem letzten Abschnitt der Bestandsaufnahme zu und bestimmen Sie den Grundtypus Ihres Pferdes. Als Grundpferdetypus bezeichnet man einen der vier Urpferdetypen, die aus dem eurasischen Urwildpferd hervorgegangen sind. Aus diesen vier Typen sind letztlich alle heute bekannten Pferderassen entstanden.

Vielleicht fragen Sie sich jetzt, warum die Bestimmung des Grundpferdetypus so wichtig ist! Generell gilt: Das körperliche und psychische Befinden Ihres Pferdes wird von den Erbanlagen ebenso wie von den Aufzuchtbedingungen, Art und Zeitpunkt der Ausbildung, den Haltungsgegebenheiten und Intensität und Weise der Nutzung beeinflußt. Je primitiver - also unverkreuzter - die Rasse ist und je genauer die Haltungs- und Nutzungsbedingungen den angeborenen Bedürfnissen (Klima und Fütterung) und Verhaltensweisen (Bewegungsbedarf) Ihres Pferdes entsprechen, desto besser stehen seine Chancen für ein gesundes Leben und eine hohe Lebenserwartung.

Angesichts der farbigen Rassenpalette fällt es heute allerdings bei zahlreichen Rassen schwer, jedes Pferd auf einen bestimmten Typus zurückzuführen. Ungewollte, vorrangig jedoch gezielte Blutvermischung und -veredelung hat die unterschiedlichsten Bedürfnisse und Verhaltensweisen auf dem genetischen Codestreifen jedes einzelnen

Die Persönlichkeit Ihres Pferdes drückt sich in seinem Interesse und seinen Reaktionen aus.

Grundlegende Eigenschaften und Grundbedürfnisse

Ordnen Sie anhand Ihrer bisherigen Erkenntnisse Ihr Pferd einem der im linken Tabellenteil (*folgende Seite*) aufgeführten vier Grundtypen zu, indem Sie die unter dem jeweiligen Typus aufgeführten Eigenschaften mit denen Ihres Pferdes vergleichen. Im rechten Teil der Tabelle finden Sie die Bedingungen in Haltung und Nutzung, die Ihrem Pferd am ehesten bekommen und seine Lebenserwartung voraussichtlich erhöhen werden.

Freiraum zum Bewegen ist Voraussetzung für eine hohe Lebenserwartung.

Pferdes bunt zusammengewürfelt.
Als Besitzer eines Rassepferdes sollten Sie vor allem die Entstehungsgeschichte dieser Rasse studieren. Im übrigen kristallisieren sich mit fortschreitendem Lebensalter, wenn der jugendliche Elan nachläßt, die dominierenden Merkmale eines Pferdes wieder deutlicher heraus.

Basisinformation zum Thema Pferderassen:

- Die Bezeichnung Rasse rührt vom arabischen 'ras' = Kopf oder Ursprung her.
- Sie bezeichnet eine Gruppe von Lebewesen, die sich durch ihre gemeinsamen Erbanlagen von anderen Artangehörigen unterscheidet. In der biologischen Systematik wird 'Rasse' auch als 'Unterart' bezeichnet.
- Die Tierzucht unterscheidet innerhalb der Rasse 'Schlag', 'Stamm', 'Zucht', 'Familie' und 'Individuum'.
- Zucht heißt, Pflanzen und Tiere zu vermehren und aufzuziehen, um die Population langfristig genetisch zu verbessern.
- Als Ziel der Pferdezucht werden bestimmte, sowohl Exterieur als auch Interieur betreffende Merkmale angestrebt.
- Die meisten Pferdezuchten entstanden auf der Grundlage heimischer Landschläge, in die gezielt fremdes Blut eingekreuzt wurde.
- Ihr eigenes Pferd, welcher Rasse es auch angehört, trägt daher in den meisten Fällen die Erbanlagen verschiedener Urpferdetypen in sich.

Grundeigenschaften	Grundbedürfnisse vor allem bei fortschreitendem Alter
TUNDRENPFERD	
• relativ grober Knochenbau	• Unterstellmöglichkeit zum Schutz vor Nässe und Bodenkälte zu jeder Jahreszeit (Arthroseanfälligkeit)
• wärmendes Winterhaarkleid mit dichter Unterwolle und kurzen Deckhaaren, keine oder nur wenige wasserableitende Wirbel	• bei Zahnproblemen statt Rauhfutter zerbröselte Graspellets, jedoch keine größeren Kraftfutterportionen
• recht großer Kopf mit langer Nasenpartie	• täglich Auslauf mit ruhigen Art- und Altersgenossen (kein Herumjagen)
• ausgezeichneter Futterverwerter, bevorzugt Rauhfutter, reagiert gelegentlich empfindlich auf Kraftfutter (Kreuzverschlag)	• viel Schrittarbeit, auch im Alter möglichst noch häufige Spaziergänge und -ritte im Schritt, um einer Versteifung vorzubeugen
• ausgeglichener Charakter	• luftige, möglichst erhöhte Plätze zum Sonnenbaden in der Herde
• bevorzugte Gangart Schritt	
• bleibt bei Erschrecken wie angewurzelt stehen	
• kein Durchgänger	
DAS NORDLANDPFERD (Urpony)	
• eher klein, kurze Röhren, stabiles Fundament	• in heißen Sommern bei Bedarf Schur der zu langen Fellpartien
• dichtes Winterfell mit langen, festen Grannen und wasserableitenden Wirbeln an Brust, Schulter und Flanke ('Regenrinnen')	• trockene, gegen Bodenkälte isolierte Liegeplätze, individuelle Futtermischung, die dem hohen Mineralstoffbedarf Rechnung trägt
• üppige Doppelmähne, dichter Schweif, Kötenhaare	• besondere Kontrolle im Hinblick auf Ekzeme, Pilzerkrankungen und Mauke
• kurze Ohren, gelegentlich Knochenwulst über den Augen	• schattige, luftige und insektenfreie Unterstellplätze in schwülwarmen Sommern
• anspruchslos in der Fütterung, gelegentlich nervig bei Kraftfuttergaben	• regelmäßige Arbeit in abwechslungsreicher Umgebung, auch noch im Alter, dann ggf. als Handpferd im Schritt und (so noch möglich) ruhigem Jogtrab
• aufmerksam bei angenehm ausgeglichenem Grundtemperament	
• ausgezeichnete Regenerationsfähigkeit	
• guter Vorwärtsdrang und große Ausdauer besonders im Trab (bei manchen Rassen auch Tölt)	
• gelegentlich hitzeempfindlich, hohe Atemfrequenz	

DAS GEBIRGSSTEPPENPFERD

- eher groß, mit schlankem, flachrippigen Körper, Gliedmaßen feinknochig
- kurzes Haarkleid, im Winter sehr dichte Unterwolle, keine langen Grannen, einseitige Mähne
- gelegentlich etwas derb wirkender Ramskopf (subkonvexes Profil), große Nasenmuscheln
- waches, aber stets kontrollierbares Temperament, nervenstark (scheut kaum)
- sehr rittig, gutes Springvermögen, bei entsprechender Ausbildung leicht zu versammeln

- Nässeschutz bei kaltem, feuchten Wetter (im Alter ggf. draußen mit unverrutschbarer Weidedecke schützen)
- ausgewogenes Kraftfutter/Rauhfutterverhältnis (mit Hilfe eines Fütterungsberaters auf Haltungsform und tägliche Arbeit zugeschnitten)
- bei Stallhaltung unbedingt Paddockauslauf bieten (Neigung zu Atemwegserkrankungen bei schadstoffbelasteter Luft)
- besonderes Augenmerk auf schleichend beginnene Huf- und Gliedmaßenerkrankungen (z. B. Hufrolle bei Leistungssporteinsatz)
- täglich abwechslungsreiche Arbeit (im Alter noch an der Hand oder in ruhigem Tempo unter dem Sattel)

DAS ORIENTALISCHE PFERD

- eher zierlich, feingliedriges Exterieur
- seidiges, oft helles Haarkleid, gelegentlich metallisch glänzend (lichtreflektierend), feine Mähne, Winterhaarkleid wie dichter Samt, keine langen Grannen
- große Nasenmuscheln, gerades oder konkaves Profil
- visuell orientiert (hoch getragener Kopf)
- großer Frischluftbedarf (Kopfschlagen bei enger Verschnallung des Reithalfters)
- sensibel aufgrund seiner hohen Intelligenz, in ungeduldiger oder harter Hand nervig
- braucht Kraftfutter im Winter, bedingt durch weniger Rauhfutteraufnahme (kleineres Magenvolumen)
- weicher, schneller Galopper
- ausdauernd auf langer Strecke

- unbedingt Nässeschutz von oben und unten (Unterstand auf der Koppel, befestigter Paddock, im Alter ggf. wasserabweisende Pferdedecke)
- schadstoffreie Atemluft
- richtig dosierte Kraftfuttermenge zusätzlich zum Rauhfutter
- Spiel- und Rennmöglichkeit auf großen Weiden
- viel menschliche Zuwendung und Abwechslung bei der Arbeit (im Alter noch als Handpferd, ggf. unterm Sattel, an der Hand)

ANMERKUNG: Die genannten Krankheitsanfälligkeiten sind keiner besonderen Rasse pauschal zuzuordnen. Bei einer seinem Typ entsprechenden Haltung und Nutzung sowie sachgerechtem Umgang kann jedes Pferd bis ins hohe Alter gesund bleiben.

Der Wechsel zwischen aktiven und passiven Phasen gehört zum normalen Ruheverhalten.

Kapitel 6 – Ihre wichtigsten Partner:

Stallvermieter, Tierarzt, Hufschmied

„Ohne Huf kein Pferd"- diese alte Volksweisheit hat noch heute Gültigkeit.

Sie haben Eigeninitiative? Handeln selbstverantwortlich? Verfügen über ein profundes Fachwissen rund ums Pferd? Selbst im Idealfall - wenn Sie alle diese Fragen mit einem entschlossenen 'Ja' beantworten können - kommen Sie als Pferdehalter nicht ohne die Zusammenarbeit mit anderen Menschen aus. Auch dann nicht, wenn Sie Ihr Pferd in Eigenregie halten, eigenes Land besitzen und sogar Ihr Futter selbst anbauen - oder wenn Sie einen der in der Überschrift aufgeführten Berufe erlernt haben und ausüben. Je sorgsamer Sie die Menschen, die in irgendeiner Weise mit Ihrem Pferd zu tun haben, auswählen, desto besser ist die Ausgangsbasis, die Sie für sein Wohlbefinden schaffen. Der erhöhte Zeitaufwand, den Sie anfangs in die Überprüfung Ihres Pferdehaltungsbetriebes, in die Auswahl eines Tierarztes und Hufschmiedes Ihres Vertrauens und in die Suche nach erstklassigen Lieferanten aller Produkte, die Sie benötigen, investieren, zahlt sich im Laufe der Jahre des Lebens Ihres Pferdes x-fach aus. Betrachten Sie die Menschen, mit denen Sie im Gesamtbereich Pferd umgehen, ganz realistisch als Geschäftspartner. Wollten Sie ein Unternehmen gründen, würden Sie mögliche Partner auch sehr kritisch 'unter die Lupe nehmen' - sowohl aus dem Blickwinkel der fachlichen als auch menschlichen

Auf der Gefühlsebene werden Sie auch vom optischen Eindruck eines Reitbetriebes angesprochen.

Qualifikation heraus. Bedenken Sie, daß jeder Kompromiß, den Sie eingehen, nicht nur eines Tages zu einer Quelle des Ärgers werden, sondern sich auch nachteilig auf die physische und psychische Gesundheit Ihres Pferdes auswirken kann. Zögern Sie daher nicht, sich der in diesem Buch vorgestellten Checklisten zu bedienen und versuchen Sie, Partner zu finden, auf die möglichst viele der genannten Eigenschaften zutreffen. Lassen Sie von der Suche nicht ab, auch wenn Sie aus einer Notlage heraus zunächst mit weniger geeigneten Partnern zusammenarbeiten müssen. Es ist *Ihr* geliebtes Pferd, in das Sie *Ihr* hart verdientes Geld investieren. Nehmen Sie hierfür das Recht in Anspruch, erstklassig 'bedient' zu werden.

Haltergemeinschaft und Stallvermieter

Falls Sie Ihr Pferd nicht als unabhängiger **Selbstversorger** auf eigenem oder angepachtetem Land halten möchten (und können), müssen Sie es entweder in einer **privaten Haltergemeinschaft** halten oder in einem Betrieb unterbringen, der Pferde gegen Entgelt in Pension nimmt. Im letzteren Fall haben Sie die Wahl zwischen verschieden großen **Reitanlagen** und **bäuerlichen Pensionspferdehaltungsbetrieben.** Ihre Geschäftspartner sind

als Selbstversorger (auf fremdem Grund):

- der Landwirt, der Ihnen Grundstück und Weiden, gegebenenfalls samt Offenstall verpachtet, eventuell auch Reparaturen am Stall vornimmt, die Zaunanlage in Ordnung hält und die Weidepflege vornimmt. Ein klar formulierter Pachtvertrag und korrekte, von beiden Seiten eingehaltene Absprachen sind die Grundlagen reibungsloser Partnerschaft.

als Selbstversorger (auf eigenem Grund):

- gegebenenfalls der Unternehmer, der Ihnen die Stallung baut oder liefert. Informieren Sie sich über die Umweltverträglichkeit der verarbeiteten Materialien, um Ihr Pferd vor Gesundheitsschäden (zum Beispiel Allergien) zu bewahren.
- der Handwerker, der Reparaturen jedweder Art vornimmt. Es sollte aus Sicherheits- und haftungstechnischen Gründen unbedingt ein qualifizierter Betrieb sein und kein 'Schwarzarbeiter nach Feierabend'. Bedenken Sie in diesem Zusammenhang zum Beispiel die Brandgefahr durch unfachmännisch installierte Elektroleitungen!
- der Landwirt, der Ihnen gegebenenfalls die Zaunanlagen in Ordnung hält und die Weidepflege übernimmt. Bespre-

chen Sie mit ihm Düngemaßnahmen, welche die für die Pferdefütterung notwendige Pflanzenvielfalt erhalten und Pflegemaßnahmen, die der Ausbreitung von Parasiten vorbeugen. Klare Absprachen und pünktliche Zahlung schaffen Vertrauen.

- der Futtermittellieferant, bei dem Sie vermutlich überwiegend Kraftfutter, Heu, Futterstroh, Streustroh, Silage, Zuckerrübenschnitzel, Wurzelfrüchte und Zusatzfuttermittel beziehen. Alle Produkte müssen qualitativ nicht nur einwandfrei, sondern möglichst hochwertig sein und aus optimal gelagerten Beständen stammen, da jeder Mangel schwerwiegende Gesundheitsschäden bei Ihrem Pferd hervorrufen kann!

als Einsteller in einer privaten Haltergemeinschaft:

- Landwirt, Handwerker und Futtermittellieferant wie oben,
- Ihr/e Partner, also die anderen Pferdebesitzer in der Gemeinschaft. Nur absolut klare Absprachen, am besten in schriftlicher Form, und die Zuverlässigkeit eines jeden Beteiligten schaffen die notwendigen Rahmenbedingungen für Pferdegesundheit und -wohlbefinden. Sie müssen sich darauf verlassen können, daß Ihr Pferd getränkt, gefüttert, gesundheitlich kontrolliert und sein Stall eingestreut und ausgemistet wird. Reparaturen und Nachlieferungen müssen umgehend veranlaßt und vorgenommen werden. Die gleiche Zuverlässigkeit wird von Ihnen erwartet. Daher muß - über die eigene Arbeitskraft hinaus - jeder Beteiligte einen Helfer haben, der sofort und gleichermaßen kompetent einspringt, wenn er selbst verhindert ist.

Fühlen Sie sich vom optischen Eindruck angesprochen? Und wie ist der Kontakt zu den Besitzern?

als Einsteller in einer Reitanlage:

- der Stallvermieter. Von seinem Fachwissen und seiner Seriosität hängt das Leben Ihres Pferdes ab. Stallungen, Ausläufe und Koppeln sowie die Anlagen für die Sportausübung (Reitplatz, Halle, Longierplatz, Roundpen, Trailparcours) müssen verletzungs- und ausbruchsicher gebaut und artgemäß eingerichtet sein sowie regelmäßig kontrolliert und gewartet werden. Besondere Brandschutz- und Diebstahlsicherungsmaßnahmen tragen zur Sicherheit bei. Herstellung oder Ankauf sowie Lagerung der Futter- und Einstreumittel muß höchsten Ansprüchen genügen. Ein schriftlicher Einstellvertrag sollte daher alle Rechte und Pflichten der Beteiligten klar definieren und vor allem auch die Sonderleistungen (Nutzungszeiten der Anlage, Führen von und zur Weide usw.) regeln. Kontrollieren Sie regelmäßig, ob die Leistungen eingehalten werden!

- das Stallpersonal. Seine Kompetenz - zum Beispiel bei der Stallhygiene, der Pferdepflege und der Weidebearbeitung - steht und fällt mit der Zuverlässigkeit und dem Können des Stallvermieters. Darüber hinaus müssen Sie die 'Umgangsformen', die das Personal mit den Pferden pflegt, sehr genau beobachten. Eine grobe, unfreundliche Behandlung kann - bei ansonsten einwandfreier Pflege - Ihrem Pferd psychisch (und dadurch langfristig auch physisch) schaden. Sprechen Sie den Stallvermieter sofort auf Ihre Beobachtungen an! Generell gilt aber: Ein freundliches Wort und gelegentlich ein kleines 'materielles' Dankeschön wirken bei vielen Pflegern Wunder.

als Einsteller in einem bäuerlichen Pensionspferdehaltungsbetrieb:

- der Landwirt als Stallvermieter. Auch hier steht und fällt das Wohl Ihres Pferdes mit seiner Fachkompetenz und Zuverlässigkeit. Legen Sie Wert auf einen Betrieb mit mehrjähriger Erfahrung in Pferdehaltung. Wo bislang (oder noch) vorwiegend Mast- und Milchviehwirtschaft oder ausschließlich Ackerbau betrieben wurde, sind zwar häufig Stallflächen (in alten Stallungen und Scheunen) vorhanden, das Wissen um die Bedürfnisse des Pferdes jedoch fehlt. Auch hier gilt: Schriftliche Verträge ausformulieren, darüber hinaus klare Absprachen (möglichst bestätigt durch ein kleines Briefchen) treffen und die Einhaltung kontrollieren.

Checkliste für die Stallsuche:

- Sind Sie bereit, sich bei der zeitaufwendigen Suche nach einem geeigneten Stall nicht selbst unter Druck zu setzen, sondern konsequent nach Plan vorzugehen? **Ja/Nein**
- Werden Sie auch die Möglichkeit nutzen, bei reitsportlichen Verbänden nach Stalladressen in der gewünschten Region nachzufragen? **Ja/Nein**
- Ziehen Sie auch Stadtplan und Straßenkarte zu Rate, um vorab zu klären, welche Betriebe Sie aus Entfernungsgründen näher ins Auge fassen wollen? **Ja/Nein**
- Führen Sie mit den Leitern dieser Betriebe *vorab* Telefonate, bei denen Sie fragen nach
  - Pferdebestand
  - Haltungsmodalitäten (inclusive Boxenabmessungen, Paddockanzahl, Gesamtgröße des Weidelands)
  - Serviceleistungen
  - Angebotsspektrum für die Sportausübung (Halle, Platz, Longierzirkel usw.) und
  - Geländereitgelegenheiten?

  Ja/Nein
- Erkundigen Sie sich sofort auch nach Monatsgrundpreis und Extrakosten für Sonderleistungen? **Ja/Nein**
- Weisen Sie sofort darauf hin, falls Sie - berufs- oder privatbedingt - Sonderleistungen regelmäßig in Anspruch nehmen müssen (Beritt, Führen zur Weide)? (Achtung: Bei Aussagen wie 'Ach, dafür wird sich schon jemand finden!' dürfen Sie nicht mit professioneller Bedienung rechnen!) **Ja/Nein**
- Können Sie den Betrieb mit öffentlichen Verkehrsmitteln erreichen, falls Ihr PKW einmal ausfällt? **Ja/Nein**

- Sind die Stallvermieter, die Sie nach dem Vorabtelefonat in die engere Wahl ziehen, zu *fest vereinbarten* Besichtigungsterminen bereit (und sagen nicht bloß: Kommen Sie gelegentlich mal vorbei...)? **Ja/Nein**

Mit der Zuverlässigkeit des Stallpersonals steht und fällt die Qualität einer Haltungsanlage.

- Haben Sie auf einer mitzunehmenden Liste *alle* Fragen, die die Pferdehaltung und Sportausübung in der Anlage betreffen, notiert - auch die, die Sie bereits telefonisch angesprochen haben? **Ja/Nein**
- Kann ein Pferdeexperte Sie zum Besichtigungstermin begleiten? **Ja/Nein**
- Dürfen Sie *sämtliche* Gegebenheiten vor Ort (auch Abmessungen, Bausubstanz, verwendete Materialien) inspizieren? **Ja/Nein**
- Zeigt man Ihnen auch Futterlager, Sattelkammer, Wirtschaftsraum, sanitäre Einrichtungen und Umkleideräume? **Ja/Nein**
- Stellt - falls Sie darauf Wert legen - der Betrieb 'Extras' zur Verfügung (Waschplatz, Solarium, Pferdeschwemme usw.)? **Ja/Nein**
- Trifft der Betrieb ausreichende Sicherheitsmaßnahmen (Diebstahl, Brandschutz, Alarmanlagen)? **Ja/Nein**
- Entsprechen *alle* Haltungsmodalitäten dem Anspruch
  - der Artgemäßheit,
  - Pferdefreundlichkeit,
  - Hygiene,
  - Ausbruchssicherheit
  - und Verletzungssicherheit? **Ja/Nein**
- Würden Sie den Allgemeinzustand und das Verhalten der anderen eingestellten Pferde als gut beurteilen? (Achten Sie dabei auf Husten, Koppen, Weben, Unruhe oder Lethargie!) **Ja/Nein**
- Stellt Sie das nähere und weitere Umfeld des Betriebes auch unter dem Umweltgesichtspunkt zufrieden? (Berücksichtigen Sie dabei die Lärmkulisse sowie die Luftqualität!) **Ja/Nein**
- Kann man Ihnen auf Anhieb sämtliche Serviceleistungen und die hierfür geforderten Preise nennen, auch die, die Sie derzeit nicht in Anspruch nehmen wollen (Reitunterricht, regelmäßige Lehrgänge und/oder Veranstaltungen auf dem Gelände, Station für Wanderreiter, Übernahme von Transporten)? **Ja/Nein**
- Akzeptiert man entgegenkommend und freundlich Ihren Entschluß, sich noch nicht sofort zum Vertragsabschluß oder zur Aufnahme in die Warteliste bereitzuerklären? **Ja/Nein**
- Entsprechen die Bedingungen in der Stallanlage, die Sie bei mindestens zwei unangemeldeten Besuchen einige Zeit später vorfinden, den Aussagen während Ihres Erstbesuches? (Pferdepflege, Stallhygiene, Rauhfutterportionen usw.) **Ja/Nein**

- Haben Sie Gelegenheit, unbeobachtet mit anderen Pferdeeinstellern zu sprechen, die sich *zufrieden* über die Gegebenheiten in diesem Betrieb äußern? (Werden Sie vorsichtig, wenn Sie stets mehr oder weniger ein 'Naja...' hören). **Ja/Nein**
- Ist man bereit, Ihnen den 'Haustierarzt' der Anlage zu nennen (der Ihnen zusätzliche Auskünfte erteilen könnte)? **Ja/Nein**
- Ist der Stallvermieter bereit, mit Ihnen einen schriftlichen Vertrag zu schließen, der alle Rechte und Pflichten der Vertragsparteien detailliert aufschlüsselt? (Lassen Sie vor Unterzeichnung Ihren Anwalt einen Blick darauf werfen). **Ja/Nein**
- Enthält der Vertrag einen Passus, daß der Stallbetreiber eine gewerbliche Tierhalterhaftpflichtversicherung abgeschlossen hat? **Ja/Nein**
- Ist der Stallbetreiber einverstanden, daß Sie die Grundmiete per Dauerauftrag und Sonderleistungen gegen Rechnung zahlen? **Ja/Nein**

BEWERTUNGSSCHEMA

Beurteilung	**Stallanlage**	**Tierarzt**	**Hufschmied**
auf jeden Fall unzureichend	0 - 12 Punkte	0 - 6 Punkte	0 - 9 Punkte
akzeptabler Zustand	13 - 19 Punkte	7 - 10 Punkte	10 - 19 Punkte
voraussichtlich langfristig zufriedenstellend	20 - 25 Punkte	11 - 14 Punkte	20 - 24 Punkte

Ja = 1 Punkt **Nein** = 0 Punkte

Ihr Tierarzt

Nicht zu Unrecht stammt das Wort 'Medizin' vom lateinischen Ars medicina ab: der 'ärztlichen Kunst'. Ein Tierarzt, der wirklich Ihr Vertrauen verdient, ist Wissenschaftler und Künstler zugleich, der Ihr Pferd als Ganzheit anerkennt. Er will es nicht nur von Krankheitssymptomen befreien, sondern möchte, daß es sich selbst auch als 'heil' empfindet und seine Lebensfreude in Kraft, Schönheit und Lerneifer dokumentiert. Dazu benötigt er nicht nur Fachwissen, sondern auch Intuition und Kreativität. Er sollte das gesamte Umfeldes Ihres Pferdes ebenso wie Ihre eigene psychische Konstitution als Pferdebesitzer in seine Beurteilung einzubeziehen. Nur so kann er feinfühlig abwägen, wie, wann und wo Schulmedizin und ergänzende Heilmethoden jeweils für sich oder in einer harmonischen Kombination zum Wohle des Pferdes angewandt werden müssen.

Generell können und müssen Sie als Laie davon ausgehen, daß Ihr Tierarzt die Ursachen, Erscheinungen und Auswirkungen von Krankheiten, deren Erkennung, Behandlung und Verhütung beherrscht. Er muß sicher in der Diagnose sein, also eine Krankheit erkennen können. Die Diagnose ist die Voraussetzung sowohl für eine gezielte Behandlung, also die Therapie Ihres Pferdes, als auch für eine realistische Voraussage über Verlauf und Heilungsaussichten der Krankheit, die Prognose. Damit Krankheiten gar nicht erst entstehen und Unfälle verhütet werden, spielt die

Krankheitsvorbeugung (Prophylaxe) eine wichtige Rolle. Unaufgefordert muß Ihr Tierarzt Sie auch beraten über

- Schutzimpfungen,
- Wurmkuren,
- unfallverhütende Maßnahmen,
- artgemäße Pferdehaltung,
- individuelle Fütterung speziell für Ihr Pferd,
- empfohlene Pflegemaßnahmen,
- Hinweise auf mögliche Trainingskonzepte, die den körperlichen und seelischen Eigenschaften Ihres Pferdes entsprechen.

Der Tierarzt ist somit eine der wichtigsten Kontaktpersonen in Ihrer Partnerschaft mit dem Pferd. Dennoch ist er kein 'Halbgott in Weiß', sondern auch Ihr Geschäftspartner. Er schuldet Ihnen über die Sorgfaltspflicht am Pferd hinaus auch Pünktlichkeit, Zuverlässigkeit und eine korrekte, nachprüfbare Rechnungsstellung. Scheuen Sie sich daher nicht, auch bei der Tierarztwahl (oder der Beurteilung Ihres derzeitigen Tierarztes) eine Checkliste zu Hilfe zu nehmen - letztlich profitiert Ihr Pferd davon!

Checkliste für die Tierarztwahl:

- Betreibt Ihr Haustierarzt (d. h. der Tierarzt, der Ihr Pferd regelmäßig vor Ort als Erster behandelt und vorbeugende Maßnahmen vornimmt) seine Praxis im Umkreis von höchstens 50 Kilometern von Ihrer Stallanlage entfernt? (Bei größeren Entfernungen müssen Sie stets mit Zeitverzug rechnen!) **Ja/Nein**
- Verfügt er über eine Zusatzausbildung zum Fachtierarzt für Pferde? **Ja/Nein**
- Ist er selbst Pferdehalter/Reiter/Fahrer mit langjähriger Erfahrung in Pferdehaltung und -sport? **Ja/Nein**
- Ist er (bzw. eine Notfallvertretung) über die Praxissprechstunden hinaus jederzeit erreichbar, also auch nachts, sonn- und feiertags? **Ja/Nein**
- Ist er bereit, notfalls zu jeder Zeit zu Ihrem Pferd zu kommen? **Ja/Nein**
- Ist seine Praxis mit technischen Hilfsmitteln zur Diagnosestellung (fahrbares Röntgengerät, Ultraschallgerät, Instrumentarium zur direkten Organbetrachtung und zur feingeweblichen Organuntersuchung) ausgestattet, so daß sie nicht jedesmal hierfür in eine Tierklinik fahren müssen? **Ja/Nein**
- Hat er - zusätzlich zum schulmedizinischen Wissen - gute Kenntnisse in der Vielzahl der Naturheilverfahren und ist er bereit, diese ergänzend einzusetzen? **Ja/Nein**
- Verfügt er über einige Krankenboxen in seiner Praxis, so daß er Ihr Pferd bei bestimmten Erkrankungen, die der Tag- und Nachtkontrolle bedürfen, kurzzeitig stationär aufnehmen und behandeln kann (das erspart dem Pferd den streßreichen Klinikaufenthalt)? **Ja/Nein**
- Untersucht er Ihr Pferd jedesmal wirklich gründlich und erfragt von Ihnen ergänzende zusätzliche Beobachtungen über sein Nahrungsaufnahme-, Ausscheidungs-, Ruhe- und Arbeitsverhalten? **Ja/Nein**
- Berät und informiert er Sie freundlich, verständlich und umfassend über *alle*

Möglichkeiten der Diagnose und der Therapie - und die jeweiligen Kosten? **Ja/Nein**

- Berät er Sie eingehend über vorbeugende Maßnahmen (Schutzimpfungen, Wurmkuren), erinnert er Sie von sich aus an fällige Auffrischungstermine und klärt er Sie auch über die Grenzen und Risiken solcher prophylaktischer Maßnahmen auf? **Ja/Nein**
- Haben Sie die Erfahrung gemacht, daß seine Diagnosen zutreffen, seine Therapien anschlagen und die Voraussagen über den Heilungsverlauf im allgemeinen stimmen? **Ja/Nein**
- Empfinden Sie seine Persönlichkeit als sympathisch und angenehm? **Ja/Nein**
- Geht er freundlich, behutsam und einfühlsam mit Ihrem Pferd um? **Ja/Nein**

PRAXISINFORMATION

Was Sie zum Thema Tiermedizin wissen müssen

- Durch die **Diagnose** (griech. Unterscheidung, Erkenntnis) versucht der Tierarzt, eine Krankheit aufgrund der Krankheitsanzeichen und Befunde zu erkennen.
- Sie baut auf der **Anamnese** (der Vorgeschichte), der Beobachtung und **Untersuchung** auf.
- Zu den klassischen Diagnoseverfahren gehören die **Inspektion** (Betrachtung), die **Palpation** (Abtastung), die **Perkussion** (Abklopfen) und die **Auskultation** (Abhorchen).
- Darüber hinaus verwendet die moderne Medizin eine Reihe, zum Teil spezieller technischer, **Hilfsmittel**, die eine große Treffsicherheit der Diagnose ermöglichen.
- Die **Urinprobe** liefert das Gesamtbild der klinisch wichtigen Laborbefunde im Harn.
- Die **Blutprobe** bewertet die qualitative und quantitative Zusammensetzung des Blutes.
- **Röntgenuntersuchungen** setzen Röntgenstrahlen zur Erkennung krankhafter Veränderungen im Körper ein.
- Die **direkte Organbetrachtung**, die **feingewebliche Organuntersuchung** und der Einsatz von **Ultraschallgeräten** sind ergänzende Diagnoseverfahren.
- Die **Therapie** beruht auf den bei der Diagnose gewonnenen Befunden.
- Sie strebt danach, die Krankheitsursache zu beseitigen (**kausale Therapie**), aber auch, die Krankheitserscheinungen zu lindern (**symptomatische Therapie**).
- Zusätzlich kann noch ein besonderes Heilverfahren (**spezielle Therapie**) erforderlich werden.
- Vielfach werden dem Pferd nun Arzneimittel (**Medikamente**) verabreicht.
- Gewebeschädigungen (**Verletzungen**) werden gereinigt, nötigenfalls chirurgisch versorgt und genäht und mit wundheilenden Medikamenten behandelt.
- Knochenbrüche (**Fraktura**) werden konservativ durch Reposition und Gipsverband und/oder operativ gerichtet.
- Bei **Erkrankungen des Bewegungsapparates,** bei Stellungs- und Gangfehlern arbeitet der Tierarzt häufig eng mit dem Hufschmied zusammen.
- Bei der Entscheidung über einen **operativen Eingriff** spielt die Operationsfähigkeit des Pferdes eine große Rolle, das heißt der allgemein-klinische Gesundheitszustand sowie das Operationsrisiko.
- Als **Prognose** (griechisch: Vorherwissen) wird die vorausschauende Beurteilung des Verlaufs und des Ausgangs einer Krankheit bezeichnet.
- Der Tiermediziner berücksichtigt dabei:
  - allgemeingültige veterinärmedizinische Erfahrungen mit der spezifischen Erkrankung (heilbar oder unheilbar),
  - Alter und allgemeinen Gesundheitszustand des Pferdes,
  - Vorerkrankungen und
  - Haltungsbedingungen.

Ihr Hufschmied

'Ohne Huf kein Pferd' ist ein uraltes Sprichwort, das noch heute Gültigkeit besitzt. Der Grad der Sorgsamkeit, mit der Sie selbst und auch der von Ihnen beauftragte Hufschmied oder Hufpfleger die Hufe des Pferdes pflegen, entscheidet maßgeblich über sein Wohlbefinden. Ob Ihr Pferd einen Hufbeschlag benötigt oder unbeschlagen geritten werden kann, hängt von der Art und Häufigkeit seiner Verwendung, der Hufbeschaffenheit, der Abnutzung der Hufe, des Hornwachstums und der Gliedmaßenstellung ab.

Als Pferdehalter können Sie selbst

- ✗ den Huf sauberhalten und dabei Sohle, Strahlfurchen und die weiße Linie regelmäßig kontrollieren,
- ✗ den Sitz des Beschlages überprüfen,
- ✗ mäßig Feuchtigkeit zuführen, um Austrocknung vorzubeugen, sowie
- ✗ das Hufwachstum durch Massage und ausreichende Bewegung fördern.

Checkliste für die Wahl Ihres Hufschmiedes:

- Ist er jederzeit über Anrufbeantworter erreichbar und ruft Sie zwecks Terminvereinbarung zurück? **Ja/Nein**
- Hält er seine Termine pünktlich ein und veranschlagt eine realistische Zeitspanne für das zu beschlagende Pferd,um ohne Hektik zu arbeiten? **Ja/Nein**
- Informiert er Sie unaufgefordert über die neuesten Entwicklungen und Angebote im Bereich von Hufbeschlag und Hufpflege? **Ja/Nein**

PRAXISINFORMATION:

Was Sie unbedingt wissen sollten

- Als **Hufmechanismus** bezeichnet man die Bewegung der einzelnen Teile des Hufes unter der wechselnden Be- und Entlastung des Pferdefußes. Er mildert die Wirkung des Auffußens auf dem Boden, dient der besseren Durchblutung des Fußes und regt das Hornwachstum an.
- Beim **Hufbeschlag** wird zwischen Heißbeschlag, Kaltbeschlag und alternativen Beschlagformen (z.B. Kunststoffbeschlag) unterschieden.
- Ein **Hufschmied** hat heute in der Regel eine dreijährige Lehre mit Gesellenprüfung im Schmiedehandwerk (als 'Metallbauer') absolviert, ohne zunächst überhaupt am Pferdehuf zu arbeiten. Danach bildet er sich während einer einjährigen Vollzeittätigkeit bei einem von der Handwerkskammer anerkannten Hufbeschlagschmied (der kein Meister sein muß, da es den 'Meister' nach der Neuordnung nicht mehr gibt) fort und belegt abschließend vier Monate lang einen Lehrgang an einer Hufbeschlaglehrschmiede. Nach bestandener Prüfung darf er sich Hufbeschlagschmied nennen. Fachkreise betrachten zu Recht diesen Ausbildungsweg als unzureichend. Initiativen zur Ausbildungs-Neuordnung streben an, den Hufbeschlag wieder zu einem Ausbildungsberuf zu machen, der sich an der heutigen Nutzung der Pferde orientiert und bis zur Meisterprüfung führt.
- Die Bezeichnung **Hufexperte** ist nicht gesetzlich geschützt. Die 'Gesellschaft für Huf- und Klauenpflege e.V. (GdHK)' strebt ein neuartiges Ausbildungskonzept an, durch das Pferde-, Tier- und Landwirte sowie geprüfte Schmiedegesellen Zugang zu einer fachübergreifenden Fortbildungsprüfung zum 'Hufexperten' erhalten sollen. Sie soll die Fertigkeiten, die bisher in den verschiedenen Berufsbildern des Hufbeschlags, der Huftechnik und der Hufpflege enthalten sind, in einem einzigen Beruf zusammenfassen.
- Empfehlenswert für den Laien ist die Teilnahme an einem **Hufkurs**. Dieser Lehrgang unterweist Reiter und Pferdehalter in Bau und Funktion des Hufes, Stellung und Gang, Hufpflege und guten Hufbeschlag. Hauptziel ist es, anhand praktischer Übungen die Kursteilnehmer mit der Handhabung des Notwerkzeugs vertraut zu machen. So kann er im Notfall während eines Ritts selbst ein Eisen nachnageln oder abnehmen.

- Anerkennt er (ohne Partei zu ergreifen), daß Sport- und Freizeitreiter unterschiedliche Ansprüche ans Pferd stellen und gelegentlich auch unterschiedliche Einstellungen zum Pferd haben? **Ja/Nein**
- Fragt er Sie genau, in welchen Disziplinen, wie häufig, wie lange und auf welchem Geläuf Sie das Pferd überwiegend einsetzen? **Ja/Nein**
- Zeigt er Ihnen unaufgefordert Besonderheiten Ihres Pferdes im Hinblick auf seinen Körperbau und seine Gliedmaßenstellung auf? **Ja/Nein**
- Läßt er sich Ihr Pferd vor und nach der Hufbearbeitung in der Bewegung im Schritt und im Trab vorführen? **Ja/Nein**
- Notiert er sich Namen und Anschrift Ihres Tierarztes und ist er bereit, mit diesem auch zusammenzuarbeiten? **Ja/Nein**
- Ist er selbst Ihrem Tierarzt als qualifizierter Hufschmied oder Hufexperte bekannt? **Ja/Nein**
- Nimmt er Ihr Interesse an seinem Fachgebiet nicht schweigend oder mißmutig brummend zur Kenntnis, sondern erklärt Ihnen genau, warum er was und wie an Ihrem Pferd macht? **Ja/Nein**
- Kann er Erfahrung in orthopädischen Beschlägen nachweisen? **Ja/Nein**
- Ist er selbst Reiter, Fahrer und/oder Pferdehalter? **Ja/Nein**
- Setzt er die (grob arbeitende) Hauklinge so gut wie nicht ein, sondern entfernt überflüssiges Horn mit Raspel und Hufmesser? **Ja/Nein**
- Schneidet er nicht übermäßig viel vom Strahl fort? **Ja/Nein**
- Paßt er die Eisen der Hufform an - und nicht umgekehrt? **Ja/Nein**
- Legt er die Eisen im Trachtenbereich nicht zu eng? **Ja/Nein**
- Brennt die Eisen weder zu heiß noch zu lange auf, um sich ein zweites Heißmachen des Eisens und/oder das korrekte Beraspeln zu 'ersparen'? **Ja/Nein**
- Fixiert er die Eisen nicht mit zu vielen Nägeln? **Ja/Nein**
- Kontrolliert er seine Arbeit, indem er wiederholt den Huf absetzt und die Stellung überprüft? **Ja/Nein**
- Kann er Ihnen die Unterschiede zwischen Eisen-, Kunststoff- und Aluminium-Beschlägen erklären und Muster vorlegen? **Ja/Nein**
- Geht er ruhig, freundlich, aber bestimmt mit Ihrem Pferd um? **Ja/Nein**
- Bestraft er das Pferd niemals, noch brüllt er es unkontrolliert an? **Ja/Nein**
- Erklärt er Ihnen sachlich, wie Sie Ihr Pferd durch erzieherische Übungen auf den Hufschmiedtermin vorbereiten? **Ja/Nein**
- Läßt er - falls er bei einem unruhigen Pferd die Nasenbremse anlegen muß - einen Helfer die Bremse sofort lokkern, sobald es ruhig steht (ein Festbinden der Bremse ist unerlaubt!)? **Ja/Nein**

Kapitel 7 • Verhaltenseinmaleins:

Das 'normale' erwachsene Pferd

'Ja, mein Pferd ist im Umgang stets freundlich und willig. Und unterm Sattel oder im Geschirr zeigt es sich kooperativ und leistungsbereit! Ich bin rundum zufrieden!' Können Sie genau diese Aussage aus tiefsten Herzen bestätigen? Wenn ja, können Sie sicher sein, daß Ihr Pferd sich fit und fröhlich fühlt. Was aber, wenn Sie das 'Benehmen' Ihres vierbeinigen Kameraden aufschreckt oder ängstigt? Vielleicht beginnt er mit einem Mal zu koppen oder zu weben oder nach Ihrer Hand, die ihm nur liebevolle Streicheleinheiten verabreichen wollte, zu schnappen? Wie leicht sagen Sie dann: 'Der benimmt sich einfach nicht mehr normal!' Was aber bedeutet das Wort 'normal' - auf ein Pferd bezogen - überhaupt? Welchen Grund hat Ihr Tier, sich mit einem Mal so 'auffällig' zu verhalten? Sind Haltungsfehler daran schuld? Muß die Trainingsarbeit umgestaltet werden? Oder ist das Pferd einfach 'übergeschnappt'?

Ruhen und Wachen, Fressen und Spielen kennzeichnen den normalen Alltag des Pferdes.

Fitness und Fröhlichkeit können sich langfristig nur einstellen, wenn das Pferd als Pferd leben darf und sich auch 'normal' wie ein Pferd verhält. Alle Auffälligkeiten deuten auf Störfaktoren im Umfeld des Pferdes hin, die sein Wohlbefinden beeinträchtigen. Für Sie als Pferdehalter ist es daher wichtig, Verhaltensauffälligkeiten zu erkennen, die Ursachen herauszufinden, mögliche Probleme bereits im Entstehen auffangen oder bestehende Schwierigkeiten auf pferdegerechte Art zu beheben.

Nur in entspannter Seitenlage erreicht Ihr Pferd die regenerierende Tiefschlafphase.

Verhaltensforschung - eine spannende Wissenschaft

Die Verhaltensforschung geht überwiegend von der Beobachtung wildlebender Tiere aus. 'Was tut welches Tier wann und auf welche Weise in seiner natürlichen Umgebung?' Das ist die dabei hauptsächlich gestellte Frage. Der Verhaltensforscher versucht, zunächst eine Art 'Inventarliste ' zu erstellen, indem er eine richtige Bestandsaufnahme aller Verhaltensweisen macht, die einer Tierart eigen sind. Im Verhaltensrepertoire werden angeborene Verhaltensweisen (auch Instinkte genannt) von erlernten abgegrenzt. 'Was,' erkundet der Forscher, 'löst welche Instinkthandlung aus? Kann es sich dem Verhalten seiner Feinde anpassen? Auf welche Weise lebt es seine Wut aus? Ist seine Bindung an die Gruppe der Artgenossen eng oder eher lose?' Durch das genaue Studium der wildlebenden Tiere kann der Forscher so auch die soziale Struktur innerhalb von Tiergesellschaften ergründen.

Was bedeutet Normalität eigentlich?

Die Vokabel 'normal' geht Ihnen wahrscheinlich auch leicht über die Lippen. Sie ertappen sich dabei, daß Sie vorschnell urteilen 'Du bist doch nicht normal!', sobald sich Ihr Mitmensch nicht so, wie Sie sich das wünschen, verhält. Das Wort ‚Norm' rührt vom lateinischen norma her, was soviel wie Winkelmaß, Richtschnur oder Regel heißt. So ist das Fundament der menschlichen Gesellschaft die Achtung vor dem Leben, der Freiheit und der Menschenwürde des Mitmenschen und somit eine unverrückbare ethische 'Norm'. Es ist jedermann zuzumuten, eine solche Norm anzuerkennen und zu erfüllen - wer dies nicht tun kann oder will, ist nicht 'normal'.

Die Soziologen verstehen unter Norm all jene Verhaltensregeln, die in einer sozialen Gruppe gültig sind. Auf ihre Einhaltung wird meist streng geachtet - und das Wörtchen 'man' taucht wahrscheinlich auch in vielen Ihrer Gespräche auf: 'Bohr nicht mit dem Finger in der Nase - das tut 'man' nicht!' oder 'Man ißt mit Messer und Gabel und nicht mit den Fingern!' Das 'man' drückt die Norm aus, die Sie in der Handlungsweise Ihres Gegenübers erwarten und der Sie sich selbst unterordnen. Schlägt Ihr Gegenüber 'über die Stränge', vielleicht um Sie zu provozieren, ist er natürlich noch nicht das, was die Wissenschaft als 'verhaltensgestört' bezeichnet. Erst wenn das 'Über die Stränge schlagen' zur Regel wird und das direkte Umfeld sich ernsthafte Sorgen macht, wird man den Betroffenen zum Arztbesuch auffordern. Der Mediziner wird gegebenenfalls nach eingehenden Untersuchungen eine Verhaltensstörung diagnostizieren - eine, wie er es als Fachmann ausdrückt, 'psychodynamische Behinderung'. Eine solche Störung bedarf meist einer Behandlung.

Ein ganz ‚normales' Pferdeleben...

Über das 'normale Pferd' wird nur selten gesprochen. Vielmehr geht es in der Diskussion über Pferde häufig um 'Probleme' und 'Schwierigkeiten'. Das eine Pferd bockt, das andere neigt zum Pullen, dem dritten sitzt die Hinterhand 'locker', weil es lieber nach seinem Besitzer ausschlägt, als den Huf zum Auskratzen herzugeben. Sogenannte Verhaltensauffälligkeiten sind, so scheint es, in aller Munde und machen es den sogenannten Pferdeflüsterern leicht, Scharen von Zuschauern in ihre Kurse zu locken. Was kaum ein Pferdeflüsterer zur Sprache bringt, ist folgende Tatsache: Die meisten Probleme im Umgang mit Pferden und in allen Sparten des Pferdesports träten niemals auf, könnten dieselben Pferde die ihnen angeborenen Triebe ausleben und sich - ganz 'normal' - als echte Pferde verhalten.

'Normale' Pferde in freier Wildbahn führen ein aktives Leben. Die Aufgabe der Stute ist es, zum Erhalt der Art ein Fohlen zu gebären, es zu ernähren und zu beschützen. Von der Stunde seiner Geburt an lernt auch das Jungpferd und nimmt interessiert am Umweltgeschehen teil. Will es eines Tages die Leitpferdrolle übernehmen, entwickelt es Führungsqualitäten wie ein Manager in der Menschengesellschaft.

Alles, was das wilde Pferd in seinem ihm angestammten Lebensraum tut, läßt sich unter einer der folgenden zwei Überschriften einordnen: *Aktionen* und *Reaktionen*. Signalisiert sein Körper dem Gehirn ein Bedürfnis (das Pferd fühlt sich hungrig), 'agiert' (= handelt) es, um dieses Bedürfnis zu befriedigen (es beginnt zu grasen). Dazu begibt es sich in den geeigneten *Aktionsraum* (eine ergiebige Weidefläche). Doch plötzlich hört es ein Knistern im Steppengras - Alarm! Seine durch das Leben in der Wildnis geforderten und daher gut trainierten *Sinne* - seine Augen, seine Ohren, sein Geruchs-, Geschmacks- und Tastsinn - nehmen eine Veränderung seiner Umwelt wahr. Schleicht sich ein Raubtier heran? Jetzt löst also ein Außenreiz, den das Pferd wahrnimmt, eine Reaktion aus. Das Pferd

Auf einen Blick

- Als verhaltensgestört bezeichnet die Wissenschaft Menschen oder Tiere, die in unterschiedlicher Weise in ihren Handlungen und Reaktionen beeinträchtigt sind.
- So ist zum Beispiel eine Mutterstute, die voller Wut nach ihrem Neugeborenen auskeilt, zu Recht als verhaltensgestört zu bezeichnen.
- Störungen dieser Art versucht die Medizin durch eine Verhaltenstherapie zu beheben.
- Auch Pferdefachtierärzte und Pferdepsychologen kennen die Thematik und weisen auf den Zusammenhang zwischen Pferdekörper und Pferdepsyche hin.
- Jeder Pferdehalter ist daher angehalten, sich das entsprechende Grundwissen über sein Pferd anzueignen.

weicht blitzschnell zur Seite aus und flieht. Dabei wechselt es den Aktionsraum, indem es die verlokkende Wiese verläßt und auf die nahe Anhöhe hinaufgaloppiert.

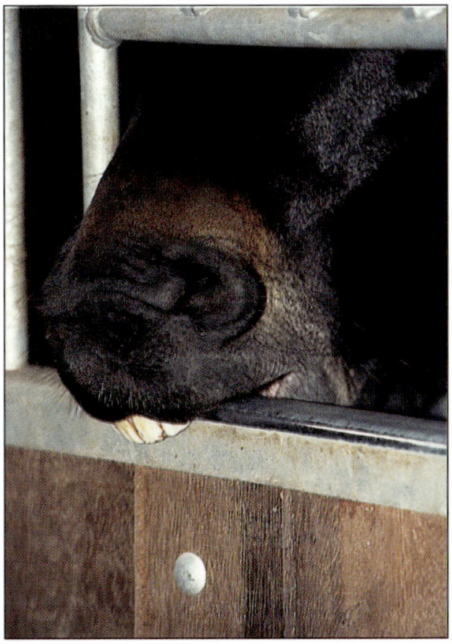
Echte Verhaltensauffälligkeiten sind das Krippensetzen und Koppen.

Echte Verhaltensauffälligkeiten

Zwischen dem Lebensraum Steppe und dem Boxenquadrat besteht ein gewaltiger Unterschied. Während in freier Wildbahn Aktionen und Reaktionen fließend ineinander übergehen und Aktionsräume grenzenlos zur Verfügung stehen, stellen Stall, Paddock und Reithalle sehr begrenzte Aktionsräume dar. Das Pferd kann so gut wie niemals selbständig agieren, und seine Möglichkeiten zu reagieren werden durch menschlichen Einfluß auf ein Mindestmaß beschränkt. Diese Tatsache ist der wirkliche Verursacher aller Verhaltensauffälligkeiten. Jedes dem Pferd angeborene Verhalten hat den Sinn, sein Überleben und das seiner Art zu sichern. Wird das Pferd daran gehindert, dieses Verhalten 'auszuleben', entwikkelt es das, was der Mensch vorschnell als Untugend oder Problem bezeichnet. Er vergißt dabei, daß er selbst der Problemauslöser ist. Echte Auffälligkeiten sind demnach Verhaltensweisen, die in freier Natur nicht vorkommen, wie

- Krippensetzen
- Koppen
- Weben
- Kreiswandern.

Diese vier Verhaltensweisen entstehen, wenn dem Pferd ganz grundlegende, in seinem Erbgut angelegte Bedürfnisse nicht oder nur unzureichend erfüllt werden. Der **Krippensetzer**, der seine Zähne auf dem Krippenrand aufsetzt, ahmt auf stoisch ritualisierte Weise den Vorgang des Abrupfens der Futterpflanzen nach. Sein Bedürfnis zu grasen ist nicht gestillt, obgleich er zweimal pro Tag den Trog randvoll mit Hafer gefüllt bekommt. Sein **koppender** Stallkollege schluckt nach dem Aufsetzen

Merke:

- Als Angehöriger der Flucht- und Fernwanderwildarten muß jedes Pferd seine Bedürfnisse stillen können.
- Es muß reichlich Gelegenheit haben, seine feinen, sensiblen Sinne zu benutzen.
- Es muß außerdem auf alles, was es wahrnimmt, pferdegemäß reagieren können - durch ein normales Flucht- oder Abwehrverhalten.
- Und es muß zwischen verschiedenen Aktionsräumen beliebig hin und her wechseln können.
- Dies sind die Voraussetzungen für sein Überleben.
- **Überleben heißt in diesem Falle auch: körperlich und seelisch gesund und im Gleichgewicht zu sein und sich der Art gemäß zu verhalten.**

noch Luft ab, verschafft sich in der Langeweile des Stallebens Abwechslung und erzielt dabei ein angenehmes Gefühl der Sättigung. Schlimm wird es, wenn diese Pferde über ihrer schwer heilbaren Sucht die Nahrungsaufnahme ganz vernachlässigen, abmagern oder zu Koliken neigen.

Mechanische Maßnahmen wie das Ummanteln der Boxentür oder das Anlegen des Kopperriemens bringen keine Hilfe. Die ist - eingeschränkt - am ehesten möglich durch eine Umstellung auf Weidehaltung. Nur auf der Wiese kann sich das Pferd geruhsam im Weideschritt vorwärtsbewegen, gezielt Gräser, Kräuter, Kleearten und Blätter aussuchen und sich über die notwendige Anzahl von Kauschlägen das Gefühl der Sättigung und Befriedigung verschaffen.

Langeweile - sprich die Unterforderung aller Wahrnehmungsorgane - plus Bewegungsmangel lassen Pferde zu **Webern** und **Kreiswanderern** werden. Weber spreizen leicht die Vorderbeine und verlagern wie in Trance ihr Gewicht von einem Bein auf das andere - und zwar stundenlang. Kreiswanderer ziehen innerhalb der Einfriedung ihrer Box oder ihres Kleinpaddocks stereotype Kreise und vermischen Einstreu oder Paddockboden mit ihren Kotballen zu einem Jauchebrei. Dieser Brei ist so unappetitlich, daß sie sich nicht hinlegen mögen. Auf dem Boden ausgelegtes Rauhfutter wird ungenießbar. Fazit: Dem Pferd fehlt nicht nur Ruhe, sondern auch Nahrung.

Auffälligkeiten im Verhalten des Pferdes

Darüber hinaus werden auch an und für sich natürliche Verhaltensweisen häufig als Verhaltensauffälligkeiten bezeichnet, obwohl sie dem angeborenen Flucht- oder Kampfverhalten oder dem Sozialverhalten entsprechen. Dazu zählen:

• Scheuen	*Fluchtverhalten*
• Durchgehen	
• Bocken	*Kampfverhalten*
• Steigen	
• Beißen	
• Schlagen	
• Kleben	*Sozialverhalten*

Zur Auffälligkeit (aus Menschensicht) wird dieses natürliche Verhalten immer dann, wenn nichtige Anlässe es bereits auslösen (*das Pferd scheut, wenn bloß ein Vögelchen durchs Geäst huscht*), der Pferdehalter sich dadurch in Gefahr gebracht (*das Pferd steigt, sobald eine bestimmte Lektion gefordert wird*) oder sich in der Ausübung seiner Sportart unangenehm behindert sieht *(der Kleber ist nur im Beisein eines Artgenossen im Gelände zu reiten).*

Doch in Wahrheit sind **Scheuen** und **Durchgehen** lebenserhaltende Verhaltensweisen. Das Pferd reagiert reflexartig mit einer ausweichenden Bewegung (dem Scheusprung) auf eine echte oder vermeintliche Gefahr und flieht (geht durch), sobald es diese Gefahr als lebensbedrohlich einstuft. Die Tatsache, daß es lebensbedrohliche Gefahren im Leben des Hauspferdes kaum mehr gibt, hat sich in wenigen Jahrtausenden der Domestikation natürlich nicht im Erbgut des Sport- und Freizeitpferdes verankern können. Es wird weiterhin seinen Fluchtmechanismus auch unter dem Reiter vorschnell anknipsen, solange der ihm nicht Gelegenheit gibt, seine Sinne ebenso wie seinen Bewegungsapparat regelmäßig zu benutzen. Nur dann wird ein Pferd körperlich und seelisch so fit sein, daß es sowohl selbst zwischen echter und vermeintlicher Gefahr unterscheiden kann als auch seinem Menschen wie einem Leitpferd vertraut.

Bocken, Steigen, Beißen und **Schlagen** gehören zu den natürlichen Abwehr- oder Kampfverhaltensweisen. Ist dem Wildpferd die Flucht verwehrt, versucht es, den Angreifer entweder abzuschütteln (es steigt, bockt oder windet sich) oder zu verletzen (es beißt oder tritt aus). Diese Bewegungen hat es im spielerischen Gerangel von klein auf geübt. Wendet es diese Kampfmethoden im Umgang mit dem Menschen an, so hat der Ausbilder oder Reiter sein eigenes Verhalten zu hinterfragen. Was bringt das Pferd dazu, ihn als Feind einzustufen, dem man sich (falls man nicht fliehen kann) widersetzt? Grund ist das Gefühl, angegriffen zu werden. Ein temperamentvolles Pferd, das eigentlich nur aus Übermut und Bewegungsmangel bockt, kann durch brutales Strafen (Gertenhiebe oder Sporenstiche) zum aggressiven Bocken 'erzogen' werden.

Der **Beißer** war vermutlich zunächst ein vorwitziges Fohlen, dann ein aufdringlich schnappendes Jungpferd, bis er - nie gewaltlos-konsequent in seine Schranken verwiesen - entdeckte, daß er sich unbequemer Ansprüche durch einen harten Biß entziehen konnte. Auch die Ursachen für das Ausschlagen sind vielschichtig: Viele Pferde erinnern sich an Schmerzen, die ihnen Menschen in der Vergangenheit zugefügt haben. Sie gehen vorsorglich in Angriffshaltung über oder treten aus, ohne daß ihnen ein Leid getan wurde. Verhaltensforscher nennen dies defensives Angriffsverhalten.

Der **Kleber** ist ein unsicheres Pferd, das kein echtes Vertrauen in den Menschen entwickelt hat. Seine Weigerung, die vertraute Umgebung zu verlassen oder allein mit seinem Reiter ins Gelände zu gehen, entspricht der Angst seines Urahns, durch den Verlust der Artgenossen seines wichtigsten Schutzes beraubt zu werden. Pflanzenfresser waren nur in der Gruppe einigermaßen geschützt, in der viele Augen und Ohren die Umgebung überwachten und einander blitzschnell bei Gefahr alarmierten.

Merke:

- Ist das Gleichgewicht gestört, verhält sich das Pferd nicht mehr artgemäß, sondern entwickelt Verhaltensauffälligkeiten.
- Auslöser für Verhaltensauffälligkeiten bei domestizierten Pferden sind Fehler, die der Mensch im Umgang mit dem Pferd begeht.
- Die häufigsten Verhaltensauffälligkeiten werden durch menschliche Fehler in den Verhaltensbereichen Nahrungsaufnahme, Ruhen/Schlafen, Bewegung und Sozialleben verursacht.
- Die häufigsten körperlichen Störungen werden verursacht durch Fehler in den Verhaltensbereichen Nahrungsaufnahme, Ruhen/Schlafen, Bewegung, Ausscheidung, Komfort und Fortpflanzung.

Lassen sich Probleme lösen?

Über 'Problempferde' und wie man mit ihnen umgeht sind bereits zahllose Artikel verfaßt und etliche Bücher geschrieben worden. Selbst Xenophon, griechischer Schriftsteller, Philosoph und Politiker - und Begründer der Hippologie (430 - 354 v. Chr.) - hat sich bereits 'über die Behandlung temperamentvoller Pferde' ausgelassen. So erübrigt sich die genaue Darstellung möglicher Therapieversuche, die zahllose Seiten füllen würde, in diesem Buch. Gleichgültig, ob Sie froh sind, mit Ihrem eigenen Pferd keiner der genannten Herausforderungen begegnen... oder ob Sie zugeben müssen, einen Durchgänger oder Kopper im Stall zu haben: Der Kern aller Überlegungen ist doch, die körperliche Fitness und psychische Fröhlichkeit Ihres Pferdes entweder langfristig zu erhalten oder baldmöglichst wiederherzustellen, damit es in jeder Situation wie ein normales, gesundes Pferd agiert und reagiert.

Ausreiten stets zu zweit? Das erhöht die Gefahr, daß sich das Pferd zum Kleber entwickelt.

Der richtige Weg dorthin führt über das Wissen, *wie* die idealen Lebensbedingungen Ihres domestizierten Pferdes aussehen müssen, um Verhaltensauffälligkeiten im Keim zu ersticken oder, sollten sie bereits vorhanden sein, allmählich wieder zum Verschwinden zu bringen. Diesem angestrebten 'Soll-Zustand' ist der durchschnittliche 'Ist-Zustand' gegenüberzustellen. Der Vergleich zwischen beiden hilft Ihnen, Mängel und Fehler in den verschiedensten Bereichen aufzuspüren. Motivieren soll Sie hierbei die Erkenntnis, daß der weniger zufriedenstellende Ist-Zustand unter Umständen eine Vielzahl der negativen Auswirkungen auf den Körper und die Psyche Ihres Pferdes haben kann - Auswirkungen, die Sie anhand ihrer Symptome identifizieren.

Was Sie jetzt selbst tun sollten!

Auf den Seiten 88 bis 96 finden Sie in übersichtlicher Tabellenform Verhaltensform, Idealzustand, Ist-Zustand, mögliche Auswirkungen und Symptome aufgegliedert in die wichtigsten Lebensbereiche Ihres Pferdes.

Diese Tabelle liefert Ihnen das Basiswissen für pferdegerechte Haltung. Pferdegerechte Haltung ist eine Säule für Fitness und Fröhlichkeit, abwechslungsreiche, wohldosierte Arbeit die andere. Beide zusammen liefern Ihrem Pferd einen Großteil der Anreize, die es benötigt, um körperlich und psychisch gesund zu bleiben und 'normale', besser artgemäße Verhaltensweisen zu entwickeln.

Haben Sie bei der Lektüre hier und da aufgehorcht, weil bei Ihrem eigenen Pferd die eine oder andere Lebensbedingung nicht ganz optimal ist? Natürlich schaffen Sie es nicht, Haltungs- und Nutzungsbedingungen Ihres Tieres von heute auf morgen zu perfektionieren. Um sich aber klare Ziele setzen zu können, sollten Sie folgendes sofort tun:

- Nehmen Sie einen Bogen Papier zur Hand,
- notieren Sie den Tagesablauf Ihres Pferdes in Stichworten.
- Listen Sie diejenigen Vor- und Nachteile auf, die sich aus der Tabelle für Ihr Pferd ergeben (einfacher: Fotokopieren

Sie die Tabelle aus dem Buch und kreuzen Sie die jeweilige Komponente an).

- Erarbeiten Sie durch kreative Gedankenspiele möglichst viele Verbesserungsmöglichkeiten.
- Stellen Sie einen kurz-, mittel- und langfristigen Zeitplan auf, nach dem Sie Änderungen vornehmen möchten.
- Markieren Sie Fortschritte im Zeitplan farbig!
- Überlegen Sie sich im Laufe der Zeit Alternativen, falls sich herausstellt, daß bestimmte Verbesserungen in der angepeilten Form nicht möglich sind.
- **Wichtig:** Verlegen Sie die Liste nicht, sondern heften Sie sie in Ihrer Akte 'Pferd' ab.

Prüfschema 1:

Aufenthaltsdauer in den verschiedenen Bereichen

Wo und wie lange hält sich mein Pferd täglich/wöchentlich auf?

Geben Sie die Stundenanzahl möglichst genau an!

Ohne Artgenossen	Mit Artgenossen	Mit Menschen
✗ im Anbindeständer	✗ im Gemeinschaftspaddock	✗ am Sattelplatz
✗ in der geschlossenen Box	✗ auf der Koppel	✗ auf dem Reitplatz
✗ in der Außenbox	✗ beim Freilauf in der Halle	✗ in der Reithalle
✗ im Einzelpaddock	✗ auf dem Platz	✗ auf dem Longierzirkel
		✗ im Gelände

Arbeit mit Prüfschemen

Die Schriftform trägt dazu bei, Ziele klarer zu definieren, besonders wenn Sie sich dabei der unten gezeigten Prüfschemen bedienen. Prüfschema 1 vermittelt Ihnen einen Überblick, wie lange sich Ihr Pferd jeweils in einem Aufenthaltsbereich aufhält. Ihr Endziel ist es, die Stundenzahl im geschlossenen Stall herabzusetzen und Ihrem Pferd mehr Auslauf mit Artgenossen zu verschaffen.

Außerdem zeigt Ihnen das Prüfschema 1 anhand der Zahl der Aufenthaltsbereiche, die Sie ankreuzen können, auf, wie häufig Ihr Pferd innerhalb eines Tages zwischen verschiedenen Aufenthaltsorten hin und her wechseln kann. Diese Wechsel entsprechen dem Hin- und Herwechseln des Wildpferdes zwischen den verschiedenen Aktionsräumen im Lebensraum Steppe und sind überaus wichtig für das Erhalten eines psychischen Gleichgewichts. Vielleicht müssen Sie umdenken und Ihren Leistungsanspruch gelegentlich hintan stellen, um nachzuvollziehen, daß jedes Verlassen des Stalles, jeder noch so kurze Weg von hier nach dort

Positives Fallbeispiel 1:

Sie haben hin und wieder nur eine knappe Stunde Zeit für Ihr Pferd. Üblicherweise reiten Sie 50 Minuten mit ständigem Blick auf die Armbanduhr und hasten 10 Minuten bei der Vor- und Nachbereitung des Pferdes atemlos umher. Machen Sie es ab heute anders: Freuen Sie sich auf eine geruhsame Freistunde mit Ihrem Partner Pferd! Lassen Sie ihn auf der Stallgasse am Halfter ausgiebig seine Kumpel durch die Gitterstäbe der Boxen begrüßen. Am Führstrick darf es das Vereinsgelände erkunden - lassen Sie ihm Zeit, auch den Trekker, das Sägespänelager und den Parkplatz der Pferdeanhänger zu begutachten. Genießen Sie dann einen gemeinsamen Bummel durchs Dorf - es schadet nicht, wenn Sie sich, wie in Kinderzeiten, dabei ein 'Eis auf die Faust' von der Eisdiele gönnen und Ihrem vierbeinigen Kumpel ein Waffelhörnchen spendieren. Variieren Sie diese Freistunde auf x-beliebige Weise und erleben Sie bewußt und erfreut, wie Sie und Ihr Pferd dabei entspannen...

Prüfschema 2:

Wieviel Abwechslung bieten die Bereiche?

Lebensbereich/ Aufenthaltsort	Grundbedürfnisse S / H / R / Schm / Füh	+ Sozialkontakt	+ Bewegung	= Spaßfaktor Punkte
I. Box				
Gemeinschaftslaufstall				
II. Einzelpaddock				
Gemeinschaftspaddock				
Offenstall				
III. Weide				
IV. Reitplatz				
Longierplatz/Roundpen				
Reithalle				
V. Gelände				

**) Sehen, Hören, Riechen, Schmecken, Fühlen*

Gesamtpunktzahl ________

In jedem Bereich (I. bis V.) lassen sich im Idealfall 70 Punkte erzielen. Alle Bereiche zusammengezählt ergäben 350 Punkte. 0 - 100 Punkte: mangelhaft, 101 - 180 Punkte: ausreichend, 181 - 220 Punkte: befriedigend, 201 - 290 Punkte: gut, 291 - 350 Punkte: sehr gut.

Denkanstöße für die richtige Bewertung:

- Gehen Sie kritisch und analytisch zugleich vor.
- Fragen Sie Bereich für Bereich: Was sieht mein Pferd, was hört mein Pferd... usw. Steht es im Halbdunkel und blickt in der Box auf geschlossene Trennwände, notieren Sie beispielsweise eine 0. Sieht es aus einer Außenbox heraus die Nachbarpferde, schaut aber ansonsten nur auf die gegenüberliegende Gebäuderückwand, beläuft sich der Wert auf etwa 3. Kann es von seinem Stall aus das bunte Treiben eines gut besuchten Reiterhofes und viele Artgenossen sehen, tragen Sie 7 Punkte ein.
- Untersuchen Sie so auch zum Beispiel die herrschenden Lichtverhältnisse in der Reithalle oder im Roundpen. Vielleicht können Sie nur abends reiten? Dann notieren Sie eine niedrige Punktzahl.
- Ähnlich verfahren Sie bei der Beurteilung des Geräuschumfeldes. Pferde mögen laute, schrille Töne ebensowenig wie eine Dauerlärmkulisse (Sägewerk, Industrieanlage, Autobahn). Sie hören aber gern Menschen- und Tierstimmen und zeitweise auch angenehme Musik in Zimmerlautstärke. Vor allem möchten sie die Geräusche einer bestimmten Quelle zuordnen können, um sich sicher zu fühlen.
- Gehen Sie so auch bei der Bewertung der Gerüche vor, denen Ihr Pferd täglich ausgesetzt ist. Ammoniakgeschwängerte Stalluft, Abgase von Verkehrsmitteln usw. verdienen natürlich nur eine 0.
- Prüfen Sie, ob das vorgelegte Futter vielfältig genug ist, um den feinen Geschmackssinn des Pferdes zu befriedigen.
- Überlegen Sie auch, ob der Stall ihm angenehme Körperempfindungen ermöglicht (Fühlen). Kann es auf trockener, sauberer Einstreu seitlich ausgestreckt liegen, sich wälzen, sich scheuern, ohne sich beim Aufstehen zu verletzen?

Unter „Sozialkontakt" gehen Sie ebenso vor:

- Fragen Sie sich, ob Ihr Pferd in der Box Kontakt zu anderen Pferden aufnehmen kann.
- Kein Kontakt bedeutet 0.
- Sicht- und Geruchskontakt durch Gittertrennwände = 1 Punkt.
- Eine 5 verdient die halbhohe Trennwand, die es zwei benachbarten Pferden erlaubt, sich gegenseitig zubeknabbern und ein wenig miteinander zu spielen.

Bei der Bewertung der Spalte „Bewegung" berücksichtigen Sie auch die Gangarten und Tempi, die der jeweilige Bereich dem Pferd erlaubt.

- Die 2,5 x 2,5 m Box verdient keinen Punkt, vergeben Sie eine 0.
- Der Laufstall, der jedem Pferd zumindest die Individualdistanz zugesteht, eine 3.
- Bewegen Sie das Pferd regelmäßig auf dem Longierplatz in allen Gangarten, notieren Sie hier eine 4... usw.

Generell gilt: Geizen Sie mit den hohen Punktzahlen 9 und 10. Vergessen Sie niemals: Diese Punktzahlen stellen absolut artgemäße Bedingungen dar.

dem Pferd ermöglicht, am Umweltgeschehen teilzunehmen und seine Wahrnehmungsorgane einzusetzen, die sonst völlig unterfordert bleiben.

Positives Fallbeispiel 2:

Stehen Sie ein anderes Mal weniger unter Zeitdruck und haben eigentlich vor, eine Dressurlektion zu erarbeiten, dann rufen Sie sich in Erinnerung, daß auch ein erwachsenes, gut trainiertes Pferd sich kaum länger als 20 Minuten auf eine Aufgabe konzentrieren kann. Wechseln Sie daher auch im Rahmen der Arbeit zwischen einzelnen Bereichen hin und her: Zunächst lösen Sie das Pferd durch Bodenarbeit im Roundpen (einem eingefriedeten Longierplatz) oder Picadero (einem 12 x 12 m großen Quadrat). Dann reiten Sie zum Aufwärmen 10 Minuten durch die Felder und schließen erst jetzt 20 Minuten konzentriertes Dressurtraining an. Sie werden sich über die körperliche Fitness und die Arbeitsbereitschaft Ihres Pferdes freuen! Gönnen Sie ihm danach eine kleine Tour im Bummelschritt durch die nahen Felder und eine ausgiebige Wälzorgie auf dem Sandplatz - und seien Sie versichert, daß sich ein so gearbeitetes Pferd stets auf die Kooperation mit Ihnen freuen wird!

Wieviel Abwechslung bieten die einzelnen Bereiche?

Wie Sie bereits erfahren haben, müssen wilde Pferde gut sehen, hören, riechen (wittern), schmecken und fühlen können, um in ihrer Umwelt zu überleben. Ihr Körper ist für die Flucht bestens ausgestattet, verfügt aber auch über ansehnliche Verteidigungswerkzeuge. Prüfschema 2 soll nun untersuchen, ob und wie weit auch Ihr Sport- oder Freizeitpferd seine artspezifischen Bedürfnisse und Verhaltensweisen bei der Arbeit ausleben kann. Weisen Sie jedem Einzelbereich eine Punktzahl zwischen 0 und 10 zu. Eine niedrige Punktzahl bedeutet wenig Abwechslung, eine höhere mehr. Versetzen Sie sich bei der Vergabe der Punktzahlen in die Wahrnehmungs- und Gefühlswelt Ihres Pferdes und ziehen Sie den in der Tabelle auf Seiten 88 bis 96 definierten Idealzustand zu Rate. Je pferdegemäßer das ist, was es im jeweiligen Bereich sehen, hören, riechen, schmecken und fühlen kann, desto höher die zu vergebene Punktzahl. Die sich aus der Addition von Grundbedürfnissen, Sozialkontakt und Bewegung ergebende Summe ist der 'Faktor Spaß', den Sie - nach Ausfüllen sämtlicher Spalten - zum Gesamtspaßfaktor aufaddieren. Bringen Sie den Mut auf, die Vokabel Spaß in einem neuen, gerechteren Licht zu sehen, und Spaß auch Ihrem Partner Pferd zuzubilligen! Spaß ist nichts Frivoles, sondern das einzig wirkliche Maß für echte Lebensfreude und Leistungsbereitschaft!

Strukturieren Sie den Pferdealltag!

Haben Sie im übrigen bemerkt, daß 'Abwechslung' - bezogen auf Ihr Sport- und Freizeitpferd - im weiteren Sinne das Wechseln des Wildpferdes zwischen den verschiedenen Aktionsräumen widerspiegelt? Das Zauberwort für mehr Abwechslung im Pferdealltag heißt 'Struktur'. Der in der lateinischen Sprache wurzelnde Begriff steht für 'Gefüge' und 'Gliederung'. Alles, was den Alltag unterbricht, also aufgliedert und der Arbeit mit dem Pferd neue Akzente verleiht, ist als positiv im Sinne von mehr Artgemäßheit anzusehen. Fürchten Sie nicht gleich große Belastungen und Investitionen! In sämtlichen Aktionsbereichen lassen sich Verbesserungen vornehmen, die meist wenig mehr kosten als Kreativität und ein paar Handgriffe extra. Prüfen Sie, ob Sie aus folgender Liste die eine oder andere Änderung nutzbringend für Ihr Pferd realisieren können:

Auch die Hoffläche vor dem Stallgenäude läßt sich zum Paddock umgestalten.

- Entfernen Sie die Boxentrennwand zwischen zwei befreundeten Pferden. Binden Sie die Pferde bei der Kraftfutterfütterung aber an.
- Investieren Sie beim Stallneubau in mobile Metall-Panele. Sie erlauben den schnellen Auf-, Ab- und Umbau variabler Lauf-, Einzel- und Gemeinschaftslaufställe, je nach Pferdebestand.
- Finden Sie im Hof eine (vielleicht sogar überdachte) Ecke, in der Sie ohne baulichen Großaufwand einen Wälzzirkel aus Sand oder Spänen aufschütten.
- Erfreuen Sie Ihr Pferd mit Scheuergelegenheiten!
- Strukturieren Sie Weiden oder Ausläufe durch Hügel (zum Beispiel aus dem Aushub von Baugruben) und schenken Sie ihnen dadurch Verstecke und erhöhte Liegeplätze. Das Klettern trainiert zudem den Bewegungsapparat.
- Statten Sie den Paddock oder Reitplatz mit Spielsachen aus (Hüpfbälle, Stangen, Autoreifen, Horseballs).
- Legen Sie auf Koppeln mit Elektrobreitbändern circa drei Meter breite 'Straßen' an, die zum Herumlaufen motivieren.
- Kostenaufwendig, aber langfristig nutzbar ist die 'Doppeleinfriedung' einer großen ebenen Koppel. Dadurch entsteht ein zusätzlicher Reitrundkurs, der sich im Winter durchaus auch als Auslauf nutzen läßt
- Interessant ist auch die Anlage eines Roundpens oder Picaderos innerhalb einer großen ebenen Koppel. Arbeiten Sie hier jeweils ein Pferd, während die anderen zuschauen.

Zu guter Letzt...

Sie haben nun eine gehörige Portion Wissen über normales und auffälliges Verhalten erfahren. So spannend es in diesem Zusammenhang ist, vor allem der Pferdepsyche besondere Aufmerksamkeit zu schen-

Schaffen Sie möglichst Gegebenheiten, die Ihrem Pferd die freie, ungezwungene Bewegung ermöglichen.

Je sensibler Sie Körper und Seele Ihres Pferdes im Auge behalten, desto eher können Sie Störungen im Keim ersticken.

ken, so groß ist auch die Gefahr, körperliche Auslöser für bestimmte Verhaltensweisen zu übersehen.

Schließen Sie daher eine unerkannte Krankheit nicht aus und ziehen Sie stets auch den Tierarzt Ihres Vertrauens zu Rate, ehe Sie sich 'nur' der Verbesserung der Lebensbereiche zuwenden oder im psychischen Bereich forschen. Manche Auffälligkeit kann ein Hinweis auf eine Krankheit sein, die erkannt, behandelt und/oder deren Ausbruch vorgebeugt werden muß.

Ein vormals immer freundliches Pferd, das plötzlich bei Berührungen zu schnappen beginnt, mag damit seinen Besitzer auf Schmerzempfindungen aufmerksam machen. Vielleicht leidet es unter einem Abzeß an Zunge oder Gaumen, einer Zahnwurzelvereiterung oder einer - auf den ersten Blick nicht ersichtlichen - Entzündung irgendwo an seinem Körper? Machen Sie daher

- die Grunduntersuchung des Pferdekörpers und der Bewegungsmechanik,
- die genaue Untersuchung der gesamten Ausrüstung des Pferdes sowie
- die penible Einhaltung vorbeugender Maßnahmen (Schutzimpfungen, Wurmkuren, Kontrolle des Beschlages) als auch
- unfallverhütende Maßnahmen

zum Bestandteil Ihres Routineprogramms im Umgang mit dem Pferd.

VERHALTENSBEREICH	IDEALZUSTAND	IST-ZUSTAND	MÖGLICHE AUSWIRKUNG	SYMPTOME
NAHRUNGSAUFNAHME	• Weidegang auf extensiv genutzten Weiden • pferdegemäße Grünlandnarbe aus Gräsern, Leguminosen (Kleearten), Kräutern, dazu Blätter und Rinde (von ungiftigen heimischen Gehölzen) • langsames Fressen im individuellen Tempo • ausreichende Anzahl von Kauschlägen • Aufnahme von jeweils kleinen Nahrungsportionen, dem Magenvolumen entsprechend • Vorwärtsbewegung im geruhsamen Weideschritt • Nahrungsaufnahme vom Boden • freie Wahl zwischen den Pflanzenarten gemäß dem individuellen Bedürfnis (selektives Fressen) • ungehinderter, vom Artgenossen nicht verwehrter Zugang zur Nahrung • bei Auslaufhaltung Nahrungsaufnahme ohne Futterneid in Einzelfreßständen • bei Haltung im Laufstall oder Offenstall gegebenenfalls computergestützte	• 1 - 2 x pro Tag (häufig zu große Portionen) Kraftfutter • einseitige Nahrungszusammensetzung • zu gering bemessene, u.U. qualitativ nicht hochwertige Rauhfuttergaben • schnelles hastiges Fressen aufgrund von Hungergefühl und Futterneid • unzureichende Anzahl von Kauschlägen • zu große Nahrungsportionen • Fressen im Stehen statt im Laufen • Nahrungsaufnahme aus der Krippe oder der in Augenhöhe angebrachten Raufe • keine freie Wahl zwischen einer Vielfalt von Futtermitteln (selektives Fressen unmöglich) (ähnliche Situation bei zu knapp bemessenen Weiden und reiner Stall + Paddock-Haltung) • erschwerter Zugang zur Futterquelle durch futterneidische Artgenossen	**Körperlich:** • Abmagerung oder Fettsucht je nach Umfang der Futterrationen • Erkrankungen aufgrund falscher Futterzusammensetzung, zu hastigem Fressen, falsch bemessener Rationen (auch im Verbindung mit Bewegungsmangel), z.B. Kolik, Kreuzverschlag, Hufrehe, Mangelerscheinungen usw. • Erkrankungen aufgrund von Aufnahme von Sand vom Paddockboden oder restlos abgenagter Weide (Sandkolik) Schlundverstopfung durch zu hastiges Abschlucken • Muskelverspannungen durch Fehlhaltung • Augen-/Lidrandentzündungen durch Heustaubpartikel, die aus der Hochraufe fallen • Heustauballergie • bei Gruppenhaltung Verletzung durch Futterneidreaktionen **Psychisch:** • Aggressivität durch Futterneid • Krippensetzen	**Körperlich:** • Gewichtsverlust • unerwünschte Gewichtszunahme • Unruhe, häufiges Hinlegen und Aufstehen, Wälzversuche, Scharren, nach dem Bauch- Sehen oder Schlagen, Nahrungsaufnahmeverweigerung • Versteifung im Lendenbereich • Symptome wie Kolik (s.o.) • Husten, Röcheln, Würgebewegungen und Auswürgen von Schleim und Futterresten, Apathie Nahrungsverweigerung • lange Lösungsphasen beim Reiten, Sattelzwang • Lidränder geschwollen, gerötet, geschlossen, Bindehaut rot bis eitrig • Husten, gerötete Schleimhäute, Nasenausfluß Verletzungen, Lahmheiten durch futterneidische Artgenossen • wiederholtes Aufsetzen der Zähne auf dem Krippenrand auf stoisch-ritualisierte Weise (Nachahmung des Abrupfens der Futterpflanzen)

	Futterzuweisung für ausgewogene Futterportionen und Nahrungsaufnahme ohne Futterneid		• Koppen • Scharren • Gegen die Wand-Schlagen • Lecken	• Aufsetzen auf allen möglichen (querliegenden) Gegenständen, dazu Abschlucken von Luft (Nachahmung des Grasens als Versuch, der Langeweile zu entkommen, suchtvolles Suchen des Gefühls der Sättigung) Herumscharren und -suchen in Einstreu und Rauhfutter (Ersatzbefriedigung, da Weideschritt unmöglich und Futtervielfalt nicht vorhanden) Wiederholtes, rhythmisches Treten gegen Stalltür und -wand (Fehlen des Weidegangs, unbefriedigtes Bedürfnis nach Futteraufnahme, Ersatz für fehlende Beschäftigung) stundenlanges Belecken von Boxenwänden und Stäben (Fehlen der oralen Befriedigung beim Freß- und Abschluckvorgang, Ersatz für fehlende Beschäftigung)

VERHALTENSBEREICH	IDEALZUSTAND	IST-ZUSTAND	MÖGLICHE AUSWIRKUNG	SYMPTOME
BEWEGUNG Kreislaufsystems und des	• freie Wahl von Gangarten und Tempi im Freigang mit Artgenossen auf großen Weide- und/oder Auslaufflächen zum Training des gesamten Bewegungsapparates, des verhindern Herz-Lungen-Volumens • Laufen über unterschiedliche Böden zum Training der Gliedmaßen und Erzielung von Balance und Trittsicherheit und zur Förderung des gesunden Hufmechanismus • Spielen und Rangeln zum Aufbau von Kraft und Körperbewußtsein • geruhsames Bummeln zur körperlichen und seelischen Entspannung • Wälzen zur Körpererfahrung und -pflege	• relative Bewegungslosigkeit in der Box • zu geringe Abmessungen im Paddock • Bodenverhältnisse (im Auslauf), die schnelle Gangarten und Tempi • Verspannungen • Fehlen von Artgenossen zum Spielen und Rangeln punktuelle Belastung einzelner Gliedmaßen • Stehen in nasser Einstreu • Verzicht auf Wälzen wegen zu geringer Abmessungen oder ungeeignetem Boden	**Körperlich:** • Erkrankungen des Bewegungsapparates • Huferkrankungen • Atemwegserkrankungen • Herz-Kreislauf-Erkrankungen • Konditionsabfall • Sattelzwang/Gurtzwang **Psychisch:** • Scheuneigung • Neigung zum Bocken • Neigung zum Durchgehen • Weben • Kreiswandern	**Körperlich:** • Neigung zu Gliedmaßenschwellungen • Lahmheiten aller Art • Strahlfäule • zu hohe Puls-Atem-Werte • lange Lösephasen **Psychisch** • Überreaktion auf Umweltreize • Bocken bei neuen oder ungeliebten Lektionen, Gangarten- und Tempiwechseln im Gelände • Pullen allein/in der Gruppe • Durchgehen bei nichtigen Scheuauslösern • Durchgehen beim Galopp in der Gruppe • beim Weben Spreizen der Vorderbeine und Gewichtsverlagerung von einem auf das andere Bein (stundenlang, bei manchen Pferden auch mit Anheben der Hufe) • beim Kreiswandern stereotype Kreise in der Box, Verursachen von Unruhe im Stall, Zerstörung der Einstreu, Ungenießbarmachen des Rauhfutters (weiteres Resultat: Erschöpfung durch fehlende Liegephasen)

RUHE/SCHLAFEN	• Dösen im Stehen in der Gruppe der Artgenossen (im Sommer an schattigen Plätzen) • Ruhen (Kopf auf Vorderbeinen), bewacht von Artgenossen • Schlafen (Tiefschlaf in entspannter Seitenlage) auf leicht erhöhten, trockenen (im Sommer warmen, windigen aber zugfreien) Plätzen; im Winter auf erhöht liegenden, eher windgeschützten Plätzen	• Dösen einzeln in der Box oder im Einzelpaddock meist ohne Wahlmöglichkeit zwischen Sonne oder Schatten • Ruhen auf feuchter Einstreu (verkürzte Liegephase durch Bodennässe und/oder Unruhe im Stall) • häufig Verzicht auf Tiefschlaf in Seitenlage wegen zu knapper Abmessungen in der Box, oder verkürzte Tiefschlafphase wegen nasser Einstreu und 'Kaltluftseen' über dem tiefergelegten Boxenboden	**Körperlich:** • Erkältungskrankheiten durch Zugluft • Harnweginfektionen bei fehlender Isolation gegen Bodenkälte • Begünstigung rheumatischer Erkrankungen (Arthritis) • Allgemeiner Leistungsabfall durch verkürzte Regenerationsphasen • Erschöpfung bei Verminderung der Ruhepausen nach Hochleistungsanspruch **Psychisch:** • Unruhe • Konzentrationsmangel • Widersetzlichkeit • Scheuneigung • reduzierte Streßschwelle • Durchgehen	**Körperlich:** • Husten, Nasenausfluß, erhöhte Puls-Atem-Werte, Anstieg der Körpertemperatur • Fieber, trüb-dunkler bis schwarzbrauner Harn, Harnverhalten • Druckschmerzen im Lendenbereich • Nicken im Schritt, klammer Gang, Lahmheiten, Verdickungen der Gelenke häufiges, schnelles Schwitzen auch bei wenig körperlicher Anstrengung • Nachlassen des Vorwärtsdranges • Taktunreinheiten • Springfehler, häufiges Verweigern • Stolpern **Psychisch:** • Hochwerfen des Kopfes gegen den Zügel gehen • Ungehorsam bis zum Steigen bei schwierigen Lektionen • Beißen/Ausschlagen bei nichtigen Auslösern • Aggressivität gegenüber Mensch und Artgenossen • hysterische Reaktion auf nichtige Wahrnehmungsreize

VERHALTENSBEREICH	IDEALZUSTAND	IST-ZUSTAND	MÖGLICHE AUSWIRKUNG	SYMPTOME
SOZIALVERHALTEN	• durchgängige Einbindung in eine feste Gruppe, die dem Wildbahnverband ähnelt • 1. Gruppenalternative: ein Hengst/Wallach plus mehrere befreundete Stuten bzw. Stuten und Fohlen • 2. Gruppenalternative: ausschließlich Stuten (gerade Zahl) • 3. Gruppenalternative: ausschließlich Wallache (gerade Zahl) Die 4. und 5., häufig anzutreffenden Gruppenalternativen - mehrere Wallache und mehrere Stuten oder mehrere Wallache und eine Stute - bergen größere Verletzungsgefahren durch Rangordnungskämpfe *(siehe Verhaltensbereich Fortpflanzung)* • große Weide-/Auslaufflächen, die es jedem Pferd ermöglichen, die individuelle Fluchtdistanz des Artgenossen zu respektieren *(siehe Infokasten Individualdistanz/Fluchtdistanz)* • bei Auslaufhaltung getrennte Freß-, Ruhe- und Laufbereiche	• Einzelhaltung in der geschlossenen Box ohne Körperkontakt zum Artgenossen • Haltung in Einzelpaddocks mit der Möglichkeit der Kontaktaufnahme nur über den Paddockzaun hinweg • Gruppenhaltung in zu engen Paddocks ohne Ausweichmöglichkeit • Gruppenhaltung auf abgeweideten Koppeln oder Sandausläufen ohne sonstige Beschäftigungsmöglichkeit falsche Gruppenzusammensetzung • zu häufiger Wechsel der Gruppenzusammensetzung durch Herauslösen vertrauter und Einbinden neuer Pferde	**Körperlich:** • verminderte Verletzungsgefahr, solange die Einzelhaltung besteht • erhöhte Verletzungsgefahr, wenn ein sozial untrainiertes Pferd in einer Gruppe eingebunden wird • Abbau von Kondition (falls Training nicht entsprechend erhöht wird) • Verletzungen durch Rangordnungskämpfe • Koliken durch Aufnahme von Sand oder Wurzeln mit Sand bei Unterbeschäftigung **Psychisch:** • Langeweile • Resignation • verminderte Arbeitslust • Abbau der Konzentrationsfähigkeit • Aggressivität • Minderung des Lernvermögens	**Körperlich:** • wie unter Verhaltensbereich 'Bewegung' • offene Wunden, Frakturen (Knochenbrüche), Fissuren (Knochenrisse), Quetschungen usw. bei späterer Einbindung in Gruppe • dito bei falscher Gruppenzusammensetzung • dito - vor allem Stich- und Schnittwunden durch Zaunanlagen - bei zu engen Abmessungen und falscher Gruppenzusammensetzung • Koliksymptome *(siehe Verhaltensbereich Nahrungsaufnahme)* **Psychisch:** • siehe Weben • siehe Koppen • siehe Krippenaufsetzen • siehe Kreiswandern • Beißen • Ausschlagen • Unwilligkeit bei der Arbeit unterm Sattel • Verweigerung oder Widersetzlichkeit bei neuen oder schwierigen Lektionen

KOMFORTVERHALTEN	• Aufenthalt im Freien, gern an windausgesetzten Stellen (es werden sowohl hohe als auch tiefe Temperaturen, ebenso - durch die sogenannte Thermoregulation - große Temperaturschwankungen verkraftet) • Toleranzbreite gegenüber unterschiedlich hoher Luftfeuchtigkeit (im Freien, nicht jedoch im Stall) • natürliche Lichtverhältnisse (ausgesprochen hohes Lichtbedürfnis für Gesunderhaltung, Wohlbefinden, Leistungsfähigkeit und Fruchtbarkeit) • trockene, saubere und erhöhte windumspielte Liegeflächen • trockene, sandige Wälzplätze • Scheuergelegenheiten (an Bäumen und Gehölzen)	• Aufenthalt im geschlossenen Stall ohne Klimareize • im Winter zu warmer Stall • Haltung bei zu hoher Luftfeuchtigkeit (über 80 Prozent), die die Vermehrung von Krankheitserregern, Schimmelpilzen und Parasiten fördert • Haltung bei zu trockener Luft (unter 60 %), die Staubbildung begünstigt und Schleimhäute reizt • Schadgaskonzentration in der Stalluft durch Ammoniakgas (entsteht bei Mangel an Stallhygiene) • fehlende Luftbewegung, stattdessen Zugluft als kleinflächiger, nicht auszugleichender Kältereiz • Fehlen von Licht, Haltung im dunklen Stall • feuchte Einstreu, daher verkürzte Liegezeit • Fehlen von Wälzgelegenheiten • Fehlen von Scheuergelegenheiten	**Körperlich:** • Nachlassen der Widerstandskraft durch fehlende Temperaturreize • Herz-Kreislauf-Erkrankungen bei zu hoher Luftfeuchtigkeit • Hauterkrankungen, Befall mit Parasiten • erhöhte Infektionsgefahr durch Krankheitserreger in feuchtwarmer Stalluft • Allergieerkrankungen durch Allergene, die bei zu trockener Stalluft an den Staubteilen haften • Reizung der Schleimhäute der Atemwege durch zu trockene Stalluft • Schwere Atemwegserkrankungen durch ammoniakgasbelastete Stalluft • Erkältungen/Infektionen durch von Zugluft verursachter Kälte • Harnweginfektionen durch feuchtkalte Einstreu • Strahlfäule, Huferkrankungen durch mangelnde Stallhygiene, feuchte Einstreu • hormonelle Störungen. Unfruchtbarkeit durch Lichtmangel • allgemeines Nachlassen der Widerstandskraft durch verkürzte Liege/Schlafphasen *(siehe auch Verhaltensbereich Ruhen/Schlafen)*	**Körperlich:** • Nasenausfluß, Niesen, Hüsteln, Katarrhe, Infektionen, erhöhte Körpertemperatur, Fieber • erhöhte Puls-Atem-Werte, Atemnot, Kreislaufbeschwerden, Leistungsabfall • Hautirritationen, Haarausfall, trockene, nässende, schuppende Ekzeme, Juckreiz • Bindehautentzündungen, tränende Augen, Nasenausfluß, ständiges Hüsteln, Schluckbeschwerden, Haut-, Schleimhautreizungen durch Allergene • Husten, Fieber, schwere Störung des Allgemeinbefindens, Futterverweigerung • schwarzroter Harn, Harnstrahl ungleichmäßig, schmerzhaftes Harnverhalten, Empfindlichkeit im Nierenbereich, gestörte Wasseraufnahme, Futterverweigerung • fauliger Strahl, weiches, unangenehm riechendes Hufhorn • Dauerrosse, Hysterie, unerwarteter Leistungsabfall • häufiges Kränkeln

VERHALTENSBEREICH	IDEALZUSTAND	IST-ZUSTAND	MÖGLICHE AUSWIRKUNG	SYMPTOME
		Psychisch: • Nervosität, niedrigere Reizschwelle durch Fehlen von Klimareizen • dito, Unruhe durch Einschränkung der Sauerstoffaufnahme bei Atemwegserkrankungen • Phlegma durch Fehlen von natürlichem Licht und dadurch verursachten hormonellen Störungen • Hysterie - wie unter Phlegma • Reizbarkeit durch verkürzte Schlafphasen • Unruhe, weil Juckreiz nicht befriedigt werden kann	**Psychisch:** • ängstliches Scheuen vor nichtigen Auslösern, • Neigung zu Aggressivität, Menschen und Artgenossen oder anderen Tieren gegenüber • Hochreißen des Kopfes, gegen den Zügel gehen, Hektik unterm Sattel • Nachlassen der Konzentrationsfähigkeit, Lernfähigkeit reduziert • Gegen den Zügel gehen, Pullen, Abwehrverhalten beim Reiten • Bocken und Steigen als Ausdruck eines unangenehmen Körpergefühls	
FORTPFLANZUNG	• Leben im natürlichen Herdenverband • mit der Stutenherde freilaufender Hengst • natürliches Paarungsritual • Paarung zur Zeit der höchsten geschlechtlichen Aktivität (lichtabhängig!) zwischen April bis August • Bestimmen des Zeitpunkts für den Deckakt durch die Stute	• artungemäße Haltungsformen • Einzelhaltung des Hengstes • Einzelhaltung der Stute • Verwehren des Paarungsrituals • Fesseln der Stute ('Spannen') beim Deckakt (um Hengst vor Hufschlägen zu schützen) • willkürliche Bestimmung des Paarungszeitpunktes (häufig Jahresanfang)	**Körperlich:** • mangelnde Robustheit • zu geringe Fruchtbarkeit beim Hengst • gelegentlich mangelnde Samenqualität • Unfähigkeit zur Empfängnis bei der Stute • Unfruchtbarkeit durch (oft unerkannte) Gebärmutter-infektionen	**Körperlich:** • Neigung zu Katarrhen, Infektionen mit oder ohne Anstieg der Körpertemperatur • kein Samenerguß beim Deckakt • geringe Befruchtungs-ergebnisse • Verletzungen an der Schleimhaut der Eichel durch Schweifhaare

	• passendes Größenverhältnis zwischen Hengst und Stute • gesunde Fruchtbarkeit beim Hengst • Befruchtungsergebnisse mindestens 70 %, möglichst mehr) • hervorragende Samenqualität • Empfängnisfähigkeit der Stute • keine Gebärmutterinfektionen • Austragen der lebensfähigen Frucht • natürliche Geburt ohne künstliche Einleitung • normale Lage des Fohlens • keine Mißbildungen des Fohlens • keine Geburtsschäden der Stute	• zu großer Hengst auf zu kleiner Stute	• Unfruchtbarkeit durch hormonale Störungen (verursacht durch Lichtmangel) • Biß- und Schlagverletzungen beim erzwungenen Deckakt • Verletzungen der Fesselbeuge beim Spannen der Stute • Verletzungen des Penis beim stürmischen Deckakt • Verletzungen der Scheide beim erzwungenen Deckakt • Abstoßen der nicht lebensfähigen Frucht vor dem 300. Trächtigkeitstag • Aborte durch Infektionen • Aborte durch Haltungseinflüsse • Aborte durch äußere Einwirkungen • künstliche Geburtseinleitung aus Bequemlichkeit • Totgeburten durch Lagefehler • Mißbildungen des Fohlen • Geburtsschäden bei der Stute • Fohlenerkrankungen **Psychisch:** • Aggressivität beim Hengst • Angst bei der Stute • Frustration, Unzufriedenheit durch fehlendes Paarungsritual • Schmerzempfindungen bei Verletzungen • Frustration und Resignation bei unbehandelten hormonalen Störungen • Hysterie dito	• Teilnahmslosigkeit der Stute nach dem Deckakt (z.B. durch Scheidendurchstoß) • Frühaborte (um den 150. Tag etwa 20 cm groß) • Aborte von Zwillingsträchtigkeiten • Einsetzen der Milchproduktion Tage oder Wochen vor dem Verfohlen • Ausfluß aus der Scham nach dem Abort • Nachgeburtsverhalten nach dem Verfohlen • Notwendigkeit einer Korrektur der Fohlenlage bei Fehllagen • Schnittentbindung erforderlich (selten) • Fohlenmißbildungen (Wasserkopf, Wassersucht, Gliedmaßenverkrümmungen und weiteres) • Dammeinriß bei Erstgebärenden • Dammeinriß bei Schwergeburten und stoßartigen Geburtswehen • dito bei fehlerhafter Geburtshilfe • Beckenbruch durch zu große Fohlen (zu großer Hengst!) • Vorfall von Blase oder Mastdarm • Gebärmuttervorfall • Geburtsrehe • Gebärmutterentzündung

VERHALTENSBEREICH	IDEALZUSTAND	IST-ZUSTAND	MÖGLICHE AUSWIRKUNG	SYMPTOME
AUSSCHEIDUNG	• räumlich unbegrenztes Territorium • Misten alle drei bis vier Stunden • Ausscheidungsverhalten bei Stuten recht wahllos, jedoch nie auf direkte Futterplätze • Wallache misten erneut in vorhandene Dungstellen • Hengste misten auf eigene Haufen (oder - zur Markierung - auf Haufen fremder Pferde) • Strahlen bei Stuten und Wallachen bevorzugt auf weichem Untergrund • Strahlen bei Hengsten auf Stutenhaufen und -urin • Interesse am Mist und Urin der Artgenossen ('Lesen' chemischer Botschaften)	• räumlich eingegrenztes Territorium, meist enge (Weideparzelle, Paddock) bis sehr enge (Boxenstall) Abmessungen • Koten und Strahlen in direkter Nähe zum Futterplatz • keine Ausweichmöglichkeit bei Erschöpfung, Zwang, sich in den eigenen Ausscheidungen niederzulegen • selten Möglichkeit, Mist und Urin anderer Pferde als „Pferde-Post" zu lesen	• durch Berührung mit Kot und Urin begünstigte Erkrankungen wie: • Parasiten (vor allem starker Wurmbefall) • Hauterkrankungen verschiedener Art • Strahlfäule • Atemwegserkrankungen durch Schadgaskonzentration im Pferdemist •	**Körperlich:** • Wurmeier im Kot (durch Untersuchung feststellbar) • Gewichtsverlust • kahle Stellen im Afterbereich • Juckreiz • Hautirritationen bis hin zu offenen, nässenden Wunden • fauliges, schlecht riechendes Hufhorn • Husten, Ausfluß aus Nase und Augen **Psychisch:** • Leistungsabfall • Konditionsverlust • Verlust der Arbeitsfreude

Kapitel 8 – Lebensabschnitte:

Jung - erwachsen - alt

Ein Fohlen wird geboren - irgendwo auf der Welt und vielleicht sogar in diesem Augenblick. Das Entstehen eines neuen Lebewesens, seine Geburt und sein Heranwachsen wird immer eines der größten Wunder bleiben.

Diesem Leben Achtung zu erweisen - von seinem Anfang bis zu seinem Ende, also von frühester Jugend bis ins hohe Alter hinein - gehört zu den höchsten moralischen Pflichten des Menschen. Sie haben sich für den Besitz eines Pferdes entschieden und übernehmen damit eine große Verantwortung. Manchmal, aber nicht immer, werden Sie zurückverfolgen können, wo und unter welchen Umständen Ihr Pferd geboren wurde, wie es seine Saugfohlenzeit verbrachte, wo es als Jungpferd heranwuchs und auf welche Weise es angeritten wurde. Wenn Sie ein erwachsenes Pferd besitzen, werden Sie vermutlich die Meinung vertreten, es sei nunmehr wichtig, *jetzt* das Beste für Ihr Pferd zu tun, um sein Befinden zu erhalten oder zu verbessern. Das ist sehr klug, denn damit legen Sie den Grundstein für eine lange Lebenserwartung bei hoher Lebensqualität.

Doch auch wenn Sie auf den nächsten Seiten dieses Kapitels nun eine gehörige Portion Fachwissen - zum Teil in tabellarischer, zum Teil in stichwortartiger Form - präsentiert bekommen und die Lektüre beim ersten Überfliegen als 'zu trocken' empfinden, sollten Sie weiterlesen... oder sich in die Informationskästen mit Praxisratschlägen und Basiswissen sozusagen häppchenweise, wann immer Sie Lust verspüren, vertiefen. Insgesamt soll diese geballte Ladung an Einzelthemen Ih-

Jung neben alt - auch bei Pferden vollziehen sich die Übergänge zwischen den Lebensabschnitten fließend.

Höchste Sauberkeit in der Abfohlbox beugt Krankheiten vor.

nen einen Überblick über die besonderen Ansprüche des Pferdes in seinen verschiedenen Lebensabschnitten verschaffen. Dieses Wissen kann Ihnen helfen, eventuell eines Tages auftretende Störungen im Wohlbefinden Ihres Pferdes nicht nur im direkten Umfeld zu suchen, sondern auch in Zusammenhang mit möglichen Einflüssen zu bringen, denen es in seiner Fohlenzeit oder als Jungpferd ausgesetzt war. Vielleicht wollen Sie auch eines Tages ein jüngeres Pferd hinzukaufen, wenn sich Ihr Partner oder Ihre Kinder für den Pferdesport interessieren oder Sie Ihren zum Methusalem ergrauten Kameraden ein wenig schonen möchten. Denken Sie immer daran: Wissen ist Macht! Und es ist Ihre 'Macht', die über ein glückliches oder weniger glückliches Pferdeleben entscheidet.

Der Lebenszyklus

Bevor Sie sich in diesen Überblick vertiefen, führen Sie sich vor Augen, daß alles Leben auf unserem Planeten von gewaltigen Zeitmustern bestimmt wird und in Zyklen abläuft.

Das Wort Zyklus hat seinen Ursprung im griechischen 'kyklos' (der Kreis) und drückt aus, daß in einem allgemeinen Kreislauf alles regelmäßig wiederkehrt. Bei Mensch, Tier und Pflanze sprechen wir gern vom 'Kreis des Lebens' und zeichnen vor unserem geistigen Auge das Bild eines Geschöpfes, das entsteht, heranwächst und seinen Höhepunkt - die Reifezeit - erreicht. Dann läßt seine Kraft allmählich nach und es geht einem sanften Ende entgegen. Natürlich tickt die 'Große Uhr' für jedes Lebewesen in einem anderen Takt. Für die Eintagsfliege vollzieht sich der Lebenskreis in einem einzigen Tag, für uns Menschen in durchschnittlich 75 Jahren, und unsere Pferde durchschreiten den Zyklus in etwa 25 Jahren.

Kindheit, Jugend, Erwachsensein, Alter und Greisentum sind Bezeichnungen für Lebensabschnitte, die sich auch auf das Pferd übertragen lassen. Die Übergänge zwischen den Abschnitten sind fließend.

In den einzelnen Lebensabschnitten stellt das Pferd besondere Ansprüche an den Halter - in Bezug auf die Bedingungen der Haltungsform, der Pflege, Fütterung und Beschäftigung. Beschäftigung heißt in diesem Zusammenhang die ganze Palette vom spielerischen Umgang über die Grundausbildung zum Aufbautraining hin zum Einsatz in Breiten- und Leistungssport. Der folgende Überblick listet nicht nur die Besonderheiten des jeweiligen Lebensalters, sondern auch Empfehlungen für die einzelnen Lebensbereiche auf. Falls die Mißachtung der jeweiligen Empfehlung negative Auswirkungen haben kann, sind diese in *Kursivschrift* in Klammern direkt dahinter aufgelistet.

Das Saugfohlen

Allgemeines

Die artgemäße und individuell auf das Tier abgestimmte Fohlenaufzucht schafft die beste Grundlage für das spätere Befinden des Pferdes, für die Dauer seines Einsatzes im Pferdesport und für seine Gesamtlebenserwartung. Seriöse, qualifiziert geführte Gestüte bieten hierfür meistens bessere Voraussetzungen als die nur aus Liebhaberei privat betriebene Hobbyzucht.

HALTUNG

Empfehlung:

- großer Abfohlstall 6 x 6 m, Innenflächen ohne vorspringende Teile, feste Wände *(wenn nicht, dann Verletzungen aller Art möglich)*
- Sauberkeit des Stalles durch Desinfektion; Desinfektion aller Wassereimer, Tröge und Gitter *(wenn nicht, dann bakterielle Infektionen möglich)*
- saubere, staubfreie und saugfähige Einstreu aus Weizen- oder Roggenstroh (andere Einstreumaterialien, auch Abfallprodukte aus der Holzverarbeitung sind ungeeignet für neugeborene Fohlen) *(sonst Reizungen der Augen-, Nasen-, Genital- und Nabelmembranen, Erkältungskrankheiten durch fehlende Polsterung und Wärme möglich).*
- Fohlenauslauf nach drei Tagen für sieben bis zehn Tage allein mit der Mutterstute in einem gut eingezäunten Auslauf mit frischem Grasbestand *(sonst Verletzungen bei der Abwehr neugieriger Herdenkameraden, Wurminfektion bei abgegraster, verseuchter Fläche möglich)*
- (zunächst nur stundenweiser) Weidegang in Mutterstutenherde auf verletzungssicherer, gepflegter Weide, nicht bei extremen Temperaturen, Nässe und Schnee. Liegemöglichkeit auf geschützter sauberer Liegefläche *(wenn nicht, dann Erkrankungen begünstigt durch Übermüdung, Durchnässung, Unterkühlung oder Überhitzung möglich).*

GESUNDHEIT

Empfehlung:

- Routinemäßige Impfung der Zuchtstute gegen Tetanus, Tollwut, Influenza und Rhinopneumonitis vor dem Deckakt, nach Absprache mit dem Tierarzt Auffrischung des Impfschutzes während der Tragzeit vor dem Abfohlen. Durch das Kolostrum (die erste Milch der Stute) erhält das Fohlen vitale passive Antikörper gegen die Krankheiten *(wenn nicht, stark erhöhte Infektionsgefahr).*
- mit dem Tierarzt abgestimmtes Entwurmungsprogramm ab dem 7. Lebenstag (dreimal in einwöchigem Abstand, dann alle acht Wochen), *(wenn nicht, dann respiratorische Probleme = Husten, ggf. mit Lungenentzündung, Minderung der Wüchsigkeit, Untergewicht, Nachlassen der Widerstandskraft gegen Krankheiten, schlechter Allgemeinzustand mit tränenden Augen, Appetitlosigkeit, struppiges Fell, Apathie)*
- vorbeugende Impfungen nach Absprache mit dem Tierarzt wie Tetanus-Antitoxin bei der Geburt, Grundimmunisierung zwischen dem 4. und 5. Monat, da vorher keine Antikörperbildung *(wenn nicht, dann die genannten Erkrankungen, Epidemien, Lungenentzündung, Blutvergiftung möglich)*

- tägliche Kontrolle des gesamten Fohlenbestandes
- regelmäßige Kontrolle der Hufe und Rundung der Zehe
- frühzeitiges Erkennen und Korrigieren von Bein- und Hufverstellungen (*Sonst ist später eine Beeinträchtigung der Bewegungsmechanik möglich.)*

ERNÄHRUNG

Empfehlung:

- nahrhaftes und ausgewogenes Futter, bestehend aus natürlich gewachsenen Futtermitteln und Rauhfutter (ob ein einfacher oder mineralisierter Salzleckstein zur Verfügung stehen soll oder nicht wird kontrovers diskutiert. Amerikanische Züchter sagen ja, viele deutsche nein. Grund: Die permanente Kochsalzquelle kann starke Durchfälle auslösen).
- Vermeiden von Überfütterung durch Überversorgung mit Vitaminen und Mineralstoffen, sogenannten Fohlenstartern und speziellen Aufzuchtfuttermischungen *(sonst Wachstumsstörungen durch sogenannten Schnellwuchs mit Gelenkverdickungen, Entzündungen der Epiphysen = Knochenenden, Verkrüppelungen der Sehnen, wenn die Knochen schneller wachsen als die Sehnen, möglich)*

BESCHÄFTIGUNG

Empfehlung:

- Halftergewöhnung zwischen der ersten Woche und zehn Tagen
- allmähliche Gewöhnung ans Geführtwerden

Basiswissen zum Thema Wurmbefall

Zu den am häufigsten beim Pferd vorkommenden Wurmarten zählen:

- der Blut- oder Palisadenwurm (Strongylus)
- Trichomonaden (Trichonema)
- Spulwurm (Ascaris)
- Bandwurm (Anoplocephala)
- Lungenwurm (Dictyocaulus)
- Pfriemenschwanz (Oxyuren)
- Magendasselfliege (Gasterophilus) *(kein Wurm, sondern eine Fliegenart, deren Larven sich im Pferdemagen entwickeln)*

Alle Wurmarten lassen sich gezielt bekämpfen. Je nach eingesetztem Mittel

- wird entweder bereits das Entstehen der Larven verhindert, oder
- es werden Larven und Würmer abgetötet.

Symptome für den Wurmbefall sind *nicht immer* sofort erkennbar. Im allgemeinen verursachen sie

- ein Nachlassen der Kondition,
- (bei starkem Befall) Gewichtsverlust,
- Blutarmut,
- schlechten Allgemeinzustand,
- Koliken.

Wurmbefall kann (allerdings nicht bei allen Wurmarten) diagnostiziert werden

- durch Untersuchung des Kots auf Wurmeier.
- Gegen nicht feststellbare Wurmarten werden Medikamente prophylaktisch (vorsorglich) verabreicht.

Wurmkuren werden - mit wechselnden Mitteln (Pasten oder Pellets) - nach Absprache mit dem Tierarzt gegeben:

- beim Saugfohlen ab dem 7. Lebenstag dreimal in einwöchigem Abstand, dann alle acht Wochen
- beim erwachsenen Pferd mindestens viermal pro Jahr
- bei Weidegang auch alle sechs bis acht Wochen.

Praxisinformation zum Thema Heu

- Heu ist der übergeordnete Begriff für alle Arten von getrockneten Gräsern oder Leguminosen (Kleearten) verschiedener Qualität.
- Gutes Heu zählt zu den wichtigsten Pferdefuttermitteln.
- Die Qualitätsbandbreite reicht vom sattgrünen, blattreichen Leguminoseheu mit hohem Nährwert bis zu den braunen oder farblosen Stengeln von Wiesengras ohne nennenswerten Nährwert.
- Der Nährstoffgehalt hängt nicht nur von der Art der Pflanze ab, sondern vom Zeitpunkt der Gewinnung, also auch vom Alter der Pflanze.
- 'Unreifes' Gras liefert sehr eiweißreiches und nährstoffreiches Heu.
- Reifes Gras mit bereits blassem oder gar verholztem Stengel hat verminderten Nährwert und ist weniger gut verdaulich.

Gutes Pferdeheu ist

1. je nach Erntezeitpunkt blattreich und stengelarm oder blattärmer und stengelreicher
2. von grünlicher Farbe
3. trocken, aber weder sperrig noch zu weich
4. von frischem, aromatischem Heugeruch
5. frei von Giftpflanzen
6. frei von Verunreinigungen und Schimmelpilzen

- Gewöhnung ans Hufegeben *(sonst später Erziehungsschwierigkeiten)*
- später gemeinsame Spaziergänge mit Mutterstute und Fohlen (Fohlen frei oder am Bauchgurt festgebunden) - als Vorbereitung auf:
- gelegentliches Mitführen auf kurzen Ausritten an der Seite der Mutterstute, sowie ab ungefähr vier Monaten Gewöhnung ans kurzzeitige Alleinsein in der Box zusammen mit Altersgenossen *(sonst psychische Probleme beim Absetzen und Einschränkung der Wiederaufnahme der Nutzung der Mutterstute als Reitpferd)* .

Das (heranwachsende) Jungpferd

Allgemeines

Vom Zeitpunkt des Absetzens bis etwa zum Alter von drei Jahren gilt ein Pferd als Heranwachsender (auch aus der Sicht der Artgenossen). Nachdem es sich als Saugfohlen mehr oder minder als Teil der Mutter empfand und - entsprechend dem Rang, den sie in der Herde innehatte - behandelt wurde, erkämpft es nun auf spielerische Weise in der Jungpferdegruppe seinen Rang neu. Gleichzeitig ist es mehr als in jedem anderen Lebensabschnitt an seiner Umwelt interessiert.

HALTUNG

Empfehlung:

- Haltung im gleichgeschlechtlichen Jungpferdeverband in kleinen, geradzahligen

Merke:

Jedes Fohlen bedarf *vom Augenblick der Empfängnis an* (also bereits im Mutterleib) sorgsamster individueller Betreuung und Kontrolle. Fohlenaufzucht nach dem Motto 'Das überlassen wir Mutter Natur!' ist verantwortungslos, denn 'Mutter Natur' kann grausam sein. Nur die artgemäße Aufzucht im Herdenverband mit anderen Mutterstuten und Fohlen legt den Grundstein für eine harmonische körperliche und psychische Entwicklung. Auf ihr baut der spätere Wille zur Zusammenarbeit mit dem Menschen auf.

Gruppen auf großen, ausbruchs- und verletzungssicher eingezäunten Weiden *(wenn nicht, zum Beispiel bei Einzelhaltung, Störungen im Sozialverhalten sowie Unterentwicklung des Bewegungsapparates möglich)*

- sorgfältiges Weidemanagement *(wenn nicht, dann Ausbreitung von Parasiten, Verletzungsgefahr, Vergiftungsgefahr möglich)*
- tägliche Kontrolle der Pferde mit Aufhalftern, Führen, Kontrolle der Hufe *(wenn nicht, dann Übersehen von Krankheiten und Verletzungen, Schwierigkeiten in der späteren Erziehung des Pferdes möglich)*

GESUNDHEIT

Empfehlung

- Impfprogramm nach Absprache mit dem Tierarzt: Tetanus (alle zwei Jahre zu wiederholen), Tollwut (bei Weidegang unverzichtbar), Influenza (vor allem bei Gemeinschaftspferdehaltung und Teilnahme an Schauen usw.) *(wenn nicht, Gefahr der Erkrankung bis zu Todesfolge möglich)*
- Entwurmungsprogramm nach Absprache mit dem Tierarzt und jeweils altersgemäß (im allgemeinen vier- bis sechsmal jährlich mit wechselnden Mitteln), Entfernen der Dasselfliegeneier vom Fell *(wenn nicht, Verwurmung, Abmagerung, schlechter Allgemeinzustand, stumpfes Fell, Entwicklungs- und Wachstumsstörungen möglich)*
- regelmäßige Kontrolle des gesamten Körpers, vor allem der Gliedmaßen und hier wiederum der Hufe. Verstellungen können durch einen qualifizierten Hufschmied mit orthopädischer Erfahrung aufgefangen und korrigiert werden *(wenn nicht, dann Beeinträchtigung der Bewegungsmechanik, eingeschränkte Leistungsfähigkeit später und vorzeitig einsetzende Verschleißerscheinungen möglich).*
- Sicherheitsvorkehrungen in sämtlichen Bereichen *(sonst Verletzungen aller Art durch Unfälle möglich).*

Praxisinformation zum Thema Weide

- Als **Weide** wird die weidefähige eingefriedete Grünlandfläche bezeichnet, deren vielfältiger Bewuchs die vollwertige Ernährung des Pferdes sichert.
- Bei der **Weidenutzung** wird zwischen Standweide, Mähweide, Umtriebsweide oder Portionsweide unterschieden. Alternativ kann das Grünland auch zur Heuwerbung dienen.
- Der **Weideauftrieb** hängt von Witterungsverlauf und Höhenlage der Weidefläche ab und erfolgt normalerweise Anfang Mai, bevor die Wachstumskurve der Pflanzen ihren ersten Höhepunkt erreicht. Er setzt eine bestimmte Weidereife voraus, die bei einer Grashöhe von circa 25 Zentimetern erreicht ist.
- Zur **Weidehygiene** zählt das regelmäßige Absammeln der Kothaufen oder - nach dem Umtrieb der Pferde - das Verteilen mit der Reifenegge. Diese Maßnahmen dienen der Sauberhaltung und Schonung der Weideflächen, dem Erhalt der Pflanzenvielfalt und dämmt die Ausbreitung von Parasiten ein.
- Unter **Weidekontrolle** versteht man die regelmäßige Begehung der gesamten Weidefläche. Dabei wird kontrolliert, ob die Einzäunung intakt ist, ob keine Giftpflanzen vorhanden, die Aufnahme sauberen Tränkwassers gesichert und ob die Weidefläche frei von Gegenständen ist, die eine Verletzung hervorrufen können. Gleichzeitig wird jedes Tier einzeln auf seinen Zustand hin untersucht.

Praxisinformation zum Thema Sicherheitsvorkehrungen

- **Sicherheitsvorkehrungen** betreffen alle baulichen Gegebenheiten, in denen Ihr Pferd lebt und sich bewegt (Stall, Paddock, Weiden, Reitplatz oder -halle, Longierzirkel oder Roundpen). Bei Pferdehaltung im Pensionsbetrieb sind Sie zwar grundsätzlich auf das Fachwissen und die Bereitschaft des Stallvermieters, Vorkehrungen zu treffen, angewiesen. Sie sollten aber dennoch - im freundlichen Gespräch - Ihr Wissen um artgemäße und sichere Pferdehaltung weitergeben und Verbesserungsvorschläge unterbreiten, zumal diese oft für den Stallbetreiber mit Arbeitserleichterungen verbunden sind.
- Als Halter in Eigenregie ziehen Sie beim **Stallbau** sowie der Neu- und Umgestaltung von Paddocks, Weiden und **Reitanlage** die Empfehlungen kompetenter Fachleute zurate *(hier können Sie auch auf erstklassige Fachliteratur zurückgreifen)*
- Sorgen Sie auch für helle, nicht feuergefährliche Lichtquellen, sprechen Sie mit der örtlichen Feuerwehr **Brandschutzmaßnahmen** ab und sichern Sie Ihre gesamte Anlage gegen **Einbruch und Diebstahl** ab.
- Ob Selbstversorger oder Pensionseinsteller: Überprüfen Sie regelmäßig, ob sämtliche Bauteile in allen Lebensbereichen Ihres Pferdes intakt sind oder ob in irgendeiner Form eine Verletzungsgefahr von ihnen ausgeht. Am gründlichsten verfahren Sie dabei nach einem **Kontrollschema im Uhrzeigersinn,** bei dem Sie den jeweiligen Bereich von links nach rechts und von oben nach unten begutachten.
- Achten Sie auf **Ordnung** bei der Aufbewahrung der gemeinschaftlich genutzten Stallutensilien ebenso wie Ihrer eigenen Ausrüstungsteile.
- Richten Sie eine Stallapotheke ein und kaufen Sie zusätzlich ein Erste-Hilfe-Set, das Sie bei Ausritten am Körper oder in einer Satteltasche mit sich führen. Bei der Ausstattung berät Sie Ihr Tierarzt, ebenso bei der Anwendung von Erste-Hilfe-Maßnahmen bei einer Verletzung Ihres Pferdes.

ERNÄHRUNG

Empfehlung:

- sogenannte 'karge' Aufzucht (*sonst - bei mastiger Aufzucht - schwerwiegende Überversorgung mit Eiweiß und Mineralstoffen und Mangel an Vitaminen möglich*)
- vorwiegend Fütterung von Gras, Wiesen- und Luzerneheu plus (im Winter) wenig Hafer (*bei zuviel Kleeheu, Hafer, Fohlenstarter usw. zu schnelles Wachstum und altersungemäße Bemuskelung, ohne daß Bänder und Sehnen mithalten. Dadurch entsteht ein Ungleichgewicht zwischen Muskelmasse und Knochen/ Sehnenfestigkeit, Knochenbrüche, Entzündungen am Sehnenansatz möglich*)
- bei unzureichender Kenntnis in der Ernährung von Jungpferden ist ein Fachberater - möglichst ein unabhängiger Berater von einem tierärztlichen Institut - hinzuzuziehen.

BESCHÄFTIGUNG

Empfehlung:

- **zwischen sechs Monaten und einem Jahr:** Führübungen, wie vorab zusammen mit der Mutterstute, fortsetzen
- **ein bis zwei Jahre:** Spaziergänge am Führstrick, kleine, kurze Spiele, die den Erkundungstrieb ausnutzen (Hüpfball, Horseball)
- **zwei Jahre:** Spaziergänge, Mitnahme als Handpferd auf kurze Ritte, Gewöhnung an den Sattel, den langen Zügel und die Longe, leichte Lasten ziehen lassen, interessante Spiele (über Stangen treten, über Planen gehen) spielen

- **drei Jahre:** *(wie unter zwei Jahre)*, Mitnahme als Handpferd auf längere Ritte, anlongieren, Bodenarbeit in Vorbereitung auf das Reiten (*empfehlenswert: die Ausbildungsmethode der klassisch-iberischen Reitweise)*, vorsichtiges Anreiten ohne jeglichen Leistungsanspruch (kein dressurmäßiges Reiten, sondern lediglich behutsames Anlernen in den Grundgangarten zum Beispiel im Roundpen und im Gelände)

(Erfolgt keine Beschäftigung mit dem Tier, bleibt die wichtige Phase der Neugier und des Erkundungstriebes ungenutzt, das Pferd wird im Erwachsenenalter ängstlicher und widersetzlicher reagieren. Eine Überforderung hingegen schadet dem Bewegungsapparat - vor allem dem noch unreifen Skelett - ebenso wie der Psyche des Jungpferdes, das sich zunächst nur wenige Minuten konzentrieren kann).

Streitthema 'Frühreife'

Pferdeaufzucht ist kostspielig. Die überwiegende Zahl der potentiellen Käufer ist zudem zwar an einem jungen, jedoch bereits ausgebildeten Pferd interessiert, das sich vielleicht sogar baldmöglichst im Leistungssport einsetzen läßt. So erliegt mancher Züchter der Versuchung, seine heranwachsenden Jungepferde möglichst binnen kurzem mit der Masse, dem Aussehen und dem Ausbildungsstand eines reifen Pferdes 'zu versehen'. Das erzielt er über eine ent-

Basiswissen zum Thema Knochen:

Knochen (lat. Ossa) stellen bei Mensch und Tier ein Stützgewebesystem dar, das in seiner Gesamtheit das Skelett bildet. Es werden 'lange' oder 'Röhrenknochen' (Gliedmaßenknochen), 'breite' oder 'platte Knochen' (Schädeldach, Schulterblätter, Brustbein, Becken) und 'kurze Knochen' (Wirbel-, Hand-, Fußwurzelknochen) unterschieden. Die Knochen werden untereinander durch Gelenke oder Knochenfugen verbunden.

Als Maßstab für Unreife und Ausgewachsensein des Pferdes entscheiden zwei Fragen:

1. Sind die Wachstumsfugen (Epiphysenfugen) sowohl der Bein- als auch der Wirbelknochen geschlossen (= verknöchert) oder nicht?
2. Entspricht eine röntgenologisch festgestellte Reife (Verknöcherung der Fugen) auch der physikalischen Ausreifung der Knochen?

Untersuchungen (vorgenommen von der Universität Bonn) haben dazu Folgendes ergeben:

röntgenologische Reife =	Vollblüter	Westernrassen	Warmblüter und Nicht-vollblutrassen
Wachstumsfugen der Beinknochen geschlossen	nach dem 3. Lebensjahr	im 4. Lebensjahr	nach dem 3,5 Lebensjahr
Wachstumsfugen der Wirbelknochen geschlossen	nach dem 4. Lebensjahr	nach dem 5. Lebensjahr	zwischen dem 4. und 5. Lebensjahr
physikalische Reife = höchster Grad der Knochendichte des Röhrbeins und Ausrichtung der Kollagenfasern im Röhrbein entlang der Kraftlinien	ein Jahr nach Feststellung der röntgenologischen Reife	ein Jahr nach Feststellung der röntgenologischen Reife	ein Jahr nach Feststellung der röntgenologischen Reife

sprechend mastige Fütterung und ein gezieltes verfrühtes Ausbildungsprogramm. Beides überfordert das Jungpferd körperlich und seelisch so sehr, daß langfristige Schäden im Erwachsenenalter vorprogrammiert sind. Um dieses tierquälerische Vorgehen zu rechtfertigen, wurde der Ausdruck 'frühreif' in der Pferdezuchtszene eingeführt. Tatsache aber ist: Es gibt nur unreife oder wirklich reife, ausgewachsene Pferde! *(siehe Informationskasten Basiswissen zum Thema Knochen)*

Leistungssport baut auf einem durchdachten individuellen Trainingsplan auf.

Das erwachsene Pferd

Allgemeines:

In seinem ursprünglichen Sinn heißt 'erwachsen' soviel wie 'ausgewachsen' in der physiologischen, der körperlichen Bedeutung. Mensch und Tier sind dann erwachsen, wenn ihr Skelett vollständig belastbar und alle Organe voll ausgereift sind. Ungefähr zur gleichen Zeit hat auch die Persönlichkeit einen gewissen Reifegrad erreicht. Er baut auf den in Kindheit und Jugendzeit gemachten Erfahrungen und der grundlegenden Erziehung auf.

Beim Pferd tritt dieser Zeitpunkt zwischen dem 5. und 6. Lebensjahr ein. So wird ein Vier- bis Sechsjähriger im allgemeinen als junges Pferd und erst der ab Sechs- oder Siebenjährige als wirklich erwachsen bezeichnet. Dieses Wissen ist für den Interessenten am Kauf eines 'erwachsenen Pferdes' wichtig.

Merke:

Eine artgemäße Haltung und durchdachte Fütterung ist in der Phase des Heranwachsens besonders wichtig, denn erstens soll das Jungpferd jetzt die Grundregeln sozialen Verhaltens einüben und zweitens über die Jahre hinweg ein tragfähiges Skelett aufbauen.

Darüber hinaus sollte der Spiel- und Erkundungstrieb - ohne das Tier zu überfordern - genutzt werden, um das grundlegende Interesse an der Zusammenarbeit mit dem Menschen zu wecken. Wird ein junges Pferd bereits als drei- oder vierjährig (oder gar früher) leistungsorientiert geritten, ist es damit innerhalb der wichtigsten Entwicklungsphase - vor dem Zeitpunkt der optimalen Belastbarkeit - eindeutig überlastet.

HALTUNG

Empfehlung:

- Generell in artgerechter Haltungsform, welche die Bedürfnisse des Lauftiers Pferd in Bezug auf Bewegung, Ernährung, Gesellschaft, Unterhaltung, Stall-Klima und Licht sowie Luft berücksichtigt *(wenn nicht, dann körperliche und psychische Störungen unterschiedlichster Art möglich)*.
- als regelmäßig gearbeitetes Sport- und Freizeitpferd im sogenannten Laufstall - einer Gemeinschaftshaltung mehrerer

Pferde im Inneren eines Stallgebäudes oder einem als Offenstall mit Auslauf errichtetem Stall. Er vergrößert den Bewegungsradius und ermöglicht gute soziale Kontakte. Durch eine Trennung der Futteraufnahme-, Tränk- und Ruhebereiche lassen sich weitere Bewegungsanreize schaffen.

Zur individuellen Fütterung werden die Pferde angebunden oder in Einzelständen gefüttert. Alternativ können sie die für sie errechneten Futterrationen an einer computergesteuerten Kraftfutter-Station aufnehmen *(wenn nicht, erhöhte Neigung zu psychischen Störungen, die durch eine niedrige Reizschwelle ausgelöst werden - zum Beispiel Nervigkeit, Scheuneigung - ebenso wie körperliche Erkrankungen vor allem des Bewegungsapparates, der Atemwege und Verdauungsorgane möglich).*

- als unregelmäßiger gearbeitetes Freizeitpferd in sogenannter Weidehaltung auf einer auf den Pferdebestand abgestimmte Weidefläche mit Offenstall. Der Offenstall schützt vor Witterungseinflüssen und gegen Belästigung durch Insekten *(wenn nicht, wie oben).*
- sorgfältiges Weidemanagement, das auf ausreichender Flächengröße, vielfältigem Grünlandbewuchs, fachgerechter Düngung und Weidepflege, korrekter Grünlandnutzung und der richtigen Zusammenstellung der Weidegruppen aufbaut (*wenn nicht, Gefahr von Erkrankungen bedingt durch Ernährungsfehler - Magerkeit, Rehe, Kolik, Vergiftungen - sowie Verletzungen bei Weideunfällen*)

GESUNDHEIT

Empfehlung:

- Fortführen des Impfschutzprogrammes sowie regelmäßiger Kampf gegen den Wurmbefall (*siehe unter Jungpferd)*
- vorbeugende Maßnahmen gegen Erkrankungen des Bewegungsapparates - wie mindestens zehnminütiges Aufwärmen im Schritt zu Beginn jeder Arbeit, Abstimmung von Gangart und Tempo auf die Bodenverhältnisse (*sonst Gelenkschäden und Abnutzungserscheinungen der Knorpelauflage = Arthrosen bis zur völligen Unbrauchbarkeit des Pferdes möglich)*

Basiswissen zum Thema Haltungsformen

- Haltungsform ist der Oberbegriff für die jeweilige Unterbringungsform und Ernährungsweise des Pferdes. Entsprechend den Bestimmungen des Tierschutzgesetzes muß sie dem Verhalten des Pferdes gerecht werden und in allen Komponenten den Anforderungen seiner Art entsprechen. Es wird heute nicht nur zwischen Weidehaltung und reiner Stallhaltung unterschieden. Man kombiniert vielmehr bestimmte Haltungsvarianten miteinander, um eine möglichst artgerechte Pferdehaltung praktizieren zu können. Sie soll die natürlichen Bedürfnisse des Pferdes befriedigen, gleichzeitig aber auch auf seine Nutzung abgestimmt sein.
- Positive Denkansätze zum Thema Haltungsformen liefert die **Laufstall-Arbeitsgemeinschaft e.V. (LAG),** ein 1989 gegründeter Verein zur Förderung artgerechter Pferdehaltung. Die LAG schreibt internationale Stallwettbewerbe aus, läßt durch eigene Inspektoren die am Wettbewerb teilnehmenden Pferdehaltungsbetriebe prüfen und bewertet sie nach einem strengen Qualitätssystem mit LAG-Sternen.

- bei Stallhaltung Vorbeugung gegen Atemwegserkrankungen durch Herstellung eines gesunden Stallklimas (*wenn nicht, dann Husten, Emphysem, Lungenspitzenkatarrh, Dämpfigkeit bis zur völligen Unbrauchbarkeit des Pferdes möglich) (siehe Basiswissen zum Thema Stallklima)*
- Vorbeugung gegen Störungen im Bereich des Magen-Darm-Kanals durch Vermeidung von Überfütterung und Überlastung des Stoffwechsels (*sonst ernährungsbedingte Krankheiten aller Art, unter Umständen mit Todesfolge)*
- Umsicht bei der Auswahl der perfekt passenden Ausrüstung (Sattel, Zäumung, Sonstiges) *(sonst Muskelverspannungen, Satteldruck, Verletzungen/Entzündungen im gesamten Maulbereich, allergische Reaktionen bei Hautirritationen möglich)*

ERNÄHRUNG

Empfehlung:

- Versorgung mit qualitativ hochwertigen Futtermitteln zur Deckung des Bedarfes an Energieträgern, Nährstoffen und Ballaststoffen.
  - Energieträger in der Futterration sind Fette und Kohlehydrate, enthalten vor allem in Mais, Gerste und Hafer, Trockenschnitzeln, Luzerne- und Wiesenheu.
  - Den Nährstoff Eiweiß bezieht Ihr Pferd über frisches Weidegras oder Grassilage, Luzerne- und Wiesenheu, Hafer (eiweißreicher als Gerste, Weizen und Mais).
  - Ballaststoffe - also strukturiertes, rohfaserreiches Futter - liefern Wiesenheu und Stroh.
  - Der Bedarf an Mengenelementen (Kalzium, Phosphor, Magnesium, Natrium, Chlor, Kalium und Schwefel) sollte über das Grundfutter gedeckt werden - ebenso der Bedarf an den Spurenelementen Eisen, Kupfer, Zink, Mangan, Selen, Kobald und Jod sowie an Vitaminen A, D, E, K, B1, B2, B12, Folsäure, Biotin, B6 und C.

Basiswissen zum Thema Stallklima

Das Stallklima wird durch die Faktoren

- Temperatur
- Luftfeuchtigkeit
- Schadgaskonzentration
- Staub-(Keim-)Gehalt
- Luftbewegung
- Licht

bestimmt. Die Stalltemperatur soll der Außentemperatur weitgehend folgen, die relative Luftfeuchtigkeit zwischen 60 und 80 Prozent liegen. Die Entstehung der Schadgase Ammoniak NH^3, Schwefelwasserstoff HxS und Kohlendioxid CO^2 muß durch eine entsprechende Stallhygiene so gering wie möglich gehalten werden. Zur Deckung des Lichtbedürfnisses beträgt die Fensterfläche pro Pferd mindestens ein Quadratmeter, die Beleuchtungsstärke zwischen 60 und 100 Lux. Luftgeschwindigkeiten zwischen 0,2 und 0,6 Metern pro Sekunde, je nach Außentemperaturen, sind erwünscht. Lüftungseinrichtungen *) stellen den Luftaustausch (im Sommer vor allem Wärmeabfuhr, im Winter Abfuhr von Wasserdampf und Gasen) sicher.

**) Die Hinzuziehung eines Fachmannes wird empfohlen. Er kann Ihnen die Unterschiede zwischen den für Pferdeställe geeigneten thermischen Lüftungssystemen und weniger günstigen Ventilatorenlüftungen aufzeigen.*

Praxisinformation zum Thema Sattelanpassung

- Der **Sattel** dient nicht nur der Sicherheit und Bequemlichkeit des Reiters, sondern auch dem Schutz des Pferderückens. Bei der Auswahl spielen Verwendungszweck, Anatomie des Pferdes und Sitzbequemlichkeit die Hauptrolle.
- Verschiedene **Sattelmeßmethoden** dienen der Überprüfung der Paßform des Sattels auf dem Pferd. Auf dem Markt eingeführt sind die *klassische Sattelanpassmethode* durch den geschulten Fachverkäufer, die Sattelanprobe *per Computeranalyse*, das *Messgerippe von Christoph Rieser* sowie der *Saddle Checker.*
- Bei der **klassischen Sattelanpaßmethode** wählt der geschulte Fachverkäufer den Sattel im Hinblick auf die vom Sattelbaum gewährte Freiheit von Widerrist, Schulter, Ellbogen und Nieren im voraus aus. Seine Paßform wird zunächst ohne, dann mit Reiter auf dem stehenden und sich bewegenden Pferd benotet. Im Idealfall liegt der tiefste Punkt des Sattels in der Mitte der Strecke zwischen Sattelnagel und Efterkranz und verteilt das Reitergewicht auf die gesamte Sattelbelastungsfläche. Mit Reiter beurteilt der Verkäufer Sitzgröße, das Verhältnis von Sattelblatt zur Beinlänge und die anatomisch bequeme Ausformung von Knie- und Wadenpauschung. Die Fachausbildung ermöglicht eine präzise Einschätzung, ob und wie sich durch Veränderungen am Sattel die Paßform optimieren läßt.
- Die **Sattelanprobe per Computeranalyse** überprüft die Paßgenauigkeit eines Sattels durch computergestützte Meßsysteme. Dabei wird eine mit Drucksensoren ausgestattete Meßmatte auf den Pferderücken gelegt und das Pferd darüber gesattelt. Die bei aufgesessenem Reiter gemessenen Druckstärken werden an eine Datenbox übermittelt und an den Computer weitergeleitet. Eine spezielle Software stellt die Daten als Grafiken dar. Diese Grafiken ermöglichen eine präzise Einschätzung der Paßgenauigkeit des bestimmten Sattels auf dem individuellen Pferd. Die Systeme lassen auch Messungen am Pferd in der Bewegung zu.
- Das **Meßgerippe von Christoph Rieser** ist ein von *Christoph Rieser*)* entwickeltes einfaches, doch genaues System zum Maßnehmen des Pferdes. Es besteht aus einem Metall-Meßgerippe mit Längsachse und 14 Querrippen, welches dem Pferd aufgelegt wird. Die Längsachse wird dem Rückenverlauf (der Oberlinie) folgend gebogen, die Querrippen entsprechend der Rippenwölbung angeformt. Bei der Sattelherstellung ist das Meßgerippe Ausgangsbasis für die Anpassung des Sattelbaums.

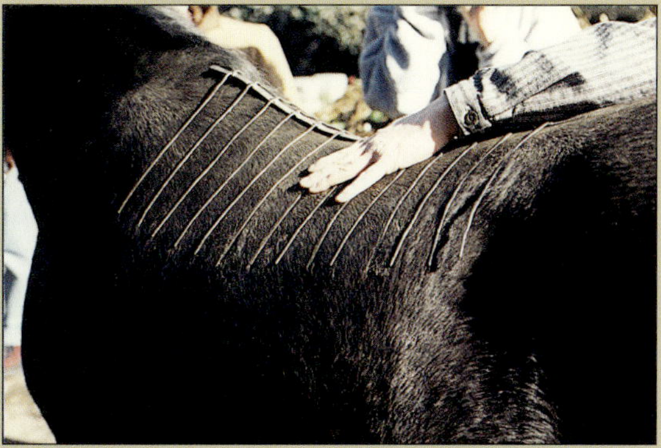

Das von Sattler Christoph Rieser entwickelte Meßgerippe wird genau an den Pferderücken angepaßt.

- **Saddle Checker** wird ein als *Ultimate Saddle Checking System* patentiertes, wenig aufwendiges Meßsystem zur Überprüfung der Sattelpaßform genannt. Es wurde in den USA von dem Trainer Bruce Tamlyn entwickelt. Es besteht aus einem Metallgestell, in das in engen Abständen flexible, höhenverstellbare Ablesestäbe aus Fiberglas eingelassen sind. Auf die Sattellage des Pferdes aufgelegt, gleichen sich die Ablesestäbe den Konturen des Körpers an. Zur Speicherung werden sie mechanisch fixiert, so daß ein genaues Negativ-Abbild des Pferderückens entsteht. Wird der Saddle Checker mit der Unterseite nach oben in den Sattel gelegt, läßt sich die Paßform mittels zu starken oder fehlenden Kontakts zwischen Polster und Fiberglasstäben beurteilen.

** Christoph Rieser ist der bekannteste Westernsattelhersteller Europas. Als einziger zeitgenössischer deutscher Sattler ist er in der amerikanischen 'Bibel' der Sattler - 'Old Cowboy Saddles & Spurs' - verzeichnet.*

- Deckung des Wasserbedarfes (der beim erwachsenen Pferd je nach Witterung und Belastung bei fünf bis zwölf Litern Wasser pro 100 Kilo Lebendgewicht pro Tag liegt. Er erhöht oder reduziert sich gemäß dem Wassergehalt des Futters).

Faustregel für die Fütterung *)

Bei einer Stunde Arbeit pro Tag in allen Gangarten:

HEU

Stallpferde (Stroh-Einstreu): — 1,2 Prozent der Körpermasse
(wird weniger gefüttert, gibt es Probleme im Wasser- und Elektrolythaushalt)
Beispiel: Großpferd, 500 kg: — 6 kg Heu (auf 2 Mahlzeiten verteilt)

Stallpferde (Späne-Einstreu): — 1,5 kg der Körpermasse
Beispiel: Großpferd, 500 kg: — 7,5 kg Heu (auf 2 Mahlzeiten verteilt)

Beachten Sie: Prinzipiell kann ein Kilo Heu gegen 400 Gramm Hafer ausgetauscht werden, eine Heumenge von 1,2 Prozent der Lebendmasse sollte aber nie unterschritten werden!

HAFER

(Litergewicht nicht unter 550 g)

Die Hafermenge hängt von der Leistungsanforderung ab: — 40 bis maximal 50 Prozent der Heumenge
Beispiel: Großpferd, 500 kg: — 7,5 kg Heu
3 - 3,75 kg Hafer
(auf 3 Mahlzeiten verteilt)

Bitte beachten: Bei den unteren Hafermengen gibt es garantiert keine Nervigkeit.

ERGÄNZUNGSFUTTER**

Der Gehalt ist abhängig von Arbeitseinsatz, persönlicher Lebenssituation wie Laktation, Haarwechsel usw. ebenso wie von der Qualität des ansonsten angebotenen Futters.

Beispiele:

bei erhöhtem Energiestoffwechsel	B-Vitamine
bei Stallhaltung Tag und Nacht	Vitamin D
bei Fehlen jeglicher Grasfütterung	ß-Carotin, Vitamin A
bei artenarmem Heu	Zink, Kupfer, Magnesium

*) Wenn Sie sich in Futterfragen noch unsicher fühlen, nehmen Sie Kontakt auf mit einem unabhängigen Fütterungsberater. Er weiß genau, wieviel Energie, Eiweiß, Mineralien, Vitamine und Spurenelemente in den einzelnen Futtermitteln enthalten sind und kann den wirklichen Bedarf Ihres jeweiligen Pferdes individuell errechnen. Dazu benötigt er Angaben über Rasse, Typ, Gewicht, Alter, Verwendung und Haltungsform Ihres Pferdes.

**) Ergänzungsfutter sind im allgemeinen Mischungen aus Einzelfuttermitteln, die zusätzlich durch Mineralstoffe und Vitamine ergänzt werden. Sogenannte Ergänzungsfuttermittel mit wenig Rohprotein (bis zu 12,5 Prozent) und wenig Rohfaser (bis zu 12,5 Prozent) werden als Kraftfutterersatz zum Rauhfutter gegeben. Ergänzungsfuttermittel mit viel Rohprotein (über 12,5 Prozent) haben meist einen - je nach Hersteller - unterschiedlichen Rohfasergehalt. Sie bleiben Pferden mit erhöhtem Anspruch an die Rohproteinversorgung vorbehalten: Zuchtpferden (Stuten mit Saugfohlen) und Leistungssportpferden. Sogenannte 'Alleinfutter' sind Ergänzungsfuttermittel mit wenig Rohprotein und viel Rohfaser (über 15 Prozent). Trotz der Bezeichnung muß beim Alleinfutter noch Heu oder Futterstroh zugefüttert werden, denn obwohl der Rohfaseranteil ausreicht, ist der Strukturgehalt unzureichend.

Der Praxistip:

So soll Ihr Pferd aussehen!

Als Standardmaß gilt: Die Rippen sollten im Stand nicht zu sehen sein, jedoch beim Abtasten durch die Haut deutlich gefühlt werden können (nur beim heranwachsenden Pferd darf die letzte Rippe noch sichtbar hervortreten).

- In der Bewegung dürfen die Rippen erkennbar sein.
- In der Bewegung zeichnen sich dann auch die einzelnen Muskelpartien der Hinterhand deutlich erkennbar ab.

Die Aufzucht in der Jungpferdegruppe läßt den Bewegungsapparat solide ausreifen.

BESCHÄFTIGUNG / ARBEIT

Empfehlung:

- (bis zu zwei Jahre dauernde) Grundausbildung des vier- bis sechsjährigen Pferdes:
  - vertrauensvolle Unterordnung
  - Grundausbildung an der Hand
  - Fahren vom Boden aus
  - Arbeit an der Longe
  - Anreiten
- (ebenfalls etwa zwei Jahre dauerndes) Aufbautraining:
  - Überprüfung und Festigung der Grundgangarten unterm Sattel
  - Reiten / Fahren auf dem eingefriedeten Platz
  - Reiten / Fahren im Gelände
- gegen Ende des Aufbautrainings Teilnahme an ersten einfachen Wettbewerben
- während der nächsten Jahre Erhaltungstraining zur Verbesserung der Leistungsfähigkeit bis zur individuellen Höchstleistung
- Einhaltung aktiver Erholungspausen
- Einschaltung passiver Erholungspausen

Praxisinformation zum Thema Training für Freizeitreiter

- Die **Gymnastizierung -** also eine dressurmäßige Ausbildung - ist für jedes Pferd unverzichtbar. Sie entwickelt, steigert und erhält die Kraft des Pferdekörpers, seine Beweglichkeit und Lockerheit. Ihr Pferd lernt dabei, einzelne Bewegungsabläufe aufeinander abzustimmen, also zu koordinieren - und wird dadurch ausbalancierter und trittsicherer. Gleichzeitig trainiert es seinen Gehorsam und wird für Sie dadurch **rittig**.
- Durch das Einüben außergewöhnlicher Situationen auf dem Reitplatz (zunächst vom Boden aus, dann unterm Sattel) erhöhen Sie seine **Geschicklichkeit.** Zu den beliebtesten Aufgaben zählen zum Beispiel das Öffnen und Schließen eines Tores vom Pferd aus, das Überreiten von Holzstangen, die Überquerung einer Holzbrücke, das Rückwärtsrichten durch eine enge Passage, Seitwärtstreten über eine Stange und ähnliche Übungen. Sie bereiten auf häufige Geländegegebenheiten vor und vermindern deutlich das Unfallrisiko.
- Scheuen Sie nicht den Aufwand, in Speziallehrgängen das korrekte **Geländereiten** zu lernen, das ein viel höheres Maß an das Gleichgewichtsvermögen Ihres Pferdes und an Ihre Sattelfestigkeit stellt als das Reiten ausschließlich in der Bahn. Sie trainieren dabei, sich allein und in der Gruppe sowohl im Straßenverkehr als auch über unterschiedliche, teils schwierige Geländegegebenheiten sicher zu bewegen und im Falle eines Unfalls Erste Hilfe anzuwenden.

Praxisinformation zum Thema Training für Leistungssportler

- Lassen Sie sich beim individuellen **Training** Ihres Sportpferdes - also beim Üben und Wiederholen bereits erlernter Fähigkeiten - möglichst von einem seriösen Fachmann in der von Ihnen ausgeübten Reit-/Fahrsportdisziplin beraten.
- Nur der Experte kann abschätzen, welche **Trainingsbelastung** Ihrem Pferd zumutbar ist und wann und wie oft es **Trainingspausen** - aktive oder passive Erholungsphasen - braucht.
- In Ihrem **Trainingsplan** legen Sie dann den Umfang und die Häufigkeit des Trainings fest, also beispielsweise wie oft Sie auf einer Streckenlänge x trainieren oder wie lange Sie jeden Tag im Viereck arbeiten. Dabei bestimmen Sie auch die Intensität des Trainings und setzen sich dabei eine Grenze, über die hinaus Sie Ihr Pferd nicht anstrengen werden.
- Zur **Trainingsüberprüfung** kontrollieren Sie das konditionelle und gesundheitliche Befinden Ihres Pferdes (Wie ist sein Futterzustand? Wie dynamisch sind seine Bewegungen? Wie lauten seine PAT-Werte? Wie lange braucht es nach einer Belastung, um sich zu erholen?)
- Regelmäßig vergleichen Sie den derzeitigen **Trainingszustand** Ihres Pferdes mit der angestrebten Zielsetzung im Wettkampfbereich.
- Gehen Sie erst kurz vor einem Veranstaltungstermin gezielt auf die Anforderungen ein und beschäftigen Sie Ihr Pferd niemals an zwei aufeinanderfolgenden Tagen mit den gleichen Übungen.

Das alte Pferd

Allgemeines

Kein Pferd wird von einem Tag zum anderen 'alt', vielmehr vollzieht sich der Vorgang des Alterns nur allmählich (*siehe dazu das nächste Kapitel*). Er wird sowohl vom Erbgut als auch von den bisherigen Bedingungen, unter denen das Pferd seit seiner Geburt lebte und arbeitete, bestimmt. Je sorgsamer Haltungs- und Nutzungsbedingungen auf die individuellen Besonderheiten des Tieres abgestimmt und Maßnahmen zur Krankheitsvorbeugung getroffen werden, desto höher ist die Lebenserwartung einzuschätzen.

HALTUNG

Empfehlung:

- Haltung in gut integrierten, eher kleinen, auf jeden Fall geradzahligen Gruppen (zwei bis sechs Tiere) *(wenn nicht, Störungen im Allgemeinbefinden möglich, da das ältere Pferd im Rang absteigt und bei häufigen Neuzugängen immer wieder in kräftezehrende Kämpfe verwickelt oder völlig ausgegrenzt wird. Verletzungsgefahr durch Stürze beim Herumjagen)*

Basiswissen zum Thema Leistung

Die Leistungsfähigkeit eines Pferdes hängt ab von

äußeren (exogenen) Einflüssen:

- Aufzuchtbedingungen
- Zeitpunkt und Art des Anreitens
- Dauer und Art der Beanspruchung
- Artgemäßheit und Individualität der Haltungsbedingungen
- alters- und leistungsbezogener Fütterung

inneren (endogenen) Einflüssen:

- Erbanlagen
- psychische Bereitschaft (Leistungswille)
- Stabilität und Reife des Bewegungsapparates
- Exterieur-Eignung für die jeweilige Disziplin (Begabung)

Vernachlässigen Sie auf keinen Fall den Impfschutz beim alten Pferd.

- *Groß bemessene* und abwechslungsreich *strukturierte* Paddocks und Koppeln (mit Baumgruppen, erhöhten Liegeplätzen, mehreren Schutzhütten usw. (*sonst zu wenig Eigenbewegung; die jedoch ist notwendig, um Verschleißerscheinungen des Bewegungsapparates - wie Arthrosen - hinauszuzögern*).
- Bereitstellung eines gut gegen Bodenkälte (von unten) und Nässe (von außen) isolierten luftigen, absolut sauberen Liegeplatzes. Falls dies auf der Koppel nicht möglich ist, abendliches Aufstallen des Pferdes (*wenn nicht, erhöhte Infektionsgefahr, da nur im Tiefschlaf die Selbstheilungskräfte des Körpers aktiviert werden und das alte Pferd längere Ruhepausen benötigt, um zu regenerieren*).
- Tägliche Kontrolle (auch) des (Weide-) Pferdes (siehe 'Die tägliche 10-Punkte-Kontrolle' in Kapitel 9) (*wenn nicht, werden Erkrankungen leicht übersehen*).

GESUNDHEIT

Empfehlung:

- *unbedingte* Fortführung des Impfprogrammes und der regelmäßigen Entwurmungen (siehe 'Das erwachsene Pferd') (*sonst erhöhte Erkrankungsgefahr, da im Alter die Widerstandsfähigkeit des Organismus generell abnimmt)*
- besonderes Augenmerk auf Veränderungen im geschlechtsspezifischen, sprich Fortpflanzungsverhalten - wie Dauerrosse bei Stuten und Triebigkeit bei Wallachen - und mögliche körperliche Veränderungen an den Geschlechtsorganen (*sonst Entzündungen, Tumore, die nur mit großem Aufwand medizinisch zu heilen sind, möglich)*
- regelmäßige Kontrolle des Gebisses sowie ganz allgemein der Nahrungsaufnahme (aus dem Maul fallende Gras- und Heuwickel = *Zahnprobleme*) und -ausscheidung (Haferkörner im Kot = *Zahnanomalien*) sowie der ableitenden Harnwege (schwarzbrauner Urin = *mögliche Blasen- oder Niereninfektion*).
- besondere Sorgfalt bei der Fellpflege vor allem im Hinblick auf übermäßigen Haarwuchs (hervorgerufen durch die im Alter geänderten Stoffwechselprozesse), eventuell Teilschur der sehr langen Fellpartien oder aber komplettes Scheren des gesamten Haarkleides, sobald keine extrem tiefen Temperaturen mehr zu

Merke:

Auch beim erwachsenen Pferd wird (körperliche Reife vorausgesetzt) jede Form der Beschäftigung auf die psychische Belastbarkeit abgestimmt. Abwechslung in der Arbeit, der Einbau spielerischer Elemente, vor allem auch aktive und passive Erholungsphasen erhalten die Leistungsbereitschaft über viele Jahre, vor allem, wenn Sie stets flexibel auf Unvorhergesehenes reagieren können (Erkrankungen, Leistungstiefs und besondere Witterungsverhältnisse).

erwarten sind (*sonst hygienische Nachteile, Befall durch Pilze und Parasiten, Hautentzündungen, aber auch thermische Überforderung des Organismus = Symptom hohe Atemfrequenz möglich).*

ERNÄHRUNG

Empfehlung:

- generell eine Fütterung, die sich in der Menge, der Zusammensetzung und der Darreichungsform am Ernährungszustand des Pferdes orientiert, Krankheiten vorbeugt und auf die dauerhafte Ausheilung oder Linderung bestehender gesundheitlicher Störungen abzielt (*sonst ernährungsbedingte Krankheiten wie Rehe, Kreuzverschlag, Kolik, Überfettung, Abmagerung, Leistungsabfall möglich)*
- bei sehr alten Tieren unter Umständen Verzicht auf langfaserige Futtermittel (Heu, Silage), da seine Zähne diese nicht mehr zerkleinern können (*sonst Abmagerung, da nur kleingekaute Futtermittel verwertet werden).*
- Ersatz langfaseriger Futtermittel durch eingeweichte (weil sonst zu schwer verdauliche) Grascobs.

Basisinformation zum Thema Schutzimpfung:

- Die **Schutzimpfung** ist eine Vorbeugemaßnahme zum Schutz gegen Infektionskrankheiten.
- Dabei wird auf künstlichem Wege - meist durch eine Reihe von Injektionen - eine Immunität gegenüber Krankheitserregern oder anderen Giften erreicht.
- Wie lange der Schutz bestehen bleibt und wie oft das Pferd geimpft werden muß, ist unterschiedlich.
- Generell muß das zu impfende Pferd gesund sein und darf im Anschluß an die Imfpung nicht übermäßig gestresst werden.
- Zu den für das Pferd empfehlenswerten Schutzimpfungen gehören die Impfungen gegen *Wundstarrkrampf (Tetanus), Tollwut* und *Pferdegrippe.* Einige Tierärzte raten auch zu einer Impfung gegen *Rhinopneumonitis (Husten).*
- **Wundstarrkrampf** (auch *Tetanus)* ist eine schwere Infektionskrankheit mit oft tödlichem Ausgang. Erreger ist der Tetanusbazillus, der sich besonders in der Erde und im Straßenstaub findet und sauerstoffarme Bedingungen braucht. Sein Gift gelangt auf dem Blutweg ins Rückenmark und bewirkt die die Krankheit kennzeichnende Muskelübererregbarkeit. Da die Infektion auch kleinster Wunden zum Wundstarrkrampf führen kann, ist die Schutzimpfung unverzichtbar. Sie besteht aus einer Grundimmunisierung und Wiederholungsimpfungen (Kosten: 30 Mark, alle zwei Jahre nach der Grundimmunisierung).
- **Tollwut** ist eine akut verlaufende Infektionskrankheit, die in der Regel durch den Biß eines kranken Tieres - meist eines infizierten Fuchses - auf das Pferd (vor allem das Weidepferd) übertragen wird. Der Erreger verursacht eine fast regelmäßig tödlich verlaufende Gehirn-Rückenmarks-Entzündung. Gegen diese auf das Zentralnervensystem wirkende Viruserkrankung gibt wiederum nur die Schutzimpfung wirksamen Schutz, der durch jährliche Wiederholungsimpfungen aufrechterhalten wird (Kosten 30 Mark, einmal pro Jahr).
- Eine besonders schwere Virusinfektion der Atemwege ist die **Pferdegrippe,** auch als equine Influenza oder Skalma bekannt. Sie kann von zwei verschiedenen Influenzaviren verursacht werden und seuchenähnliche Formen annehmen. Charakteristisch ist der laute trockene Husten sowie Fieber über 40 Grad. Eine Infektion verhindern oder zumindest die Symptome massiv reduzieren können nur regelmäßig durchgeführte Schutzimpfungen (Kosten 70 Mark, zweimal pro Jahr).
- Eine ebenfalls für Pferde sehr gefährliche, schwerwiegende Viruserkrankung ist die **Rhinopneumonitis.** Sie kann Atemwege, Geschlechtsapparat oder Zentralnervensystem befallen und bei trächtigen Stuten eine Fehlgeburt auslösen. Schutz bietet die entsprechende Impfung (Kosten 30 Mark, ein- bis zweimal pro Jahr, je nach Impfstoff).

- Reduzierung des Eiweißgehaltes in der Nahrung (Verzicht auf Luzerneheu) wegen der schweren Verdaulichkeit (*sonst Hufrehe und Verdauungsprobleme möglich*).
- Ersatz einer Teilmenge des Kraftfutters durch eingeweichte Rübenschnitzel als Saftfutter (*jedoch unbedingt testen, ob sie vom Pferd aufgenommen, gekaut und verdaut werden*).

Grünfutter – hier als Schnittfutter vorgelegt – ist eine wichtige Vitaminquelle.

- regelmäßige Zufütterung eines kombinierten Mineral-Vitamin-Futters (in Absprache mit einem Fütterungsberater) (*sonst Unterversorgung des im Alter erhöhten Bedarfes, Förderung verschleißbedingter Alterskrankheiten*)
- regelmäßige Zufütterung eines (vom Tierarzt empfohlenen) Präparates zur Verbesserung des Mikroorganismen-Besatzes im Pferdemagen und -darm (*sonst Neigung zu Verdauungsproblemen und erschwerter Magen-Darm-Passage*)
- Angebot eines jederzeit zugänglichen Salzlecksteines mit Mineralien und Spurenelementen (*sonst Mangelerscheinungen möglich*)
- regelmäßige Verabreichung einer Mash-Mahlzeit (ein- bis zweimal pro Woche, bei sehr alten Pferden häufiger) (*siehe Kapitel 9, Mash-Rezepte für stille Genießer*).

BESCHÄFTIGUNG / ARBEIT

Empfehlung:

- Abstimmung der Arbeit auf die körperliche Belastbarkeit (*sonst Verschlimmerung eventuell vorhandener Verschleißerscheinungen*)
- Berücksichtigung des Grundtypus des Pferdes (siehe Kapitel 5, Bestandsaufnahme) (*sonst vermehrt Neigung zu bestimmten Erkrankungen des Bewegungsapparates, der Atemwege und Verdauungsorgane*)
- Spaziergänge, Bodenarbeit, zirzensische Lektionen, Beritt oder Fahren mit Rücksichtnahme auf die Tagesform, die bei alten Pferden auch von der Witterung abhängt (*sonst Verschlimmerung von vorhandenen Schmerzzuständen möglich*)
- abwechslungsreiche Beschäftigung auch für nicht mehr reitbare Pferde (siehe Kapitel 10) (*sonst psychische Unzufriedenheit und die sich daraus ergebenden Auswirkungen auf den Körper*)

Merke:

Für das alternde Pferd gibt es deutlich weniger 'Pauschalempfehlungen' als für alle anderen Lebensabschnitte. Jedes Tier altert auf individuelle Weise und benötigt eine bestimmte Form der Rücksichtnahme in jedem Lebensbereich. Der Grad Ihres Einfühlungsvermögens und Ihrer Beobachtungsgabe bestimmen dabei sein Wohlbefinden.

Kapitel 9 • Der Alterungsprozess:

Ein ganz natürlicher Vorgang

'Wie alt sind Sie?' Vielleicht erstaunt Sie diese direkte Frage! Kinder fragen einander nach dem Alter noch gänzlich unbefangen. Unter Erwachsenen wird dieses Thema viel vorsichtiger behandelt. Man schätzt, man rät, man rundet sicherheitshalber nach unten ab, während man insgeheim ein paar Jahre hinzuaddiert... Alter kann Würde und Bürde zugleich sein. Dem Positivum 'Lebenserfahrung' steht das Negativum 'körperlicher Verschleiß' gegenüber. Gilt dasselbe auch für Ihr Pferd? Ganz allgemein steht der Begriff 'altern' für den Vorgang des Altwerdens im Lebenszyklus eines jeden Organismus. Wann - auf den Tag genau - ein Mensch oder ein Tier 'alt' ist, kann - medizinisch gesehen - niemand genau beantworten. Eigentlich setzt der Alterungsprozess bereits im Fötusstadium ein: die fötalen Zellen teilen sich, sie erfüllen die ihnen vom Organismus zugeteilte Aufgabe und werden dann abgestoßen. Das Kind - ob Menschenbaby oder Pferdefohlen - wird geboren, es wächst und reift heran- und in dem Augenblick, indem es 'ausgewachsen' ist, ist der Alterungsprozess bereits in vollem Gange.

In Würde älter werden - dieses Recht sollten wir jedem Geschöpf auf dieser Erde zubilligen.

Was geschieht überhaupt beim Altern?

Wie schon angedeutet, vollzieht sich der Vorgang des

Das Leben der Zelle (v.l.oben): *1. Mit der Nahrung nimmt die Zelle die Bestandteile auf, die Sie für ihre lebenswichtige Aufgabe benötigt. 2. Sie wandelt sie in bestimmte Bausteine um, um damit Reparaturen im Körper vorzunehmen. 3. Aus dem Sonnenlicht gewinnt sie Energie für Kraft und Geschwindigkeit! 4. Die Reststoffe scheidet sie in Form von Schlacken wieder aus.*

Altwerdens im kleinsten Baustein eines Lebewesens - in der Zelle. Alle Lebensvorgänge bei Mensch, Tier und Pflanze sind von der lebenden Zellsubstanz, dem Zytoplasma, abhängig. In ihr vollzieht sich ein höchst wichtiger Vorgang: der Stoffwechsel (*siehe Informationskasten Basiswissen*). Anorganische und organische Stoffe werden aufgenommen und chemisch verarbeitet - Sonnenenergie wird in chemische Energie umgewandelt. Außerdem kann sich die Zelle teilen und schafft so die Grundvoraussetzung für Wachstum und Vermehrung. Ja, tatsächlich ist die Zelle ein richtiges 'Energiekraftwerk'!

Doch je älter ein Lebewesen wird, desto mehr nimmt die Fähigkeit der Zelle, all die Stoffe aufzunehmen und zu verarbeiten, die sie für ihr Weiterbestehen benötigt, ab. Auch die Stoffwechsel-Endprodukte werden nicht

Ein paar kritische Sätze...

Der Stellenwert des Pferdes in unserer Gesellschaft steigt - zumindest auf den ersten Blick. Die breite Masse, die während der Nachkriegsjahrzehnte vor allem den Sportcracks im Spring- und Dressursattel zujubelte, setzt mehr und mehr den Begriff 'Faszination Pferd' wieder mit Freizeit und Freiheit, mit Lebensaufgabe und Partnerschaft gleich. Freude soll das Zusammensein mit dem 'Freund Pferd' machen - nicht ausschließlich das Schielen nach dem Siegeslorbeer, dem uns der 'Athlet Pferd' entgegenträgt. Wie aber geht die Welt der Reiter und Pferdehalter heute mit dem alten Pferd um? Wird es so betreut, wie es dies nach langen Jahren des Einsatzes verdient hätte? Oder wird es schlichtweg zur Wegwerfware, wie es die überfüllten Schlachtpferdetransporter vermuten lassen, die mit ihrer - in qualvoller Enge zusammengepferchten - lebendigen Ladung in Richtung Südeuropa rollen? Welche Wege beschreiten Pferdebesitzer, um ihren langsam ergrauenden vierbeinigen Freizeitpartner durch das letzte Wegdrittel zu begleiten? Fragen über Fragen, die einen Denkanstoß liefern, über die guten und schlechten Seiten von Freizeit- und Sportreiterei nachzudenken.

Der glückstrahlende Freizeitreiter mit frisch erworbenem Pferd hofft auf lange glückliche Jahre, in denen er das Pferd möglichst vielseitig einsetzen und Natur erleben will. Der Sportreiter sieht im Pferd den Athleten, der ihn möglichst bald und möglichst häufig zu Ehre, Ruhm und vielleicht sogar zu ein paar ansehnlichen Preisgeldern tragen soll. Auf der Positivseite kann er für sich ein professionelleres reiterliches Können verbuchen, oft ein besseres Detailwissen, das geschultere Auge und mehr Kapital für eine gute medizinische Versorgung.

Doch beide Lager - von den Medien oft genug als Kontrahenten dargestellt - schaden (teils ungewollt, teils mit absichtlich vor den Folgen verschlossenen Augen) ihren Pferden: Der Freizeitreiter, weil er sein Pferd ungleichmäßig belastet. Es steht unter der Woche auf der Koppel oder im Paddock, um am Wochenende nach dem Motto 'Jetzt oder nie!' stundenlang geritten zu werden. Störungen im Leber- und Mineralstoffwechsel treten auf, Verkrampfungen der Muskulatur und Entzündungen an den Bändern und Gelenken sind die Folge. Der Sportreiter akzeptiert für sein Pferd bewußt die Risiken, die Hochleistungssport mit sich bringt: Verschleiß und Verletzungen. Läßt sich nichts mehr korrigieren, wird das Pferd unter 'Abgang' notiert - welch eine Vokabel. Dabei stellten die Positiva beider Lager das Optimum in Pferdehaltung und -einsatz dar. Ein Wunschgedanke - oder ein praktikabler Denkansatz?

mehr so schnell ausgeschieden. Als Folge bilden sich in den Zellen unter anderem körnige Niederschläge. Die Struktur des Plasmas ändert sich, ebenso die des Bindegewebes. Trockensubstanzen im Körper nehmen zu, Nervenzellen werden abgebaut. Neue Ersatzzellen werden immer langsamer 'nachgeliefert'. Dieser Prozess schreitet immer weiter voran. Allerdings ist der Tod infolge eines natürlichen Verschleißens von Geweben und Organen die Ausnahme. Im Allgemeinen setzt ein krankhaftes Geschehen dem Leben ein Ende.

So wie sich Ihr eigener Körper im Laufe des Alterungsprozesses allmählich und oft zunächst kaum sichtbar verändert, so spielt sich das Altern Ihres Pferdes auch auf vielen Ebenen zugleich ab. Zu diesem sogenannten 'multifaktoriellem Geschehen' existieren in der modernen Medizin viele Theorien. Nach der Kollagen-Theorie (Begründer: F. Verzàr) hat die verminderte Anpassungsfähigkeit des alternden Organismus ihren Grund vor allem im Wasser- und Elastizitätsverlust im Kollagen. Vereinfacht ausgedrückt sind Kollagene langfaserige Eiweiße, die das Gerüst des gesamten Stütz- und Bindegewebes - also Haut, Knorpel, Sehnen und Knochen - bilden. Nach anderen Untersuchungen kann es durch spontane Veränderungen (Mutationen) zu Fehlsteuerungen im Organismus kommen, beispielsweise beim Aufbau der Eiweißverbindungen. Weitere Forschungsarbeiten gehen der Möglichkeit nach, sämtliche Alterungsvorgänge wären im genetischen Code - unseren Erbanlagen - verankert und liefen nach Art einer Schallplatte ab. Forschungen im Bereich der Immunabwehr zeigen auf, daß mit fortschreitendem Alter die Abwehrstoffe verlernen könnten, körpereigene von körperfremden Stoffen zu unterscheiden...

Basisinformation zum Thema Stoffwechsel

Stoffwechsel heißt die Gesamtheit der chemischen Umsetzungen im Körper eines Lebewesens. Unterschieden wird dabei zwischen Bau-, Energie- und Betriebsstoffwechsel. Vereinfacht ausgedrückt: Die Körperzelle nimmt aus der Nahrung die darin enthaltenen wertvollen Bestandteile auf und baut sie in Körpersubstanz um. Andere Bestandteile wiederum wandelt sie in energiereiche körpereigene Stoffe um und setzt - durch Atmung oder Gärung - dabei Energie frei. Die nicht mehr verwertbaren Reste scheidet sie in Form von End- und Schlackenprodukten wieder aus.

Doch alles in allem sind - trotz der großen Fortschritte auf dem Gebiet der medizinischen Altersforschung - die Kenntnisse noch gering, gemessen an der wohl wichtigsten Aufgabe, dem alternden Menschen oder dem alternden Tier ein beschwerdefreies Alter bei hoher Lebensqualität zu ermöglichen!

Auf wunderbare Weise ist der Stoffwechsel eines jeden einzelnen Wesens auf dieser Erde in einen übergeordneten **Stoffkreislauf der Organismenwelt** einbezogen: Die Pflanzen stellen in ihrer Rolle als 'Produzenten' organische Substanzen her. Menschen und Tiere nehmen in der Rolle des 'Konsumenten' diese Substanzen mit der Nahrung auf. Am Ende des Kreislaufs stehen die Bakterien als 'Reduzenten'. Sie führen die in Pflanzen, Tieren und Menschen gebildeten organischen Stoffe nach deren Tod wieder in die Mineralienform zurück.

Ein Lebewesen ist im Stoffwechsel-Gleichgewicht, wenn so viele chemische Elemente und so viel Energie in Form der Nahrung aufgenommen werden, wie als Stoffwechsel-Endprodukte abgegeben oder als Energie verbraucht werden.

Wie verändert sich der Pferdekörper?

Wenn Sie sich das Geschehen in jeder einzelnen Körperzelle als eine Serie lustiger Cartoons bildhaft vorstellen, werden Sie wahrscheinlich auch eher nachvollziehen können, welche Folgen der Alterungsprozess auf den gesamten Körper Ihres Pferdes hat. Auch Ihr äußerlich fit erscheinendes Pferd ist vor ersten altersbedingten Störungen im vorab reibungslosen Ablauf seiner Körperfunktionen nicht gefeit. *Ihre* Aufmerksamkeit - und Ihre Bereitschaft, mit einem ganzheitlich arbeitenden Tierarzt zusammenzuarbeiten - ist daher gefragt, damit sich kleine Störungen nicht zu schwerwiegenden Erkrankungen entwickeln können. Hier ein Überblick über die wichtigsten Symptome des Altwerdens:

Immer mehr graue Fellpartien sind im Gesicht des alten Pferdes erkennbar.

Haut und Haarkleid

Die **Haut** erschlafft, weil das Fett in der Unterhaut schwindet und die Zahl der Zellen der Oberhaut weniger wird. Durch den allmählichen Verlust an elastischem Gewebe wird das menschliche Gesicht faltig und runzlig - beim Pferd bilden sich Gruben über den Augen und deutliche Querfalten über den Nüstern. Da auch frisches, gesundes Gewebe nicht mehr so zügig hergestellt werden kann, verzögert sich die **Wundheilung** spürbar und die Oberfläche schließt sich später als in jungen Jahren *(Praxistip: Enzymhaltige Präparate zur innerlichen und äußerlichen Anwendung).*

Fast ausschließlich bei grauen oder weißen Pferden treten im Alter bösartige Hauttumore - Melanome - auf. Sie machen sich in Form kleiner, harter Knollen um den After und innen am Schweifansatz, aber auch am Kopf oder am Schlauch bemerkbar.

Die Pigmentbildung verändert sich, und das einzelne **Haar** verliert an Farbe. Während der Mensch 'ergraut', sein Haar an Fülle verliert oder ganz ausfällt, finden sich in Mähne und Schweif des Pferdes, gelegentlich auch im Deckhaar, immer häufiger drahtig-weiße Strähnen. Die einst klaren Konturen der weißen Abzeichen fransen aus und auch die Pferdegesichter werden allmählich stichelhaarig-grau.

Auch der **Fellwechsel** verzögert sich. Entweder wird weniger Winterhaar gebildet, oder aber - was häufiger vorkommt - dicke Haarbüschel bleiben bis weit in den Sommer hinein im Brust- und Bauchbereich, in der Kehlgrube und an der Flanke.

Hormonell gesteuerte Stoffwechselprozesse verursachen das Wachstum dieses 'Angsthaars'. Der Körper wähnt sich im Herbst der bevorstehenden Temperaturbelastung nicht mehr gewachsen. Er produziert übermäßig viel Haar, um 'auf Nummer Sicher' zu gehen. *(Praxistip: komplette Haarschur, sobald kein kaltes, nasses Wetter mehr zu erwarten ist - sonst eindecken! Optimale Versorgung mit Nährstoffen, Mineralien und Vitaminen, Zufütterung von Heilkräutermischungen).*

Der Bewegungsapparat

Im Laufe der Zeit verändert sich auch der Bewegungsapparat, also die Gesamtheit der Bewegungsorgane: Knochen, Gelenke, Bänder und Skelettmuskeln. Da Knochengewebe abgebaut wird, werden die **Knochen** brüchiger. Das Bindegewebe verliert an Elastizität; Knorpel wird abgebaut. Arthrosen können entstehen - vorwiegend degenerative Gelenkerkrankungen, die sehr schmerzhaft sind und mit Gelenkversteifungen und -verformungen einhergehen und das betroffene **Gelenk** in seiner Funktion beeinträchtigen *(degenerativ = die Teilungsfähigkeit der Zelle ist aufgrund der Stoffwechselstörung beeinträchtigt).* Parallel zum Knorpelabbau wird auch der Gang unelastischer. Das Pferd geht beim Herausführen aus dem Stall klamm oder gar lahm. Bei feuchtem und kaltem Wetter verstärken sich die Symptome, während sich durch behutsame Bewegung der Zustand verbessert *(Praxistip: Präparate, die Extrakte der Grünlippigen Seemuschel enthalten; Heilkräutermischungen; Lederpolster zwischen Huf und Eisen, um die Bodenhärte abzumilden und Stolperhäufigkeit zu mindern).*

Genau genommen, beginnt der Alterungsprozeß bereits beim Jungpferd.

Da sich in den Zellen die Stoffwechsel-Endprodukte anhäufen und das normale Funktionieren der Zelle erschweren, leiden auch die **Muskeln**. Sie verlieren an Umfang und Spannkraft. Das sogenannte Muskelzittern ist eine nervöse Krankheit, die dazu neigt, sich im Alter zu verschlimmern. Dabei zittern einige Muskelgruppen - besonders in den Hinterbeinen - unwillkürlich, ohne daß das Pferd jedoch Schmerzen leidet. Die sichtbare 'Straffheit' der Muskulatur nimmt ab, so daß sich beim Pferd allmählich ein Senkrücken bildet. Auch die **Bänder** verlieren mehr und mehr an Elastizität und beeinträchtigen seine Beweglichkeit. Durch **Durchblutungsstörungen** stolpert das Pferd häufiger und bringt nicht nur den Reiter, sondern sich selbst in Gefahr: Die durch einen Sturz hervorgerufenen Wunden an den Karpalgelenken lassen sich wegen ihrer zerfetzten Ränder schwer

Wichtiger Zusatzhinweis:

Lassen Sie Ihr altes Pferd nicht 'in bester Absicht, um es zu schonen', häufiger im Stall stehen. Bei unzureichenden Hygienebedingungen kann es auf nasser schmutziger Einstreu schnell zu wuchernden und schwammigen Veränderungen am Strahl kommen. Anfangs ähneln Sie der Strahlfäule, breiten sich aber als Hufkrebs schnell auf die gesamte Hufsohle aus. Ziehen Sie bei ersten Anzeichen sofort Tierarzt und Hufschmied hinzu, um Therapiemaßnahmen abzustimmen!

nähen und brauchen daher lange Zeit, um zu verheilen.

Atemwege und innere Organe

In den Arterien bilden sich Ablagerungen, so daß das Blut nicht mehr so ungehindert wie in jungen Jahren fließen kann. Dadurch nimmt die Sauerstoffversorgung des Gewebes ab und das Pferd muß sich bei erhöhter Arbeitsanforderung deutlich mehr anstrengen. Obwohl es an Leistungsfähigkeit allmählich verliert, muß das **Herz** härter arbeiten, um Blut durch die verengten Arterien zu pumpen.

Deutliches Symptom für eine Sauerstoffunterversorgung des Herzmuskels: Das Pferd bleibt 'grundlos' stehen, um 'störrisch' nicht weiterarbeiten zu wollen. Den Kopf dreht es dabei meist nach links. Nach einigen Minuten geht es von selbst unaufgefordert weiter *(Praxistip: sofort Tierarzt hinzuziehen und herzstützende Medikamente verabreichen).*

Auch das Gewebe der **Lunge** verliert an Elastizität, bei schnellen Tempi wird das Atmen mühsamer. Die Atemmuskulatur überanstrengt sich. Die über die **Atemwege** in den Körper gelangenden Viren und Bakterien werden nicht mehr so wirksam herausgefiltert. Da der Organismus insgesamt in seiner Fähigkeit nachläßt, sich Veränderungen anzupassen, steigt auch die Anfälligkeit gegenüber Infektionskrankheiten *(Praxistip: homöopathisches Konstitutionsmittel; Steigerung der Immunabwehr durch Pflanzenpräparate wie Echinacin-Tropfen; Heilkräutermischungen).*

In den **Verdauungsorganen** laufen die Prozesse in der Verarbeitung der Nahrung langsamer als früher ab. Die Zähne nutzen sich

Wichtiger Zusatzhinweis:

Wie beim Menschen befinden sich auch bei Ihrem Pferd im Gesichtsteil des Schädels lufthaltige und mit Schleimhaut ausgekleidete Höhlen, die sogenannten Nebenhöhlen. Beim jungen Pferd ist die Kieferhöhle weitgehend von den Zahnwurzeln ausgefüllt, die in sie hinaufragen. Mit zunehmenden Alter schieben sich jedoch die abgenutzten Zähne weiter aus dem Kiefer heraus, so daß sich der Luftraum in der Kieferhöhe erweitert. Erkältet sich Ihr insgesamt anfälligeres altes Pferd, kann die Infektion in diese Kopfhöhlen gelangen. Achten Sie unbedingt darauf, ob es Schmerzempfindungen zeigt, wenn Sie es unterhalb der Augen (beim Putzen, Aufhalftern und Auftrensen) berühren und ob ihm bei gesenktem Kopf eitriger Ausfluß aus den Nüstern läuft! Ziehen Sie sofort Ihren Tierarzt hinzu!

kontinuierlich - schließlich bis zur Größe eines Stummels - ab, da die Zahnwurzeln immer kürzer werden. Bei Zahnausfall kann der Gegenzahn so weit herunterwachsen, daß eine Stufe entsteht. Da eine solche Stufe die Nahrungsaufnahme ganz unmöglich macht, muß der Tierarzt den überstehenden Zahn abraspeln.

Fehler in der Art und Menge der Fütterung werden noch weniger 'verziehen' als früher *(Praxistip: für Pferde entwickelte Hefepräprate zur Anregung der cellulose-verdauenden Mikroorganismen und zur Stabilisierung des pH-Wertes; Heilerde, um Schadstoffe im Darm zu binden).*

Hinter Schwerfuttrigkeit und Gewichtsverlust kann sich auch eine chronische Nierenentzündung verstecken, die vermehrt nach dem 15. Lebensjahr auftritt (sie wird nicht nur durch Erkältungen, sondern auch durch Vergiftungen verursacht oder ist Begleitsymptom anderer Erkrankungen). *(Praxistip: gegebenenfalls nächtliches Aufstallen, Heilkräuter, homöopathisches Konstitu-*

tionsmittel). Die **Nieren** filtern Verunreinigungen im zunehmenden Alter nicht mehr so schnell und so vollständig aus dem Blut heraus. Das mit dem Futter zugeführte Protein, welches eigentlich Muskeln und Gewebe aufbauen soll, wird durch die geschädigten Nieren in den Urin ausgeschieden und nicht über die Leber dem Körper zur Verwertung zugeführt.

Sinnesorgane

Falls Sie die verminderte Scheuneigung Ihres Methusalems der 'Weisheit des Alters' zuschreiben, so könnte diese an sich positi-

Helfen Sie dem Appetit auf die Sprünge!

Wenn Ihr Pferd Futter aufnimmt, versorgt es seinen Körper mit der zum Leben notwendigen Energie. Es benötigt ungefähr 70 Prozent dieser Energie, um seine wichtigsten Prozesse in Gang zu halten - zum Beispiel die Tätigkeit von Herz, Leber und Niere.

Nur etwa 30 Prozent der aufgenommenen Futtermittel werden in 'äußere Energie' umgewandelt, die dann für Bewegungsaktivitäten zur Verfügung steht. Jede Form des Futters stellt eine bestimmte Energiemenge bereit, die bei der Verbrennung durch die Körperzellen freigesetzt wird. Aufgabe des Stoffwechsels ist es, Energieaufnahme und -verbrauch im Körper im Gleichgewicht zu halten - und zwar Tag für Tag.

Verbrennt Ihr Pferd mehr Energie als Sie ihm über das Futter zuführen (das kann leicht bei einem anstrengenden Langstreckenritt passieren), greift sein Körper auf seine eigenen Brennstoffreserven zurück und es verliert Gewicht.

Umgekehrt verhält es sich, wenn es mehr oder weniger unbeschäftigt auf einer sehr nahrhaften Weide steht und mehr frißt als es verbraucht. Mit zunehmendem Alter verringert sich bei einigen Pferden zunächst der Bedarf an Nahrung, und es kostet weit mehr Energie, sein Muskelgewebe durch körperliches Training in Form zu halten Es wird 'leichtfuttrig' und sieht prall aus, ohne daß es übermäßig viel Futter aufzunehmen scheint.

Der überwiegende Teil alter Pferde jedoch scheint aber mit den Jahren schwerfuttriger zu werden. Bei gleicher Futterart, -menge und -qualität wie früher treten die Rippen allmählich wieder hervor.

ve Veränderung tatsächlich auf einem leichten Nachlassen der **Sehkraft** beruhen (*Praxistip: homöopathisches Konstitutionsmittel*). Sie wird im Volksmund 'Schattensehen' genannt und ist der Grund dafür, daß Ihr Pferd häufiger scheut. Die vollständige Erblindung eines Auges beeinträchtigt die Arbeitstauglichkeit weniger.

Auch der Graue Star ist eine typische Alterskrankheit. Bei dieser erblich bedingten Krankheit trübt sich die Linse und läßt das Licht nicht mehr ungehindert durch. Je nach Art und Ausdehnung der Trübung wird die Sehkraft mehr oder minder beeinträchtigt.

Auf jeden Fall scheint bei vielen Pferden im Alter das **Hörvermögen** geringfügig nachzulassen - ebenso der **Geschmackssinn.** Dies zeigt sich unter anderem auch in einem verminderten Appetit und beginnender Schwerfuttrigkeit. Auch eine Verminderung von **Geruchs- und Tastsinn** wurde beobachtet - einige Pferde sind nicht mehr so wählerisch beim Aussortieren weniger genießbarer Pflanzen, andere stoßen sich in ihrem Stall häufiger zum Beispiel an der Futterkrippe (*Praxistip: Mashfütterung, appetitanregende Heilkräuter, Honig und Apfelstücke im Futter, Reformhafer mit süßlichem Melasse-Anteil*).

Was Sie jetzt besonders beachten müssen:

Jedes Pferd - also auch Ihr Kamerad - altert auf höchst individuelle Weise, so wie Sie selbst vielleicht erst im fortgeschrittenen Alter eine graue Strähne in Ihrem Haar entdecken werden, während ein 40jähriger Kollege sich bereits einen kompletten Zahnersatz anfertigen lassen muß. Korrekt robust gehaltene Ponys, die den sogenannten Pri-

Mash-Rezepte für stille Genießer

DER KLASSIKER

Zutaten: 2 Bechertassen Weizenkleie
2 Bechertassen Haferschrot
1 Tasse 2 - 3 mal aufgekochten, ausgequollenen Leinsamen*
1 TL grobes Viehsalz

Zubereitung: Alle Zutaten vermengen, mit 3 - 4 l kochendem Wasser übergießen, umrühren und an warmem Ort zugedeckt ausquellen lassen. Sobald das Gericht auf Handwärme abgekühlt ist, nochmals umrühren und sofort verfüttern (keine Reste aufbewahren, da Gärungsgefahr!)

DER FITMACHER

Zutaten: 1 Bechertasse Leinsamen* (mit kochendem Wasser übergossen, über Nacht abgekühlt und aufgequollen)
2 Bechertassen gequetschter Hafer
2 Bechertassen Weizenkleie
2 EL Lebertran
1 TL Mineralsalz

Zubereitung: Gequollenen Leinsamen in großem Topf mit 3 l Wasser aufkochen, 2 - 3 mal aufwallen lassen. Topf vom Herd nehmen, Hafer, Kleie und Mineralsalz unterrühren und alles ausquellen lassen. Ist das Gericht handwarm, Lebertran unterrühren und verfüttern (Reste fortschütten).

KRÄUTERHEXE

Zutaten: 1 Bechertasse Zuckerrüben-Schnitzel (in mindestens der vierfachen Menge Wasser 12 Stunden lang eingeweicht)
2 Bechertassen geschroteter Mais
2 Bechertassen Quetschhafer
1 Bechertasse Weizenschrot
1 Bechertasse Hustenkräuter (Brennessel, Huflattich, Isländisch Moos, Spitzwegerich)
1 TL Jodsalz

Zubereitung: Alle Zutaten außer den Kräutern mit kochendem Wasser übergießen, umrühren und ausquellen lassen. Ist das Gemisch auf Handwärme abgekühlt, Hustenkräuter einrühren und alles verfüttern (Reste fortschütten).

VITAMIN-COCKTAIL

Zutaten: 1 Tasse (aufgekochten, aufgequollenen) Leinsamen
2 Bechertassen Weizenkleie
2 Bechertassen Quetschhafer
1 Pfund geraspelte Möhren
1 Pfund geraspelte Äpfel
1 EL Obstessig
2 EL Honig

Zubereitung: Gequollenen, vorbehandelten Leinsamen mit Weizenkleie und Quetschhafer in 3 l Wasser aufkochen und ausquellen lassen, Möhren- und Apfelraspel, Obstessig und Honig daruntermischen und handwarm verfüttern (keine Reste aufbewahren, da Gärungsgefahr).

mitivrassen zugeordnet werden, werden häufig über 30 Jahre alt. Aber auch Voll- und Warmblüter haben durchaus eine Lebenserwartung von 25 Jahren und mehr. Sie wissen bereits, daß die Lebenserwartung Ihres Pferdes beeinflußt wird durch

- seine Aufzuchtbedingungen,
- Art und Zeitpunkt seines Anreitens,
- die Haltungsgegebenheiten während seines bisherigen Lebens,
- die Intensität und Weise seiner Nutzung.

Sie können in den verschiedenen Lebensbereichen tatsächlich einiges tun, um den Alterungsprozess Ihres Pferdes hinauszuzögern. Dazu zählen folgende Maßnahmen:

Im Bereich Nahrungsaufnahme:

- eine Ernährung, die sich in der Menge, der Zusammensetzung und der Darreichungsform an seinem Ernährungszustand orientiert,
- Krankheiten vorbeugt und
- auf die dauerhafte Ausheilung oder Linderung bestehender gesundheitlicher Störungen abzielt.

Die tägliche 10-Punkte-Kontrolle

Machen Sie es sich Tag für Tag zur lieben Gewohnheit, bei Ihrem alten Pferd einen vorsorglichen **Gesundheits-Kurz-Check** durchzuführen. Fragen Sie dabei wie folgt:

Kontrollbereich	Zeichen von Gesundheit	Zeichen möglicher Erkrankung
Blick	wach und klar	desinteressiert
Ohrenspiel	aufmerksam	gleichgültig
Kopf	erhoben getragen	hängend
Haarkleid	glatt, glänzend (im Sommer) trocken und dicht (im Winter)	matt, gesträubt feucht, gesträubt
Futterzustand	Muskeln gut sichtbar Rippen nur in der Bewegung sichtbar	Muskeln 'eingefallen' Rippen stets sichtbar
Stellung der Gliedmaßen	gerades Stehen, bei Belastung aller Beine	'schiefes' Stehen, bei Entlastung eines Beines
Hufe	fest, kühl, intaktes Horn	weich, brüchig, faulig, warm
Atem	ruhige Atembewegung des Brustkorbes	hastig, flach
Schleimhäute	blaßrosa-rot	bleich, grau, entzündlich-rot
Schweif	normal bis stolz getragen	schräg getragen, 'einklemmt'

Bereits 1 Kreuzchen unter 'Zeichen für mögliche Erkrankung' sollte Sie veranlassen, zunächst einen intensiveren Check-up vorzunehmen. Orientieren Sie sich dabei an Kapitel 5, Bestandsaufnahme 'Zeichen von Gesundheit' und 'Zeichen einer Störung'. Notieren Sie alle Unregelmäßigkeiten unbedingt schriftlich! Ziehen Sie den Tierarzt zurate, falls Sie das Gefühl haben, Ihr Pferd sei nicht ganz gesund.

Warum sind Mash-Gerichte gut?

„Wie sieht mein Pferd aus? Verhält es sich normal?" Stellen Sie sich diese Fragen beim täglichen Gesundheits-Check.

Ihrem alten Pferd scheint es nicht mehr zu schmecken? Es stöbert nur noch mißmutig in seinem Futtertrog herum? Auch qualitativ hochwertige Einzelfuttermittel werden nicht mehr mit Appetit aufgenommen? Dann ist es Zeit, mal den Kochlöffel zu schwingen. Versuchen Sie, Ihrem Methusalem mit einer warmen Mahlzeit wieder Lust am Fressen zu verschaffen.

Beim Mash-Kochen werden die Pflanzenbestandteile in siedendem Wasser gar gemacht. Gar heißt in diesem Zusammenhang leichter verdaulich und auch besonders schmackhaft. Zellgewebe werden gelokkert, Nährstoffe freigelegt und Geschmacksstoffe gebildet. Mineralstoffe und Zucker werden gelöst, Fette verflüssigt, Eiweiß gefällt und Stärke gekleistert.

- **im Bereich Bewegung:**
  - freie Auslaufmöglichkeit ebenso wie
  - überlegte Nutzung

  die beide seinem Grundtypus *(siehe Kapitel 5, Bestandsaufnahme)* weitgehend entgegenkommen
- **im Bereich Ruhen/Schlafen:**
  - mehr Gelegenheit zu echtem Tiefschlaf in entspannter Seitenlage, um die Selbstheilungskräfte im Körper zu stärken
  - (im Vergleich zu früher) längere Ruhepausen nach körperlicher und psychischer Belastung, die ihm helfen, eine gute körperliche und seelische Verfassung zu erhalten oder wiederherzustellen
- **im Bereich Sozialverhalten**
  - die Einbindung in eine feste geradzahlige Pferdegruppe, in der es sich seinem Geschlecht und seinem Alter entsprechend geborgen fühlt und nicht durch ständige Neuzugänge und Abgänge in Spannung und Unruhe versetzt wird
- **im Bereich Komfortverhalten**
  - besondere Rücksichtnahme auf sein erhöhtes Bedürfnis nach Licht, Luft sowie Schutz vor Nässe und Hitze und verbesserte Isolation gegen Bodenkälte.
- **im Bereich Fortpflanzung**
  - Augenmerk auf Veränderungen im Fortpflanzungsverhalten (Dauerrosse bei Stuten, aufflammende Triebhaftigkeit bei Wallachen, körperliche Veränderungen, die auf Erkrankungen der Geschlechtsorgane hindeuten), um umgehend medizinisch eingreifen und schweren Störungen vorbeugen zu können.

Bei der Zusammensetzung der „Rentnergruppen" gilt: Unruhe möglichst vermeiden.

Im Idealfall halten Sie Ihr Pferd in einer kleinen Pferdegruppe, die in etwa einer Wildpferdefamilie entspricht. Die Zusammensetzung einer solchen Familie ändert sich kaum - es kommen lediglich im Frühjahr neue Fohlen hinzu, von Zeit zu Zeit wird ein Pferd von einem Raubtier gerissen oder ein altes Tier stirbt. In einem solchen Verband kann Ihr Pferd in der Geborgenheit der vertrauten Gruppe altern. Doch leider ist die Zahl der Pferdehalter, die ihre Tiere in Eigenregie halten und ihren Pferden ein so störungsfreies Leben bieten können, verschwindend gering im Vergleich zu den Pferdebesitzern, die ihr/e Pferd/e in einem Pensionsbetrieb halten (müssen).

Gehören auch Sie zur letztgenannten Gruppe? Dann wissen Sie, daß hier der Pferdebestand häufig wechselt. Und oft genug ist beim Stallvermieter weder das Fingerspitzengefühl bei der Zusammensetzung der Gruppen - noch der Wille hierzu! - vorhan-

- **im Bereich Ausscheidung**
  - aufmerksame Beobachtung der Ausscheidungsprodukte. Sie geben Hinweis auf mögliche Störungen der Verdauungsorgane (Haferkörner im Kot = Zahnprobleme) und ableitenden Harnwege (schwarzbrauner Urin).

Verändert sich auch die Psyche Ihres Pferdes?

In der Wildnis hängt von der Erfahrung der alten Leitstute oft genug das Überleben des gesamten Familienverbandes ab. Erst wenn ihre körperlichen Kräfte spürbar nachlassen, wird sie von der im Rang nächsthöchsten Tochter abgelöst. Auch der alte Leithengst muß seine Position erst aufgeben, wenn er im Kampf von einem jüngeren, ihm körperlich überlegenen Rivalen besiegt wird. Und das domestizierte Pferd?

Scheuen Sie den Stallwechsel nicht, wenn damit deutlich bessere Haltungsbedingungen für Ihr Pferd verbunden sind.

den, um auf sensible oder alte Tiere Rücksicht zu nehmen. Lassen bei Ihrem alternden Tier Körperkraft und -geschicklichkeit nach, wird jeder Neuzugang es sich auf der Weide 'vorknöpfen' und es unter Umständen sogar drangsalieren. Unter einer solchen Situation leidet Ihr altes Pferd (vor allem, wenn es früher einen sehr hohen Rang innehatte und diesen aufgrund seiner Souveränität kaum verteidigen mußte) mitunter sehr - beileibe nicht nur körperlich, sondern, vielleicht von Ihnen zunächst unbemerkt, auch psychisch.

Das ist jetzt wichtig:

- Beobachten Sie regelmäßig das Verhalten Ihres alten Pferdes im Zusammensein mit seinen Kameraden auf der Weide. Entdecken Sie vielleicht, daß Ihr Pferd auf einen der unteren Ränge 'hinuntergeprügelt' wird? Dann müssen Sie mit körperlichen Schäden rechnen: Da ihm die Wendigkeit fehlt, muß es entweder Huftritte 'einstecken' oder es gleitet auf nassem Untergrund häufig aus und fällt hin.
- Finden Sie unbedingt heraus, ob sich Ihr Pferd aufgrund dieser schmerzhaften Erfahrungen vor dem Weidegang und/oder bestimmten Herdenmitgliedern fürchtet.

Merke:

Machen Sie es sich in diesem Lebensabschnitt Ihres Pferdes zur lieben Gewohnheit, in allen Situationen, die in irgendeiner Form mit Ihrem Tier zu tun haben, nachdenklich zu fragen: Ist dies im Sinne meines alternden Pferdes? Dient dies seinem Wohle?

Wenn Sie auch nur einen Hauch von Zweifel spüren, sollten Sie das, was Sie zu tun gedachten, noch einmal gründlich überprüfen und Ihr Vorhaben gegebenenfalls ändern.

- Reden Sie freundlich, aber ernsthaft mit dem Stallbetreiber darüber und versuchen Sie gemeinsam, eine Lösung zu finden, die Ihrem alten Pferd gerecht wird - zum Beispiel zukünftig Weidegang gemeinsam mit drei weiteren Pferden, die es gut kennt und die es akzeptieren.
- Seien Sie skeptisch, falls er Ihnen eine Haltung in einer reinen Zweiergruppe (Ihr Pferd gemeinsam mit einem ihm sympathischen Artgenossen) anbietet. Diese Gruppe ist nur auf den ersten Blick ideal. Doch vielfach entwickeln sich die Pferde in einer solchen Gruppe zu Klebern. Ihr Pferd (oder sein Kumpel) leidet, wenn der Partner zum Reiten geholt wird. Rennt Ihr alleingelassenes Pferd panisch umher, können sich eventuell vorhandene Verschleißerscheinungen seines Bewegungsapparates verschlimmern. Außerdem steigt die Möglichkeit, daß sich Ihr Pferd verletzt, wenn es ausgleitet oder versucht, die Zaunanlage zu durchbrechen.
- Sollten Sie in Ihrem Betrieb keine akzeptable Lösung durchsetzen können, sehen Sie sich schnellstmöglich nach einer anderen Haltungsanlage um, in der man auf Ihr altes Pferd und seine Besonderheiten Rücksicht nehmen und es beispielsweise gemeinsam mit anderen alten Tieren halten kann, bei denen die Probleme ähnlich gelagert sind.
- Haben Sie vor diesem Schritt - den vor Ihnen bereits viele andere Pferdebesitzer getan haben - keine Angst, sofern die neuen Bedingungen wirklich besser sind. Ihr altes Pferd kann sich *noch einmal* umgewöhnen und neue Freundschaften schließen.

Kapitel 10 • Sinnerfüllter Lebensabend:

Unheilbar, unreitbar... und dennoch zufrieden!

'Wird mein Pferd wieder gesund?' Bei jeder Erkrankung Ihres Pferdes, gleichgültig, in welchem Lebensabschnitt sie auftritt, stellen Sie Ihrem Tierarzt diese bange Frage. Zum Glück ist die ärztliche Kunst heute so weit gediehen, daß er in den meisten Fällen die erlösenden Worte ausspricht: 'Das bekommen wir schon wieder hin!' Seine Hoffnung ist durchaus begründet: Zu den klassischen Diagnoseverfahren *(vergleichen Sie dazu auch Kapitel 6 'Ihre wichtigsten Partner')* addieren sich heutzutage hochspezialisierte technische Untersuchungsmöglichkeiten, auf deren Ergebnissen niedergelassene Tierärzte und Pferdefachkliniken weitaus vielschichtigere - und damit auch erfolgversprechendere - Behandlungen durchführen können als noch vor wenigen Jahrzehnten. Doch wie werden Sie sich fühlen, wenn Ihr Tierarzt Ihnen eines Tages - nach langen Untersuchungsreihen - eröffnen muß: 'Ihr Pferd ist unheilbar krank!' oder 'Sie werden es nie wieder reiten können!' Unheilbar, unreitbar: Was bedeutet beides für Ihr Pferd - und für Sie?

Ein zufriedenes Pferdeleben - um das zu genießen, benötigt kein Pferd einen Reiter auf seinem Rücken!

Diagnose 'unheilbar' - ein Todesurteil?

Jede Krankheit ist ein multifaktorielles Geschehen - das

heißt: sie hat viele Ursachen. Nicht nur Erreger wie Bakterien, Viren, Pilze, Gifte oder Schädlinge können sie auslösen, sondern auch Ernährungsfehler oder Störungen im Stoffwechsel im kleinsten Baustein aller Lebewesen, der Zelle. Darüber hinaus spielen die Gene, die eigene Konstitution, nachteilige Umwelteinflüsse und zu hohe Leistungsanforderungen eine Rolle. Doch selbst wenn zwei Lebewesen sich gleichen 'wie ein Ei dem anderen' und denselben Bedingungen ausgesetzt sind, so kann es doch sein, daß das eine erkrankt und das andere nicht.

Krankheit wird daher immer auch ein Geheimnis bleiben. Sie können (und sollten) durch vorbeugende Maßnahmen und Sicherheitsvorkehrungen alles für Ihr Pferd tun, was in Ihrer Macht steht - und werden dennoch nie ausschließen können, daß sich im Körper Ihres vierbeinigen Partners eine Krankheit manifestiert, für die die Veterinär-Schulmedizin bislang keine erfolgversprechenden Heilverfahren entwickeln konnte.

Zum Glück sind die meisten dieser Krankheiten selten (unter anderem gehören dazu eine Reihe von Knochenbrüchen, Entzündungen des Rückenmarks, Dummkoller, die Borna-Krankheit, Blutfleckenkrankheit, Melanome, Lymphsarkome, das heißt Krebs im Bereich der Lymphknoten der Därme, schwere Formen der chronischen Nierenentzündung, bestimmte Formen der Gehirnentzündung und Vergiftungen), andere wiederum - vor allem diejenigen, die den Bewegungsapparat Ihres Pferdes betreffen - treten vor allem im Alter häufiger auf (wie Arthrose, Strahlbeinlahmheit - genannt 'Hufrolle'-, artikuläre Schale und einige mehr).

Auch wenn Sie der folgende Satz schockieren wird: Einige (aber nicht alle) dieser Krankheiten bedeuten für Ihr Pferd das Todesurteil. Sie werden im nächsten Kapitel nachlesen können, wie Sie mit diesem Urteil umgehen müssen und welche Hilfestellungen von außen Sie dabei annehmen können.

Werden Sie selbst aktiv...

Wenn Ihr Pferd jedoch an einer - nach schulmedizinischer Sicht - unheilbaren Krankheit leiden sollte, die eine umgehende Euthanasie (Tötung) *nicht* zwingend notwendig macht, sollten Sie versuchen, nicht in Panik zu geraten. Betrachten Sie die Krankheit als Herausforderung und gehen Sie wie folgt vor:

- Bitten Sie Ihren Tierarzt um ein ausführliches Gespräch, auf das Sie sich gut vorbereiten. Notieren Sie vor diesem Gespräch möglichst viele Fragen zum Verlauf der Krankheit und zu eventuellen Möglichkeiten, ein Fortschreiten der Krankheit hinauszuzögern.
- Fragen Sie auch danach, ob im Rahmen einer ganzheitlichen Behandlungsweise Naturheilverfahren ergänzend eingesetzt werden können. Naturheilverfahren können in vielen Fällen eine Krankheit nicht heilen, aber doch den Organismus insgesamt kräftigen und unterstützen und Begleitsymptome abmildern.
- Sollte Ihr Tierarzt Naturheilverfahren gänzlich ablehnen, nehmen Sie unbedingt Kontakt zu einem Tierarzt auf, der Naturheilverfahren ergänzend einsetzt.
- Alternativ suchen Sie einen seriösen Tierheilpraktiker auf *(der Ihnen durch Mundpropaganda empfohlen wurde).*

- Führen Sie weiterhin Informationsgespräche mit verschiedenen Tierkliniken und Tierärztlichen Instituten der Universitäten.
- Besorgen Sie sich ein möglichst umfangreiches Wörterbuch der Medizin ebenso wie grundlegende Literatur über Pferdekrankheiten.
- Versuchen Sie, auch weiterführende Literatur über die spezifische Erkrankung zu erhalten. Bitten Sie Ihren Buchhändler, mittels in den Computer eingegebenen medizinischen Stichworten nach Veröffentlichungen zum Thema zu suchen.
- Studieren Sie sämtliche Literatur gründlich.
- Bitten Sie Pferdefachredaktionen, einen kleinen 'Hilferuf' zu veröffentlichen, in dem Sie andere Pferdehalter mit demselben Problem um Kontaktaufnahme bitten.

Basiswissen zum Thema Heilverfahren (1. Teil)

Schulmedizin heißt die an den Hochschulen gelehrte naturwissenschaftlich begründete Heilkunde.

Als **Naturheilkunde** wird die Lehre der Behandlung von Krankheiten auf natürlichem Wege bezeichnet. Sie zielt darauf ab, die Selbstheilungskräfte im Organismus eines jeden Lebewesens anzuregen. Sie wendet Luft und Licht, Klimareize, Kalt- und Warmwassereinwirkungen, Ruhe und Bewegung, Hautreizungen und eine auf die Bedürfnisse abgestimmte Ernährung an. Außerdem geht sie davon aus, daß die von der Natur zur Verfügung gestellten Heilstoffe (z. B. in Pflanzen) dem Körper besonders zuträglich seien.

Die Bezeichnung **alternative Heilmethoden** hat sich für bestimmte Therapieformen und Naturheilverfahren eingebürgert. Sie beziehen sowohl altbewährte Hausmittel ein als auch Heilmethoden anderer Kulturkreise. Fast alle bauen auf dem Grundsatz auf, daß die heilenden Kräfte im Organismus des Patienten selbst - ob Mensch oder Tier - liegen. Einige alternative Methoden sind in der Schulmedizin nach wie vor umstritten, da sich ihre Wirkungen nicht naturwissenschaftlich nachvollziehen lassen. Gleichwohl zeigen sie bei Menschen und Tieren erstaunliche Erfolge. Sie basieren auch auf der Erkenntnis, daß ein kranker Mensch oder ein krankes Tier nicht nur körperlich, sondern ganzheitlich - also an Leib und Seele - erkrankt ist und daß die Behandlung die Psyche des zu Heilenden ebenso wie sein gesamtes Umfeld einzubeziehen hat.

Kräuterheilverfahren verwenden sogenannte Heilkräuter zur Heilbehandlung, also krautige Wild- und Kulturpflanzen, von denen je nach Pflanze Wurzel-, Blatt-, Blüten-, Kraut-, Rinden- oder Samenteile geeignet sind. Die in ihnen enthaltenen Substanzen, unter anderem Enzyme und Spurenelemente, dienen der Regeneration der Körperzellen. Daher sind Kräuterheilverfahren gerade für alte Pferde geeignet, deren Zellstoffwechsel nicht mehr richtig funktioniert. Auch Sie als Laie können anhand geeigneter Literatur eine speziell für die Leiden Ihres Pferdes geeignete Mischung zusammenstellen oder in Apotheke, Reformhaus, Naturkostladen oder ostasiatischen Lebensmittelgeschäften kaufen. Heilkräuter werden frisch unter das Futter gemischt oder in Form von Pulver oder aufgebrüht als Tee über das Futter gegeben. Anwendungsmöglichkeiten: innerlich zur Entschlackung des Organismus, zur Anregung des Zellstoffwechsels und damit zur Kräftigung aller Organe, äußerlich als Packung oder Salbe.

Einen mittlerweile sehr hohen Stellenwert bei ganzheitlich arbeitenden Ärzten hat die **Homöopathie.** So heißt eine spezifische Reizbehandlung zur Anregung der Selbstheilkräfte des Organismus. Das von dem deutschen Arzt Samuel Hahnemann 1810 begründete Therapieverfahren wendet das Simileprinzip an. Das heißt, daß eine Krankheit durch eine in starker Verdünnung (Potenz) verabreichte Substanz geheilt werden soll, die bei einem Gesunden ähnliche Symptome hervorruft wie das vorliegende Krankheitsbild. Die Homöopathie wird heute von vielen Tierärzten und Tierheilpraktikern angewandt. Sie können sich mit einiger Ausdauer in die umfangreiche verfügbare Literatur einlesen und Ihr Pferd bei einer akuten oder chronischen Erkrankung unterstützend behandeln. Anwendungsmöglichkeiten: Äußerlich und innerlich bei Verletzungen, vorbereitend und begleitend bei chirurgischen Eingriffen, bei den unterschiedlichsten Erkrankungen körperlicher und psychischer Art.

- Über die Frage der Therapiemöglichkeiten hinaus erkunden Sie, welche Änderungen Sie unter Umständen in sämtlichen Lebensbereichen Ihres Pferdes vornehmen müssen, um ihm für die restliche Zeitspanne ein weitgehend angenehmes Lebens zu sichern.
- Nehmen Sie auf jeden Fall auch Verbindung zu einem unabhängigen Pferdeernährungsspezialisten auf, der ein auf Ihr Pferd und sein Leiden abgestimmtes, individuelles Fütterungskonzept erarbeitet.

Auf diese Weise geben Sie sich nicht passiv leidend der Situation hin, sondern nehmen aktiv die Fürsorge für Ihr Pferd in die Hand. Sie werden eine Vielzahl von Anregungen erhalten. Wägen Sie umsichtig ab, welche dieser Anregungen Sie mit medizinisch gebildeten Menschen diskutieren, mit Ihrem Tierarzt besprechen und gegebenenfalls in die Behandlung Ihres Pferdes einbeziehen möchten.

Merke:

Die Persönlichkeit eines jeden Lebewesens auf dieser Erde, ob Mensch, ob Tier, verdient zu jeder Zeit Achtung und Respekt, völlig unabhängig von der Frage des Lebensalters und der Belastbarkeit. Alte Pferde sind nach wie vor 'Pferde' und auf die Erfüllung ihrer Grundbedürfnisse, auf Wärme und Verständnis, auf Unterstützung und Würde angewiesen.

Basiswissen zum Thema Heilverfahren (2. Teil)

Auch für die Behandlung durch Sie als Laien geeignet ist die **Akupressur,** eine ursprüngliche chinesische Heilmethode. Mittels Fingerdruck oder kreisender Massage mit den Fingerkuppen werden bestimmte Körperpunkte angeregt (tonisiert) oder beruhigt (sediert). Die einzelnen Punkte sind bestimmten Organen zugeordnet, die durch die Stimulierung angesprochen und in ihrer Selbstheilungskraft aktiviert werden. Im Gegensatz dazu muß die *Akupunktur* vom Fachmann angewendet werden.

Die **Akupunktur** ist eine uralte chinesische Heilmethode, die auch bei Tieren bereits seit dreitausend Jahren angewandt wird. Sie beruht auf der Vorstellung, daß die Körperenergie eines Lebewesens in Kanälen - sogenannten Meridianen - durch den Organismus strömt. Bei Krankheiten gerät der Strom aus positiver und negativer Energie ins Ungleichgewicht. Indem er festgesetzte Hautbereiche (Akupunkturpunkte) mit einer Nadel reizt, stellt der ausgebildete Akupunkteur das natürliche Gleichgewicht wieder her. Anwendungsmöglichkeiten: Erkrankungen des Bewegungsapparates, der Atemwege, des Verdauungstraktes, Anregung des Immunsystems.

Noch recht selten wird im Pferdesport die **Chiropraktik** angewandt, ein 1897 von dem Amerikaner D. Palmer entwickeltes manuelles Heilverfahren. Es wird auch von der Schulmedizin anerkannt und als ärztliche Chirotherapie ausgeübt. Der Chiropraktiker beseitigt durch bestimmte Handgriffe schmerzhafte Blockierungen der Beweglichkeit der Wirbelsäule, unter denen viele Pferde unerkannt leiden. Durch das Einrenken der Wirbel kann das gestörte Nervensystem wieder ordnungsgemäß funktionieren; Schmerzen und Steifheit verschwinden. Die chiropraktische Behandlung bleibt dem erfahrenen Tierchiropraktiker oder in Chirotherapie ausgebildeten Tierarzt vorbehalten. Allerdings können auch Sie einfache Griffe erlernen, um den Rücken und Halsbereich Ihres Pferdes zu untersuchen und ihm bei Beschwerden Linderung zu verschaffen. Anwendungsmöglichkeiten: Gang- und Haltungsanomalien, unerklärliche Lahmheiten, Steifheit nach Stallruhe, Steifheit bei bestimmten Bewegungen, Muskelschwund, Sattelzwang, unerklärliche Scheuneigung, Berührungsempfindlichkeit.

Bitte beachten Sie:

Ganzheitliche natürliche Heilverfahren können den Organismus Ihres alten Pferdes stärken, somit Erkrankungen vorbeugen und chronische Prozesse mildern. Bei akuten Verletzungen und Erkrankungen sollten sie unbedingt in Absprache mit dem behandelnden Tierarzt und basierend auf seiner Diagnose angewandt werden.

'Als Reitpferd nicht mehr nutzbar!'

Der sehr schwerwiegenden Diagnose 'unheilbar' steht ein anderer Befund gegenüber, der gerade beim alternden Pferd keine Seltenheit ist. Ist Ihr Tierarzt ein einfühlsamer Psychologe, wird er vermutlich eine schonende Formulierung wählen: 'Nein, reiten würde ich das Pferd vorerst nicht mehr...' Der forschere Typ spricht klipp und klar die Diagnose 'als Reitpferd nicht mehr nutzbar' aus. Diese krass klingende Aussage soll sicherstellen, daß Sie Ihr Pferd keineswegs wieder sportlich einsetzen und ihm dadurch unentschuldbare Schäden oder Schmerzen zufügen. Beim alternden Pferd bedeuten vorwiegend folgende Erkrankungen das 'Aus' für den Reitsport:

Degenerative Gelenkerkrankungen bedeuten häufig das Ende der Verwendbarkeit als Reitpferd.

- nicht ausreichend behandelte oder chronisch-degenerative Erkrankungen des **Bewegungsapparates** (unzureichend behandelte Sehnenerkrankungen, unzureichend ausgeheilte Sehnen- und Bänderzerrungen, Hufrollenentzündung, Gelenksentzündungen, Arthritis, Arthrosen, Baastrup Syndrom, besser bekannt als 'Kissing Spine' = Neugelenkbildungen zwischen den sich berührenden Dornfortsätzen der Lendenwirbelsäule)
- schwere Erkrankungen der **Atemwege** (Lungenemphysem, auch Dämpfigkeit genannt)
- schwere Erkrankungen des **Herz-Kreislauf-Systems** (entzündliche und nicht-entzündliche Herzmuskelerkrankungen, angeborene oder erworbene Herzklappenfehler, seltener Krankheiten der Blutgefäße, also Arteriosklerose).

Wenn Sie ganz ehrlich zu sich sind, signalisiert Ihnen ein solcher Befund im ersten Moment das Ende Ihres *persönlichen* reitsportlichen Vergnügens mit diesem Pferd. Was Ihnen erst später ins Bewußtsein dringt ist die Tatsache, daß mit dieser Diagnose keineswegs auch die tierärztliche Empfehlung verbunden sein muß, dem Leben des Tieres umgehend ein Ende zu setzen. Der Befund zeigt lediglich auf, daß die bisherige Leistungsanforderung unter dem Reitergewicht (beziehungsweise beim Fahrpferd im Geschirr) aus medizinischen Gründen nicht länger vertretbar ist.

Drei Fragen, die Sie unbedingt abklären müssen

Sobald Ihr Tierarzt den Befund 'nicht mehr nutzbar' bestätigt, müssen Sie einige Fragestellungen klären:

- **'Leidet mein Pferd dauernd unter Schmerzen?'**

Lassen Sie sich von Ihrem Tierarzt umfassend über den verantwortungsvollen Einsatz von Schmerzmitteln informieren. Solche 'Analgetika' sind vielleicht notwendig, um Ihrem Tier über die erste, besonders schmerzintensive Phase einer Erkrankung hinwegzuhelfen. Allerdings gilt Schmerz auch als 'Hüter der Gesundheit', denn er signalisiert dem Pferd, das etwas in seinem Körper nicht in Ordnung ist. Es wird sich demnach schonen und so den Heilungsprozess beschleunigen.

Ihr Tierarzt wägt beim Einsatz schmerzstillender Mittel sorgsam ab, inwieweit der Nutzen eventuelle Nebenwirkungen überwiegt. Im akuten Fall bedeutet die Schmerzlinderung eine große Erleichterung für Ihr Pferd. Niemals dürfen schmerzstillende Mittel jedoch dazu mißbraucht werden, um eine Erkrankung, die die Nutzbarkeit des Pferdes beeinträchtigt, zu überdecken, nur um es weiter - wie gewohnt - reiten oder fahren zu können. Überdenken Sie auch sehr reiflich, ob man noch von 'Lebensqualität' sprechen kann, wenn sich Ihr Pferd nur einigermaßen bewegen kann, wenn Sie ihm täglich - und für den Rest seines Lebens - Schmerzmittel verabreichen müssen.

- **Wie lautet die Vorhersage des Tierarztes der künftigen Entwicklung der Krankheit?**

Behandelt Ihr Tierarzt Ihr Pferd seit vielen Jahren, kann er - unterstützt durch Ihre Angaben - meist auch Rückschlüsse auf den Entstehungsprozess der Erkrankung ziehen. In vielen - jedoch nicht allen - Fällen wird er daher auch eine einigermaßen realistische Prognose über den weiteren Verlauf stellen können. Diese Prognose muß nicht endgültig sein, denn natürlich steht es Ihnen frei, weitere Tierärzte, zum Beispiel Spezialisten auf dem jeweiligen Gebiet, eine Fachtierklinik oder auch erfahrene Tierheilpraktiker zurate zu ziehen, um alle vorhandenen Therapieangebote - sowohl die Methoden der klassischen Schulmedizin als auch alternative, ganzheitliche Heilverfahren - voll auszuschöpfen.

- Welche Maßnahmen muß ich ergreifen, um die Lebensqualität meines Pferdes

Basiswissen zum Thema Schmerz

- **Schmerz** wird körperlich als Schmerzempfindung, seelisch als Schmerzgefühl oder Schmerzerlebnis gekennzeichnet.
- Die **Schmerzempfindung** wird durch Schmerzreize entweder in den peripheren Rezeptoren (auf der Körperoberfläche sitzende Empfänger) oder von Nervenzentren im Körper selbst ausgelöst und über sensible Nervenfasern dem Gehirn zugeleitet.
- Starke schmerzhafte Vorgänge sind mit **vegetativen Nebenwirkungen** verbunden. Sie äußern sich in Schweißabsonderung, Erweiterung der Pupillen, Blutdruckschwankungen bis zum Kollaps oder Verkrampfungen der Muskulatur.
- Bei vielen Krankheiten ist Schmerz ein **begleitendes Symptom.**
- Schmerz löst gewöhntlich **Flucht-, Abwehr- oder Aggressionsverhalten** aus.
- **Schmerzausschaltung** kann bewirkt werden durch Ausschaltung der peripheren Schmerzrezeptoren (Lokalanästhesie = örtliche Betäubung), durch Dämpfung der Schmerzzentren durch schmerzstillende Mittel (Analgetika), durch (in der Humanmedizin gelegentlich durchgeführte) operative Ausschaltung des Thalamus (einer Anhäufung von Nervenzellen im Stammhirn) und durch Beeinflussung des Schmerzbewußtseins (Ablenkung, Suggestion, Narkose).
- **Schmerzmittel** sind Arzneimittel, die die Erregbarkeit der Schmerzzentren im Gehirn herabsetzen, zum Teil aber auch andere Funktionen des Zentralnervensystems beeinflussen. Schwächer wirksame Schmerzmittel sind meist gleichzeitig fiebersenkend, zum Teil auch entzündungshemmend und antirheumatisch wirksam.

weitgehend zu erhalten oder, nach Überwindung einer eventuellen akuten Phase der Erkrankung, zurückzugewinnen?

Je weniger Sie dabei insgeheim die Wiederherstellung der 'Nutzbarkeit' Ihres Pferdes anpeilen, desto mehr Erfolg wird Ihren Bemühungen beschieden sein. Besprechen Sie

- mit Ihrem Tierarzt,
- mit einem Fütterungsspezialisten,
- mit dem Stallbetreiber,
- mit Pferdebesitzern, deren Pferde an der gleichen Erkrankung leiden,

wie Sie Ihr Pferd künftig halten, ernähren, pflegen und bewegen, beziehungsweise beschäftigen sollten, um seine Bedürfnisse weitestgehend zu befriedigen und ihm ein einigermaßen normales Leben als Pferd unter Pferden zu sichern (*Einzelheiten zum Thema Haltung des unreitbaren Pferdes lesen Sie im nächsten Kapitel*).

Was Sie ermutigen sollte...

... ist die Tatsache, daß außerhalb der reit- und fahrsportlichen Nutzung viele alte Pferde - vom Tierarzt als 'unheilbar' oder 'nicht mehr nutzbar' eingestuft - durchaus noch ein glückliches Pferdeleben führen und ihren Besitzern viel Freude bereiten können. Weltweit sind in der Tiermedizin und in der seriösen Tierheilpraxis zahllose Fälle dokumentiert, in denen die jeweils angewandten Heilverfahren und eine längere Rehabilitationsphase selbst solche Symptome weitgehend mildern konnten, die in der ersten akuten Phase erschreckend anmuteten. Umfangreiche Therapie- und Rehabilitationsmaßnahmen allerdings setzen den Einsatz von

- aktiver Mitarbeit seitens des Pferdehalters,
- Einsatzbereitschaft,
- Geduld,
- Unbequemlichkeiten,
- viel Zeit,
- (meist auch) finanzielles Durchhaltevermögen

voraus. Wenn Sie gegen die Erkrankung Ihres Pferdes aktiv angehen wollen, müssen Sie oft viele Tierärzte kontaktieren (und deren Besuche bezahlen), verschiedene Behandlungsformen ausprobieren (und geduldig auf erste Ergebnisse warten), zahlreiche Heilmittel kaufen (und unter Umständen - gerade angebrochen - wieder fortwerfen), bis Sie vielleicht eine - oder eine Kombination aus mehreren unterschiedlichen - Methode(n) gefunden haben, auf die der Organismus Ihres Pferdes positiv anspricht.

Kräuterheilverfahren unterstützen die Selbstheilkräfte des Organismus.

Die Kernfrage lautet, krass formuliert: „Will und kann ich mir ein nicht mehr reitbares Pferd leisten?"

hinausgezögert werden kann. Sobald Sie sich diese Tatsache bewußt vor Augen führen, stoßen Sie unweigerlich zu *der* Kernfrage vor, die Sie auf kurz oder lang nicht umgehen können: 'Bin ich bereit, (m)ein nicht mehr nutzbares Pferd weiter zu halten?' Akzeptieren Sie die unterschiedlichen Gefühle und Empfindungen, die Sie bei der gedanklichen Auseinandersetzung mit dieser Frage buchstäblich überfluten werden. Natürlich lieben Sie Ihr Pferd und Sie schätzen es beileibe nicht nur wegen seiner früheren sportlichen Qualitäten.

Vielleicht denken Sie jetzt daran, daß Sie auch einen Hund, eine Katze, ein paar Zwergkaninchen oder einen Kanarienvogel besitzen - nur zu Ihrer Freude und nicht zu einem besonderen Verwendungszweck. Sie ermöglichen auch diesen anderen Tieren ein angenehmes Leben und zahlen ohne zu murren ihr Futter und anfallende Tierarztkosten. Während diese anderen Haustiere jedoch ohne größeren Aufwand in Ihr Privat- und Fa-

Vor allem im Freizeitreiterbereich sind Fälle nachweisbar, in denen Pferde nach einer Einsatzpause von ein bis mehreren Jahren wieder ruhig spazierengeritten oder vor einem leichten Wagen gefahren werden können, denen zunächst eine sehr ungünstige Prognose gestellt wurde.

Eine Gewissensfrage, die Ihnen keiner abnimmt

Kein artgemäß gehaltenes Pferd muß sportlich genutzt werden, um Freude an seinem Leben zu empfinden. Es wird den Umstand, nicht mehr geritten oder gefahren zu werden, eine Weile registrieren, aber nicht vermissen. Beeinträchtigt die Erkrankung, an der Ihr Pferd leidet, seine Lebensqualität nur unwesentlich und leidet es nicht andauernd unter Schmerzen, so können ihm unter Umständen noch viele Lebensjahre geschenkt werden, vor allem, wenn das Voranschreiten der Krankheit durch geeignete Maßnahmen

Statt das alte Lehrpferd ins Abseits zu stellen, ziehen Sie es nach wie vor zu Demonstrationen und Übungen heran, die es nicht belasten.

milienleben integriert sind (das Ausführen des Hundes und das Reinigen der Käfige gehört seit Jahren zu Ihrer Alltagsroutine), erfordert Ihr Pferd deutlich höhere Aufwendungen - an Zeit ebenso wie an Geld. Diesen 'Soll-Posten' stand bislang der 'Haben-Posten' - nämlich der Erlebniswert des Reitens oder Fahrens auf sport- oder freizeitmäßiger Basis gegenüber.

Und wenn Sie ganz ehrlich zu sich sind, geben Sie zu, daß Sie diesen Haben-Posten auch sehr hoch bewertet haben.

Fragen Sie Freunde und Reiterkollegen um Rat, werden sich - wie könnte es anders sein - zwei 'Fronten' herauskristallisieren. Die eine Gruppe rührt an Ihr Gewissen und sagt: 'Wenn du dein Pferd wirklich liebst, dann laß es am Leben, halte es weiter und, falls du dir ein zweites Pferd nicht leisten kannst, verzichte auf das Reiten, bis du es einschläfern lassen mußt und dir ein neues Pferd kaufen kannst.' Die andere Gruppe rät: 'Mach ein, zwei Therapieversuche - und wenn die fehlschlagen, dann trenn dich von diesem Pferd. Nur mit dem Pferd umzugehen, ohne es reiten zu können, wird dich auf Dauer unzufrie-

Fragen Sie Ihren Tierarzt, ob das Pferd beim Spaziergang an der Hand noch ein Kind auf seinem Rücken tragen darf.

Eine kleine psychologische Hilfestellung

Fühlen Sie sich durch Ihr altes und nicht mehr reitbares Pferd nicht in die Rolle des Märtyrers gedrängt. Sehen Sie die positiven Seiten der Situation:

- Ihr täglicher Umgang mit dem Pferd wird nicht mehr von der Notwendigkeit des 'Reitenmüssens' diktiert! Sie können einfach mit dem Pferd spazierenbummeln und dürfen dabei selbst die Seele baumeln lassen. Haben Sie sich nicht insgeheim oft nach solch einem 'Miniurlaub' gesehnt?
- Erkennen Sie Ihre eigenen Stärken und die Ihres Pferdes und nützen Sie sie für neue Aufgabenstellungen. Sie haben viel Geduld bei der Bodenarbeit - und Ihr Pferd spielt sehr gern. Warum also nicht ein paar Kunststücke, zum Beispiel in einer Freiheitsdressur, einüben, die Ihr Pferd körperlich noch leicht bewältigen kann?
- Schmieden Sie fröhliche Zukunftspläne: Im Sommer wandern wir mit Kindern und Pferd zu Großmutters Schrebergarten und machen dort ein Picknick...
- Beschäftigen Sie sich weiterhin mit der reitsportlichen Disziplin, die Sie früher favorisiert haben und verlieren Sie nicht den Kontakt zu Ihren Reiterfreunden, nur weil Ihr Pferd nicht mehr reitbar ist. Lehrveranstaltungen können Sie auch mit Leihpferd besuchen und einmal als Zuschauer anstatt als Teilnehmer einer Veranstaltung zu agieren, kann auch amüsant sein. Sie stehen endlich mal nicht unter Zeitdruck!
- Pflegen und rüsten Sie Ihr altes Pferd so aus, daß es Ihnen immer noch gefällt. Nur weil es betagt ist, braucht sein Fell nicht glanzlos, sein Halfter nicht verdreckt, seine Mähne nicht mehr hübsch frisiert zu sein! Verfallen Sie nicht in die weinerliche Stimmung: „Es lohnt doch nicht mehr..." Vielmehr leisten Sie sich für Ihren Methusalem ein besonders hübsches Produkt, mit dem Sie ihn schmücken!
- Halten Sie Ihr Selbstmitleid im Zaum und denken Sie nicht ununterbrochen schon heute (obwohl Ihr unreitbares Pferd zwar langsamer, aber noch fröhlich über die Wiese zieht) an seinen Tod. Seien Sie positiv entschlossen, daß Sie eines Tages im Sinne und zum Wohle Ihres Pferdes die richtige Entscheidung über das Wie, Wann und Wo treffen werden.

den machen - du wirst beginnen, das Pferd zu vernachlässigen. Also zieh einen Schlußstrich und fang nach einer Weile mit einem neuen Pferd von vorn an.'

Abgestimmt auf die körperliche Belastbarkeit können Sie Ihrem alten Pferd – unter fachlicher Anleitung – noch leichte Zirkuslektionen beibringen.

Es gibt keine richtige und keine falsche Entscheidung. Sie können Ihr Pferd aus Gewissensbissen am Leben erhalten, im Herzen aber um den Verlust des Reitenkönnens zutiefst trauern und Ihren Reiterfreunden sehnsuchtsvoll hinterherschauen, wenn der ganze Trupp am Sonntagmorgen zum Ausritt startet. Vielleicht aber merken Sie auch, daß es Sie sehr befriedigt, neue Wege der Beschäftigung mit dem Pferd zu entdecken und daß sie bislang brachliegende, erstaunliche Talente in sich aufspüren. Analysieren Sie genau Ihre räumlichen, geldlichen und zeitlichen Möglichkeiten. Eine andere Haltungsform, ein durchdachteres finanzielles Konzept und ein wenig Übung im Zeitmanagement lassen die Haltung des alten, nicht mehr nutzbaren Pferdes oft in einem anderen - günstigeren und weniger belastenden - Licht erscheinen.

Nicht zum 'Nichtstun' verdammen!

Wenn Sie sich entschlossen haben, Ihr Pferd zu behalten und es weiter selbst zu versorgen, beziehungsweise sich selbst mit ihm zu beschäftigen, dann bedenken Sie eines: Auch Ihr Pferd muß - wenn auch unbewußt - einen Sinn in seinem Leben finden. Es darf nicht von einem Tag zum anderen nurmehr Seite an Seite mit einem ebenso unbeanspruchten Artgenossen auf einer Koppel oder in einem Auslauf vor sich hin dösen, nachdem es vorher jahrelang anspruchsvolle Aufgaben unter dem Sattel oder im Geschirr erbringen mußte. Bevor Sie sich ein Beschäftigungsprogramm ausdenken, klären Sie mit dem Tierarzt ab:

- Zu welchen Bewegungsabläufen ist mein Pferd noch imstande?
- Welche Bodenverhältnisse sind ihm besonders zu- oder abträglich?
- Ist ein Beschlag sinnvoll oder empfiehlt sich das Barfußlaufen?
- Wie muß ich die Fütterung auf die verminderte Leistungsanforderung abstimmen?

Aufbauend auf den Antworten (die Sie unter Umständen immer wieder abwandeln müssen in Abstimmung auf Änderungen im Befinden Ihres Pferdes) eröffnen sich vielleicht folgende Beschäftigungsmöglichkeiten - über das reine'Spazierenführen' hinaus:

- Nehmen Sie Ihr Pferd auf geruhsamen Spazierritten als Handpferd mit.

Wenn die Unreitbarkeit Ihres Pferdes festgestellt wurde, entdecken Sie eine Vielzahl neuer Beschäftigungsmöglichkeiten.

Ausrüstungsteile, Hilfen, Trainingsmethoden, die es körperlich nicht belasten. Das Gefühl, weiterhin im Mittelpunkt des Interesses zu stehen, gibt seinem Leben einen wichtigen Sinn.

- Setzen Sie Ihr Pferd als Packpferd bei kleinen Ausflügen oder Wanderritten ein.

Falls Ihr Pferd noch im Schritt bewegt, nur nicht mehr mit dem Reitergewicht belastet werden darf, kann es Sie (als Fußwanderer) bei Ihren Sonntagsausflügen begleiten und leichtes Gepäck tragen (Regenjacken, Picknickrucksack). Geborgen in der Mitte seiner Menschenfamilie genießt Ihr Pferd weiterhin geruhsame Bewegung in der freien Landschaft.

- Setzen Sie Ihr Pferd als Kinderreitpferd bei kurzen Ausflügen ein.

Auch das Gewicht eines passiv auf seinem Rücken sitzenden Kindes kann ein altes

Ist es bereits ein routiniertes Handpferd, kann es wunderbar als Trainingspartner für ein zweites, jüngeres Pferd dienen. Dabei führen Sie als Reiter auf einem sicheren Führpferd Ihr altes Pferd als Handpferd direkt rechts neben sich.

An einem stabilen Bauchgurt, den Ihr altes Pferd trägt, befestigen Sie die Führleine eines zweiten Handpferdes. Die Gelassenheit und der Gehorsam Ihres alten Freundes sind der beste Lehrmeister für den Neuling!

- Setzen Sie Ihr altes Pferd als Lehrpferd bei einfachen Übungen und Demonstrationen ein.

Wurde Ihr Pferd in jüngeren Jahren als routiniertes Lehrpferd eingesetzt, fühlt es sich auf dem Altenteil häufig abgeschoben und überflüssig. Die Resignation verschlimmert seine Altersbeschwerden. Lassen Sie es weiterhin im Lehrbetrieb mitwirken! Demonstrieren Sie an ihm

Die Grundlage für ein langes, gesundes Seniorenleben ist stets die dem Alter angemessene artgerechte Haltung.

Pferd vielfach noch verkraften. Für Ihre eigenen Kinder oder die Kinder Ihrer Freunde wird der Sonntagsspaziergang so zu einem besonderen Vergnügen - und Ihr Pferd erlebt eine Abwechslung in der Alltagsroutine.

- Lassen Sie Ihr Pferd einen leichten Karren ziehen.

Ist es medizinisch vertretbar, daß Ihr Pferd geringe Gewichte zieht, können Sie auch Ihren Methusalem noch geduldig einfahren,

Auch das älteste Pferd hat Anspruch auf ein Leben als geachteter und respektierter Freund.

vor einen leichten Karren oder eine Schleppe spannen und es einfache Zug- und Schlepparbeiten verrichten lassen. Sie leiten es vom Boden aus.

- Gymnastizieren Sie es vorsichtig durch Übungen aus dem Bereich der Bodenarbeit.

Nehmen Sie jetzt in Angriff, was Sie sich lange vorgenommen hatten und erarbeiten Sie sich die Palette der Bodenarbeitsübungen. Sparen Sie Elemente, die die Bewe-

Spaziergänge stabilisieren die Gesundheit und vertiefen die Harmonie der Beziehung zwischen Mensch und Pferd.

gungsmechanik zu sehr beanspruchen, aus (enge Wendungen, kleine Zirkel).

- Studieren Sie zirzensische Lektionen ein.

Mußte Ihr intelligentes Pferd früher hohe Lernanforderungen meistern, leidet es unter stupidem 'Herumstehen'. Stellen Sie Ihr Pferd einem erfahrenen Anbieter von Kursen in Zirkuslektionen vor und lassen ihn beurteilen, welche Übungen Ihr Pferd noch ohne Schmerzen lernen kann.

Merke:

Auch im Alter ändert sich das Selbstverständnis Ihres Pferdes nicht, ebensowenig wie seine grundlegenden Bedürfnisse und Verhaltensweisen - auch wenn es in vielerlei Hinsicht Rücksichtnahme braucht. Vitalität - lateinisch Lebenskraft - ist nicht an ein bestimmtes Alter gebunden. Es ist das Energiepotential der *Gesamtheit* eines Organismus, so, wie es sich in den körperlichen und seelischen *Spannkräften* manifestiert. Diese Spannkräfte Ihres älter werdenden Pferdes sanft anzuregen und mobil zu halten und ihm einen sinnerfüllten Lebensabend zu verschaffen, das ist Ihre große Aufgabe.

Kapitel 11 • Verdrängungsstrategien:

Gnadenhof - Beistellpferd - Schutzvertrag

'Bring dein Pferd doch auf einem Gnadenhof unter!' oder 'Im Nachbardorf sucht jemand ein Beistellpferd - wäre das nicht eine Lösung? Gib dein Pferd doch in gute Hände ab!' Stoßen Sie bei solchen Aufforderungen einen Seufzer der Erleichterung aus? Greifen Sie diese Vorschläge auf wie einen Rettungsanker? Dann fragen Sie sich ehrlich, ob Sie die Tatsache, ein altes, nicht mehr reitbares Pferd zu besitzen, nicht bereits sehr frustriert und unglücklich macht. Ihr anfänglicher Großmut verläuft langsam im Sande. Ja, Sie lieben Ihr Pferd immer noch - aber Ihre Bereitschaft, täglich die gleiche Zeit für eine sinnvolle Beschäftigung mit ihm aufzuwenden wie für ein reitbares Tier, schwindet allmählich dahin. Sie finden immer neue Entschuldigungen für Ihre Abwesenheit, sei es eine aufkeimende Erkältung, sei es die Verpflichtung, sich mehr um die Kinder kümmern zu müssen... Aber Sie haben zu häufig und zu lautstark 'geschworen', Ihrem Pferd bis zu seinem Ende ein schönes Leben zu bieten. Von diesem in der Öffentlichkeit gegebenen Versprechen wagen Sie nicht zurückzutreten.

Pferderentner unter sich - immer mehr Landwirte bieten Gnadenbrotplätze an.

Die Lektüre der Anzeigen, die Gnadenbrotplätze für alte ausgediente Pferde anbieten, wird plötzlich zu Ihrer liebsten Feierabendbeschäfti-

Ein echtes Seniorenparadies ist wie ein Bad im Jungbrunnen!

gung. Sie werden herausfinden, daß eine beachtliche Anzahl - zum Teil bäuerlicher - Betriebe über große, extensiv genutzte Landflächen verfügt und Einstellmöglichkeiten speziell für Gnadenbrotpferde offeriert, um ihnen den verfrühten Weg zum Schlachthof zu ersparen. Die günstige Monatspauschale erscheint Ihnen verlockend. Die Möglichkeit, sich ein zweites, jüngeres und sofort voll nutzbares Pferd anzuschaffen, rückt in greifbare Nähe! Ebenso attraktiv erscheint Ihnen nun auch die Abgabe Ihres Pferdes als Beistellpferd. Warum - fragen Sie sich - sollte es nicht noch ein paar Jahre einem einsamen Artgenossen auf der Weide Gesellschaft leisten? Zumal Sie selbst von den finanziellen und zeitlichen Aufwendungen befreit wären...

Machen Sie sich eines bitte klar: Sie schieben Ihr Pferd auf diese Weise ab. Sie beruhigen Ihr Gewissen nur oberflächlich, denn Sie reichen die Verantwortung für Ihr Pferd an fremde Hände weiter. Ihr Pferd betrachtet *Sie* als seine Bezugsperson. *Sie* kennen seine Eigenheiten, *Sie* wissen Veränderungen in seinem Verhalten zu deuten. Besser als jeder andere Mensch können Sie die jeweilige Tagesform Ihres Pferdes erkennen und einschätzen, ob und in welchem Ausmaß es Schmerzen erleidet.

Ein Gnadenhof-Besitzer kann sich noch so viel Mühe geben: Er kann die Erfahrungen, die Sie im Laufe der Jahre mit Ihrem Pferd machten und die Ihnen die Sicherheit in der Beurteilung seines Befindens verleihen, nicht nachholen. Auch ein neuer Besitzer, der Ihr Tier als Beistellpferd erwirbt, wird Sie niemals gänzlich ersetzen können! Verankern Sie dieses Wissen in Ihrem Kopf, bevor Sie eine Entscheidung treffen, die Sie später vielleicht bereuen...

Gnadenhöfe - Abstellgleis oder Seniorenparadies?

Pferdegnadenhöfe werden entweder von Privatpersonen, gemeinnützigen Vereinen oder Tierschutzorganisationen unterhalten. Letztgenannte erwerben die Tiere häufig gegen einen symbolischen Kaufpreis von eine Mark und finanzieren ihren Unterhalt aus Spendengeldern oder über sogenannte Patenschaften. Bei einer Patenschaft trägt ein Pferdefreund - der Pate des Pferdes - einen Teil der Kosten, die für Haltung und Betreuung anfallen, über einen kleineren oder größeren Monatsbeitrag mit. Einige wenige Privatleute, die wirklich nur aus Idealismus alte oder nicht mehr reitbare Pferde bei sich aufnehmen und ihnen einen art- und altersgemäßen Lebensabend bieten, sind finanziell unabhängig und nicht auf Spendengelder oder sonstige Unterstützung angewiesen. Gnadenhöfe dieser Art, deren Anschriften Sie unter Umständen bei lokalen und überregionalen Tierschutzorganisationen erfahren, sind Ihre Anlaufstelle, falls Sie kein Geld für einen Gnadenbrotplatz aufbringen können, Ihr Pferd aber auch nicht einschläfern oder schlachten lassen möchten.

Listen Sie im Schutzvertrag sorgsam auf, wie Ihr Pferd zukünftig noch verwendet werden darf.

Gewerblich geführte Gnadenhöfe finden Sie - unter anderem über Inserate in den Pferdefachzeitschriften - in größerer Zahl. Immer mehr landwirtschaftliche Betriebe, kleine Gestüte oder Pensionspferdebetriebe sichern sich durch die Aufnahme von Gnadenbrotpferden einen Zusatzverdienst. Da die sorgsame Betreuung eines alten und chronisch kranken Pferdes zeit- und kostenintensiver ist als die eines gesunden reitbaren Pferdes, kommen Sie - angesichts der günstigen Monatspauschalen, die etliche Unternehmen fordern - um die kritische Frage nicht herum: 'Wie soll ein derart geringes Entgelt den erforderlichen Aufwand decken?! Zu Recht drängt sich Ihnen der Verdacht auf, daß Ihr Pferd dort unter Umständen zwar 'Freiheit' auf einem großzügig bemessenem Gelände erhält, aber nicht seinen besonderen Bedürfnissen entsprechend versorgt wird. Ein solcher Gnadenbrotplatz ist nichts als ein billiges Abstellgleis.

Selbstverständlich verdienen auch ein paar von liebevoller und pferdekundiger Hand geleitete Gnadenhöfe die Bezeichnung Seniorenparadies. So manches ehemalige Boxenpferd genießt hier zum ersten Mal in seinem Leben unbeschwerten sozialen Kontakt zu Artgenossen und galoppiert lustvoll ohne Reitergewicht über eine große Wiese!

Gerade Pferdesenioren stellen höhere Ansprüche an Hygiene und Bequemlichkeit.

Wenn Sie ein perfektes Pferdeseniorenheim finden und Ihrem alten Herrn oder der alten Lady daheim keine optimalen Lebensbedingungen bieten können, erweisen Sie ihm mit einem Umzug ein liebevolles Dankeschön für die bislang geleistete Arbeit. Allerdings müssen Sie bereit sein, eine mindestens genauso hohe - wenn nicht höhere -

Checkliste für die Gnadenhof-Suche

- ***Liegt der Gnadenhof nicht weiter als eine Autostunde von meinem Wohnort entfernt?***

Diese Entfernung stellt sicher, daß Sie Ihr Pferd in regelmäßigen Abständen besuchen können, so daß es sich nicht gänzlich von Ihnen verlassen glaubt. Auch im Falle einer plötzlichen Verschlechterung seines Gesundheitszustandes sind Sie so schneller bei ihm.

Achtung: Im Idealfall befindet sich der Gnadenhof noch im Einzugsbereich Ihres eigenen Tierarztes und Ihres Hufschmiedes. Beide kennen Ihr Pferd seit vielen Jahren und können es in ständiger Absprache mit Ihnen weiterbehandeln und betreuen!

- ***Wird der Betrieb von echten Pferdeleuten geführt, die eine jahrzehntelange Praxis in eigener Pferdezucht und/oder -haltung nachweisen können?***

Nur diese Qualifikation - die Sie sich belegen lassen sollten - stellt sicher, daß Ihr Pferd nicht auf einen Hof gerät, dessen Inhaber zwar etwas von Nutzvieh versteht, aber Pferde als 'Grasfresser' mehr oder minder mit Rindern gleichsetzt und lediglich eine alte Scheune und ein paar überständige Wiesen lukrativ nutzen möchte.

- ***Darf ich mein Pferd jederzeit unangemeldet (im Rahmen der normalen Tagesöffnungszeiten) besuchen, mit ihm spazierengehen oder mich mit ihm auf andere Weise beschäftigen?***

Auf diese Weise stellen Sie nicht nur weiterhin den Kontakt zu Ihrem Pferd sicher, sondern können auch immer wieder die Haltungsmodalitäten überprüfen und anhand des Verhaltens Ihres Pferdes sein psychisches Befinden kontrollieren.

- ***Hat der Gnadenhof sowohl einen kompetenten Pferdefachtierarzt als auch einen ausgebildeten Hufschmied unter Vertrag?***

Bitten Sie um Namen und Anschriften und nehmen Sie persönlich Kontakt auf. Lassen Sie sich bestätigen, daß beide regelmäßig den gesamten Pferdebestand kontrollieren und betreuen (veterinärmedizinisch in Form von Impfungen, Wurmkuren, Zahnkontrolle und -korrektur, Kotuntersuchungen; huftechnisch in Form von Berunden und Beraspeln der Hufe sowie Anbringen der notwendigen, auch orthopädischen Beschläge).

Achtung: Sollte Ihr Pferd auf den betreffenden Gnadenhof umziehen, lassen Sie es dort gleich zu Beginn vom Vertragstierarzt untersuchen und besprechen mit ihm seine Krankheitsgeschichte, bisher angewandte Heilverfahren und die derzeitige und zukünftige Behandlung. Mit dem Hufschmied vereinbaren Sie Besonderheiten in Bezug auf die Hufpflege.

- ***Berücksichtigt geschultes Pflegepersonal die individuellen Ansprüche, die Ihr Pferd an Unterbringung, Fütterung, Pflege und Betreuung stellt?***

So ideal artgemäße Freilandhaltung auf den ersten Blick ausschaut, so falsch kann zum Beispiel der nächtliche Aufenthalt im Freien für Ihr an Arthrose erkranktes Pferd sein, wenn überdachte und geschützte Liegeflächen auf der Weide fehlen. Es müßte vielmehr jede Nacht in den Stall und morgens zurück auf die Koppel gebracht werden. Falls die Widerstandskraft Ihres Pferdes generell herabgesetzt ist, muß es bei schlechtem Wetter draußen mit einer Allwetterdecke eingedeckt werden. Auch die aufwendigste Fütterung muß sichergestellt sein (Mash-Kochen, Verabreichung von eingeweichten Grascobs anstelle von Rauhfutter, Einweichen von Heu in Salzwasser bei Stauballergikern usw.). Erforderliche Zusatzfuttermittel und/oder Medikamente müssen pünktlich und in der vorgeschriebenen Dosierung verabreicht werden.

- ***Pflegen erfahrene Pfleger Ihr Pferd täglich gründlich, kontrollieren dabei den gesamten Pferdekörper einschließlich der Hufe und sämtlicher Körperöffnungen und beobachten dabei auch das Verhalten Ihres Pferdes?***

Nur die regelmäßige Kontrolle stellt zum einen sicher, daß körperliche und psychische Veränderungen sofort bemerkt und umgehend tierärztlich behandelt werden können. Zum anderen stellt sie ein Vertrauensverhältnis zwischen Ihrem Pferd (das seine alte Umgebung und den Kontakt zu Ihnen vermißt) und den neuen Betreuern her und wird dadurch zu einem wichtigen Element der Gesundheitspflege.

- ***Verfügt der Gnadenhof über individuelle, pferdegerechte Aufstallungs- und Auslaufmöglichkeiten, um den unterschiedlichen Ansprüchen der Pferderentner gerecht zu werden?***

Zusätzlich zu weitläufigen Gemeinschaftslaufställen (die nur von kleinen geradzahligen Gruppen belegt sein dürfen, um dem Rückzugsbedürfnis eines jeden einzelnen Tieres entgegenzukommen) müssen auch geräumige Einzelboxen zur Verfügung stehen. Sie sind erforderlich, um bei einer Erkrankung das Pferd zeitlich begrenzt aufstallen und individuell beobachten und behandeln zu können. Außerhalb der Weidesaison müssen vom Stall aus nach Belieben begehbare, trockene (also aufwendig drainierte und mit einer federnden Tretschicht belegte) Ausläufe vorhanden sein. Die Sommerweiden müssen sowohl Schattenplätze (Bäume und Gehölze) als auch Unterstellmöglichkeiten (Offenställe, Unterstände, Schutzhütten) bieten. Hygienisch einwandfreie Tränken (Viehtränkwagen, von Schadstoffen unbelasteter fließender, leicht zugänglicher Bach, regelmäßig gereinigte und ausreichend große Wassertröge) müssen täglich kontrolliert werden und stets aufgefüllt sein.

- ***Erfüllen die Haltungsbereiche höchste Hygieneanforderungen?***

Da gerade Ihr altes Pferd eine erhöhte Anfälligkeit gegenüber Infektionen und Parasiten zeigt, müssen Liegeflächen (auch bei der sogenannten Matratzenstreu) und Ausläufe täglich von frischem Urin und Mist befreit und Kothaufen regelmäßig von den Sommerweiden abgesammelt werden. Misthaufen befinden sich (wegen der von ihnen aufsteigenden Ammoniakdämpfe) nicht in der Nähe von Stallungen und Ausläufen.

Achtung: Die Erfüllung dieser Anforderungen können Sie nur bei unangemeldeten Besuchen nachprüfen - am 'Tag der Offenen Tür' werden Sie mit hoher Wahrscheinlichkeit gepflegte Anlagen vorfinden!

- ***Sind alle baulichen Gegebenheiten verletzungs- und ausbruchssicher?***

Mit zunehmendem Alter bewegt sich Ihr Pferd ungeschickter, es stolpert häufiger, vielleicht ist sein Sehvermögen beeinträchtigt. Es braucht im Hofbereich ebene, rutschfeste Böden ohne Stolperfallen (Rampen, Stufen, Unebenheiten), in Ausläufen trokkenen, griffigen und federnden Boden. Die Weiden dürfen nicht zu steil und steinig sein. Bei natürlichen Wasserläufen, die als Tränke dienen, muß der Ein- und Ausstieg gefahrlos auch einem Pferd möglich sein, das in seiner Bewegungsmechanik deutlich beeinträchtigt ist. Von Holz-, Metall- und Steinelementen im Bereich von Stall und Paddock ebenso wie von Weidezäunen und -toren darf auch dann keine Verletzungsgefahr ausgehen, wenn Ihr Pferd sich einmal sehr ungeschickt verhält.

Achtung: Werden Sie hellhörig, wenn man sich in einem unordentlichen, unfertig erscheinenden Betrieb mit der Behauptung 'Wir bauen gerade um!' entschuldigt. Hier ist mit einer Fertigstellung zum St. Nimmerleinstag zu rechnen...

- ***Erfahren Pferde mit Verhaltensauffälligkeiten besondere Zuwendung und Rücksichtnahme?***

Selbst wenn Ihr eigenes Pferd normalerweise verträglich ist, kann es zunächst verstört oder ängstlich

Monatspauschale für Ihren Methusalem auszugeben wie für einen Einstellplatz in einem seriösen Reitbetrieb.

So finden Sie den richtigen Gnadenplatz

Falls Sie erwägen, Ihr Pferd in einem Gnadenhof unterzubringen, sehen Sie sich unbedingt alle in Frage kommenden Betriebe vorher selbst an und wägen Sie sorgsam die Vor- und Nachteile zum Wohle Ihres altgedienten Sportkameraden ab. Um alle Eventualitäten zu berücksichtigen, gehen Sie nach der nebenstehenden **Checkliste** vor. Im Idealfall sollten Sie jede Frage mit einem 'Ja' beantworten können.

Lebensabend als Beistellpferd?

Falls Sie Ihr Pferd bislang in einem Pensionspferdebetrieb hielten, der Ihnen zwar interessante Reitmöglichkeiten bot, aber keine artgemäße Pferdehaltung praktizierte, werden Sie vielleicht erwägen, ihm einen Lebensabend in liebevoller Privathand zu schenken.

Tatsächlich gibt es eine Reihe von Pferdebesitzern, bei denen die baulichen Gegebenheiten für eine pferdefreundliche Haltung hinterm eigenen Haus vorhanden sind, die sich aber kein eigenes zweites Reitpferd leisten wollen oder können. Damit ihr eigenes Tier nicht vereinsamt, suchen sie ein älteres Gesellschafts- oder Beistellpferd.

Legen Sie bei der Auswahl einer solchen 'Pflegefamilie' die gleichen strengen Maßstäbe an wie bei der Suche nach einem Gnadenhof. Scheuen Sie sich nicht, umfangreiche Erkundigungen einzuziehen, in

Der Vertrag muß dem Käufer eine Vertragsstrafe auferlegen, falls dieser das Pferd ohne Ihr Einverständnis weiterverkauft oder schlachten läßt.

Reitvereinen im näheren Umfeld nachzufragen und auch bei den Nachbarn 'Guten Tag' zu sagen. Ihr Pferd soll nicht nur die Möglichkeit zu einem artgerechten Leben erhalten, sondern auch seinem Alter und seinem Gesundheitszustand gemäß betreut und umsorgt werden. Sie müssen also bereit sein, einen entsprechend hohen Monatspreis zu zahlen. Möchte die Pflegefamilie Ihr Pferd zu einem symbolischen Preis übernehmen, ist höchste Achtsamkeit geboten.

Wer mit Pferdehaltung vertraut ist, weiß, welche zeitlichen, arbeitstechnischen und finanziellen Aufwendungen mit der Übernahme eines alten und nicht mehr reitbaren Tieres auf ihn zukommen. Bringt der 'Käufer' wirklich so viel Idealismus auf? Oder hofft er bloß, auf diese Weise billig an ein Pferd heranzukommen?! Es sind zahlreiche Fälle bekannt, in denen Gesellschafts- oder Beistellpferde, ohne Rücksicht auf Alter und Erkrankung, noch ,eine Saison lang' im Verleihbetrieb und sogar auf Jagdritten eingesetzt wurden. Danach veräußerte man sie

reagieren, wenn es aus seinem alten Stall herausgelöst wird. Extrem futterneidische Pferde kommen beim Fressen in Gruppenhaltung selbst nie zur Ruhe und gefährden durch ihre Attacken ihre Artgenossen. Solche Tiere sind separat zu füttern. Lassen Sie sich Beispiele demonstrieren; denn an solchen Details zeigt sich, ob Horsemanship der Leitgedanke eines Betriebes ist.

- ***Ist der Gnadenhofbetreiber bereit, mit Ihnen einen detaillierten Vertrag über die Unterbringung Ihres Pferdes abzuschließen?***

Der Vertrag nennt die Vertragspartner, Namen, Rasse, Alter, Geschlecht und Merkmale des Pferdes und alle vereinbarten Leistungen - in Einzelheiten auch Besonderheiten in Bezug auf Aufstallung, Pflege, Fütterung und sonstige Betreuung. Auch Ihr Besuchsrecht als Besitzer wird schriftlich fixiert. Der Monatspreis wird für eine bestimmte Zeitspanne garantiert, die Zahlungsmodalitäten festgesetzt (am besten per Dauerauftrag). Der Vertrag enthält auch eine Klausel, daß das Pferd seitens des Gnadenhofbetreibers keinesfalls in irgendeiner Weise genutzt werden darf. Für den Fall des Mißbrauchs wird eine hohe Vertragsstrafe festgelegt. Ort und Datum der Ausstellung sowie die Unterschriften der Vertragspartner runden das Dokument ab.

Achtung: Wollen Sie Ihr Pferd zu einem symbolischen Preis an einen (beispielsweise von einer Tierschutzorganisiation geleiteten) Gnadenhof abgeben, schließen Sie unbedingt einen Schutzvertrag ab! (siehe Praxisinformationen zum Thema Schutzvertrag).

- ***Fordert der Gnadenhof einen gerechtfertigt hohen Preis?***

Bei einem Dumpingpreis (z. B. unter 200 Mark) sollten Sie keinesfalls frohlockend zugreifen, sondern höchste Skepsis zeigen. Die individuelle und liebevoll-sorgfältige Betreuung eines alten Pferdes ist aufwendiger als die eines voll nutzbaren Pferdes. Von Idealismus allein kann kein Gnadenhof existieren, will er den dort untergebrachten Pferden ein wirklich pferdegemäßes, würdiges Leben bieten.

Achtung: Wer einen Gnadenhof exzellent bewirtschaftet, liebt Pferde nicht nur, sondern ist auch zu harter Arbeit bereit und besitzt Fachkenntnisse und Führungsqualitäten. Es ist sein legitimes Recht, für diese Dienste - die der Pferdebesitzer selbst nicht mehr erbringen kann oder will - ordentlich bezahlt zu werden.

an einen Aufkäufer von Schlachtpferden weiter.

Je mehr Informationen Sie über den Käufer sammeln, desto geringer ist die Gefahr, daß es sich um einen 'halbprofessionellen', unseriösen Pferdehändler handelt, der unter dem Deckmantel der Beistellpferdsuche windige Geschäfte mit einer leidenden Kreatur betreibt. Geben Sie sich auf keinen Fall mit einer mündlichen Vereinbarung zufrieden. Bestehen Sie - bei der ersten oben genannten Version, bei der Sie Ihr Eigentumsrecht am Pferd behalten - auf einen schriftlichen Einstellvertrag, schließen Sie - für die zweite Version, bei der Sie Ihr Eigentumsrecht aufgeben - unbedingt einen Schutzvertrag ab.

Augen auf beim Schutzvertrag!

Der Hauptsinn eines Schutzvertrages besteht darin, Ihr Pferd in jedweder Weise zu schützen. Er soll sicherstellen, daß der neue Eigentümer Ihr Tier in einer Weise nutzt, die Sie als Vorbesitzer unbedingt verhindern möchten. Beispielsweise soll Ihr nicht mehr reitbares Pferd auf keinen Fall doch wieder unterm Sattel gehen, oder Sie möchten ausschließen, daß Ihr altes Turnierpferd, das durchaus noch spazierengeritten werden kann, erneut im Wettkampfsport eingesetzt

Achtung:

Auch eine Vertragsstrafe kann nicht ausschließen, daß der Käufer vertragswidrig handelt, das Pferd weiter nutzt, veräußert oder ohne vorherige Absprache mit dem Verkäufer schlachten läßt. Die Vertragsstrafe stellt nur den Zahlungsanspruch gegen den Käufer sicher.

PRAXISINFORMATION

Was gehört in den Schutzvertrag?

- **Name und Anschrift des Käufers**
- **Ihr Name als Verkäufer**
- **das 'Kaufobjekt' - also das Pferd mit genauen Angaben zu Alter, Abstammung, Rasse, Abstammungspapieren, äußeren Merkmalen und Besonderheiten**
- **der symbolische Kaufpreis und die Zahlungsvereinbarung**
- **der genaue Zeitpunkt der Übergabe des Pferdes an den Käufer**
- **der Verwendungszweck**
  - Zählen Sie auf, wozu das Pferd noch genutzt werden darf (z. B. Spazierenführen im Schritt, Spazierenreiten ausschließlich im Schritt, Bodenarbeit, diese und jene Übungen usw.).
  - Grenzen Sie genau ein, wozu das Pferd keinesfalls mehr genutzt werden darf (z. B. Reiten in der Halle, Reiten im Gelände in anderen Gangarten als Schritt, Einsatz als Lehrpferd, Einsatz als Verleihpferd, Einsatz im Wettkampfsport usw.)
- **die Vertragsstrafe**
  - Der Käufer verpflichtet sich, eine Vertragsstrafe in Höhe von x-tausend DM zu zahlen, wenn er gegen die in der Klausel 'Verwendungszwecke' aufgelisteten Beschränkungen verstößt.
- **die Informationspflicht**
  - Der Käufer verpflichtet sich, den Verkäufer zu informieren, wenn das Pferd erkrankt, laut Tierarzt eingeschläfert werden muß oder verkauft werden soll.
  - Der Käufer kann sich das Rückkaufsrecht sichern.

wird. Unter dem Stichwort 'Verwendungszweck' führen Sie daher im einzelnen auf, wozu das Pferd genutzt werden darf, welche Einsätze jedoch ausgeschlossen sein sollen. Weiterhin wird eine 'Vertragsstrafenklausel' aufgenommen. Nach ihr verpflichtet sich der Käufer, eine Vertragsstrafe von x-tausend Mark zu zahlen, wenn er gegen die in der Klausel 'Verwendungszweck' niedergelegten Pflichten verstößt. Außerdem nehmen Sie Auskunftspflichten in den Vertrag auf und vereinbaren ein jederzeitiges Besuchsrecht.

Wichtiger Hinweis:

Vordrucke für Schutzverträge sind erhältlich bei der **Deutschen Reiterlichen Vereinigung (FN), Justitiariat, Freiherr von Langen-Str. 13, D-48231 Warendorf.**

Kapitel 12 • Hilfe von Dritten - Reitmöglichkeiten:

Pflegemädchen, Reitpartner, Leihpferd oder neues Pferd?

Sie haben sich entschlossen, Ihr altes oder nicht mehr reitbares Pferd weder in einem Gnadenhof unterzubringen noch als Beistellpferd abzugeben. Nun stehen Ihnen zwei Möglichkeiten offen: Sie überprüfen, inwieweit sich im bisherigen Stall Haltungsbedingungen verwirklichen lassen, welche seine besonderen Ansprüche weitgehend befriedigen und belassen es weiterhin dort - oder Sie suchen für Ihr altes Pferd eine besser geeignete Unterkunft. Die erste Lösung empfiehlt sich, wenn Ihnen die bisherige Haltungsanlage gefällt und Sie und Ihr Pferd hier im Laufe der Jahre viele gute Freunde gewonnen haben. Versuchen Sie jetzt, mit dem Stallbetreiber zusätzliche Leistungen zu vereinbaren, die Sie - zusätzlich zu der regulären Monatspauschale - extra honorieren. Sie *delegieren* gegen ein Entgeld Aufgaben, die Ihnen auf Dauer zu viel Zeit stehlen und die Freude an der Haltung des unreitbaren Pferdes unterminieren könnten.

Beruf, Familie und ein altes Pferd - jetzt sind Sie dankbar für jede Hilfe!

Dazu zählen zeitraubende Arbeiten wie das Ausmisten der

Box, das abendliche Hereinholen des Pferdes in den Stall, das Ausführen des Tieres an Tagen, an denen Sie beruflich verhindert sind, oder die gründliche Sattelpflege. Falls der Stallvermieter diese und ähnliche Zusatzleistungen - vielleicht wegen Personalmangel - nicht erbringen kann, so versuchen Sie, eine freundliche, pferdekundige Hilfsperson hierfür zu engagieren. Allerdings sollten Sie auch dies in Abstimmung mit dem Stallvermieter tun. Auch etliche 'Pflegemädchen' kümmern sich gern um Ihr Pferd, wenn sie sich - anstelle der sonst üblichen Reitmöglichkeit - so ein Taschengeld verdienen können. Bei dieser Lösung ersparen Sie Ihrem Pferderentner den Stress eines Umzugs und gravierende Änderungen im sozialen Umfeld, im Tagesrhythmus, in der Fütterung und in der Betreuung getreu dem Motto, daß man 'einen alten Baum besser nicht mehr verpflanzt'.

Will ein junges Mädchen sich um Ihr Pferd kümmern, muß es Pferdeerfahrung aufweisen können.

Praxisinformation zum Thema Pflegemädchen:

- Die Inanspruchnahme eines 'Pflegemädchens' ist empfehlenswert, wenn Sie das Gefühl haben, Ihrem alten Pferd aufgrund Ihrer familiären oder beruflichen Situation nicht mehr ganz gerecht werden zu können.
- Suchen Sie eine Person (sie darf natürlich auch erwachsen sein), die nicht nur nach einer günstigen Reitmöglichkeit Ausschau hält (welche Sie Ihr nicht bieten können), sondern einem Pferd aus Tierliebe Zeit und Zuwendung geben möchte.
- Wählen Sie nur eine Person, die Erfahrung im Umgang mit Pferden hat (frühere Reiterin, Pferdehalterin). Sie soll ein Pferd sicher führen, routiniert pflegen und sich um die Ausrüstung kümmern können.
- Stellen Sie von vornherein klar, welche Tätigkeiten Sie über die Beschäftigung mit dem Pferd hinaus erwarten und beschönigen Sie nicht, wenn Sie eine Person suchen, die auch die Box ausmisten, Pferdeäpfel von der Weide oder aus dem Auslauf sammeln und den Stallschrank aufräumen soll.
- Weisen Sie sie genau an, was genau sie mit dem Pferd zu tun und was sie unbedingt zu unterlassen hat. Je klarer Ihre Anweisungen, desto geringer die Gefahr, daß es zu Mißverständnissen und Reibereien kommt.
- Bieten Sie ihr für diese Tätigkeiten ein angemessenes Entgelt oder Taschengeld an, das Sie wöchentlich, nachdem die Leistung erbracht wurde, zahlen.

Eine wachsende Zahl Wanderrittunternehmer bietet interessante Wochenendtouren in attraktivem Gelände an.

- Der besseren Übersicht halber stellen Sie der Pflegeperson einen Kalender zur Verfügung, auf dem die Termine und die dann anfallenden Aufgaben vermerkt sind. Der Kalender wird im Stallschrank deponiert; die Pflegeperson hakt den jeweiligen Tag ab und unterschreibt, sobald sie die fälligen Aufgaben erfüllt hat. Auf diese Weise vermeiden Sie Unstimmigkeiten.
- Sprechen Sie das Thema Zuverlässigkeit und Verantwortungsbewußtsein offen an und verschweigen Sie nicht, daß Sie im Sinne Ihres Pferdes vor allem auch Zuverlässigkeit erwarten.
- Bitten Sie die Pflegeperson, früh genug abzusagen, falls sie an einem bestimmten Tag verhindert ist.
- Empfehlenswert ist eine schriftliche Vereinbarung (vor allem, wenn die Pflegeperson minderjährig ist). Diese Vereinbarung sollte enthalten:
  - Ihren Namen als Pferdebesitzer,
  - Namen und Anschrift der Pflegeperson,
  - die mit der Pflege verbundenen Rechte und Pflichten,
  - den Haftungsausschluß *),
  - einen Passus, daß die Vereinbarung jederzeit ohne Nennung von Gründen aufgehoben werden kann,
  - Ort und Datum,
  - Unterschrift beider Parteien (bei Minderjährigen müssen beide Elternteile unterschreiben).
- Schließen Sie auf jeden Fall rechtzeitig eine Tierhalterhaftpflichtversicherung ab und lassen sich von der Gesellschaft schriftlich bestätigen, daß diese auch für Schäden eintritt, die dem Pflegemädchen beim Umgang mit Ihrem Pferd zustoßen. Weisen Sie in Ihrem Schreiben an die Gesellschaft darauf hin, daß es sich bei der Pflegeperson nicht um einen fest angestellten Pferdepfleger handelt, sondern daß Sie lediglich ein Taschengeld zahlen anstelle eine Reitmöglichkeit zur Verfügung zu stellen.
- Schließen Sie zusätzlich eine sogenannte Reiterunfallversicherung ab. Sie deckt Schäden ab, die allen Privatpersonen entstehen könnten, die mit Ihrem - in der Versicherungspolice namentlich genannten - Pferd umgehen (also es nicht nur reiten, sondern auch führen, putzen usw.). Nicht eingeschlossen in solch eine Versicherung sind die Personen, die ihres Berufs wegen mit Ihrem Pferd zusammenkommen (angestellte Pfleger, Reitlehrer usw.).
- Nehmen Sie gegebenenfalls noch Kontakt mit einem Versicherungsfachwirt

auf, um alle Versicherungsrisiken zu definieren und einen möglichst umfassenden Versicherungsschutz zu vereinbaren.

**) Dieser Haftungsausschluß befreit die Pflegeperson von der Verpflichtung, für eventuelle Schäden am Pferd oder der Ausrüstung aufzukommen.*

Was, wenn der Pferderentner umziehen muß?

Doch auch wenn Ihnen - vor allem aus dem Blickwinkel des Reit- oder Fahrsportlers - Ihre bisherige Anlage außerordentlich gut gefällt, kann es doch passieren, daß sich die besonderen Bedürfnisse Ihres vierbeinigen Methusalem hier *nicht* befriedigen lassen. Vielleicht mangelt es an Weide- und Auslaufmöglichkeiten oder es fehlen Pferde, die von Alter und Ansprüchen her Ihrem Pferd ähneln, so daß Ihr Pferderentner mehr oder weniger ausgegrenzt würde. Ihre bange Frage lautet nun: Verkraftet mein Tier überhaupt noch einen Umzug?

Gemessen an den Erfahrungen, die zahllose Pferdebesitzer in ähnlicher Situation machten, läßt sie sich mit einem klaren 'Ja' beantworten. Voraussetzung für dieses 'Ja' ist allerdings, daß der neue Betrieb wirklich den Bedürfnissen eines alten Pferdes gerecht wird und Ihr Tier hier in einer behutsam zusammengestellten Gruppe passender Alters- und Artgenossen nunmehr ungestört die restliche Lebensspanne verbringt. Gerade Pferde, die in ihrer bisherigen Anlage unter häufigen Ab- und Neuzugängen im Pferdebestand litten, blühen noch einmal auf, wenn sie endlich eine Familie aus passenden Artgenossen finden. Achten Sie vor allem darauf, daß die Integration Ihres Pferdes in den neuen Verband auf die richtige Weise geschieht:

- Ihr Pferd wird zunächst nur mit dem Leittier der vorgesehenen Gruppe auf sehr großer, gut strukturierter Weidefläche (mit Bäumen, Schutzhütten und Gehölzen) zusammengestellt.
- Hier können die Tiere relativ gefahrlos Kontakt aufnehmen, da genügend Ausweichmöglichkeit besteht.
- Da Pferde ein ausgeprägtes Bedürfnis nach Sozialkontakt haben, wird das Leittier (das seine Familie ebenso vermißt wie Ihr Pferd seine alte Umgebung) in Kürze die Nähe Ihres Pferdes nicht nur dulden, sondern suchen.
- Sobald Sie (oder der Stallinhaber) beobachten, daß die Pferde auf der Weide beisammenstehen, gemeinsam grasen und gegenseitig Fellpflege betreiben, können die anderen Mitglieder der Gruppe hinzugelassen werden.
- Das Leitpferd wird seine/n neu/en Freund/in zunächst vor der Herde abschirmen und beschützen, die Kontaktaufnahme zu den anderen Pferden erfolgt dann schrittweise und meist ohne verletzungsträchtige Rangeleien.

Ansonsten richten Sie sich bei der Suche nach einem geeigneten Stall für Ihren Pferderentner sowohl nach den in Kapitel 11 in der Checkliste für Gnadenhof-Interessenten gegebenen Hinweisen als auch den Tips für die Stallsuche in Kapitel 6. Bevor Sie eine feste Zusage geben, erkunden Sie unbedingt, ob sich im angepeilten Betrieb Sonderleistungen buchen oder zeit- und arbeitsaufwendige Aufgaben an vertrauenswürdige Personen delegieren lassen. Diese Möglichkeit macht es Ihnen viel leichter, sich mit Freude und ohne ständigen Zeitdruck um Ihr altes Pferd zu kümmern. Ihre berufliche und private Situation bleibt auf diese Weise weitgehend frei von Streß, unter dem letztlich immer auch Partner Pferd leidet.

Sie wollen wieder reiten!

Auch wenn Sie viel Spaß daran entwickeln, auf kreative neue Weise mit Ihrem alternden Pferd umzugehen, ohne in seinem Sattel zu sitzen, so werden Sie doch nach geraumer Zeit Ihren geliebten Sport vermissen. Das ist ganz natürlich; Sie brauchen sich Ihrem Pferd gegenüber hierfür nicht 'zu schämen'. Wenn Sie einen Weg finden, Ihren Wunsch mit der art- und altersgemäßen Haltung Ihres Pferderentners auch finanziell zu vereinbaren, tun Sie viel für Ihre eigene Zufriedenheit, von der wiederum Ihr Pferd profitiert. Überprüfen Sie die folgenden drei Möglichkeiten:

- Sie steigen als Reitbeteiligung in eine Reitpartnerschaft ein.
- Sie reiten auf Leihpferden.
- Sie kaufen sich ein zweites, reitbares Pferd.

Die Reitpartnerschaft

Generell ist die **Reitpartnerschaft** oft die Ideallösung für Pferdefreunde, die sich aus den unterschiedlichsten Gründen kein eigenes - oder, wie in Ihrem Fall, kein zweites - Pferd halten können. Auf der anderen Seite gibt es eine Vielzahl von Pferdebesitzern, die einen zuverlässigen Partner suchen, der Ihnen - auf „hälftiger" oder Teilbasis - Kosten und Arbeit abnimmt. Reitpartner finden Sie, indem Sie selbst eine Suchanzeige formulieren oder nach einem entsprechenden Angebot Ausschau halten, sowohl

- über das 'Schwarze Brett' in Ihrer Stallanlage und in Reitbetrieben in Ihrer Umgebung,
- in der Wochenendausgabe Ihrer lokalen Tageszeitung - sowohl unter der Rubrik 'Verschiedenes' als auch unter 'Tiermarkt',
- in monatlich erscheinenden regionalen (oder überregionalen) Pferdefachzeitschriften, zum Beispiel unter Sonderrubriken wie 'Pferdebörse' oder 'Reitpartnerschaften', ansonsten im regulären Anzeigenteil, auch unter 'Gesuche' oder 'Verschiedenes',
- durch Mundpropaganda im Kreis Ihrer Reiterkollegen, auf Reiter- und Fahrerstammtischen und bei Veranstaltungen.

Praxisinformation zum Thema Reitpartnerschaft

- Suchen Sie einen Partner, der die gleiche Reitweise praktiziert wie Sie selbst.
- Informieren Sie einander ehrlich über Ihren Ausbildungsstand nicht nur auf dem Pferd, sondern auch am Pferd.
- Tragen Sie Ihre Erwartungen und Vorlieben (bevorzugte Disziplin, Schwerpunkte entweder Halle, Platz oder Gelände) einander offen vor.
- Sprechen Sie über Ihre Bereitschaft zu sonstigen Beschäftigungsmöglichkeiten (Longenarbeit, Bodenarbeit, Geschicklichkeitstraining, Reiten mit Handpferd usw.).
- Klären Sie ab, ob Sie an Veranstaltungen teilnehmen dürfen (Turnier, Schaureiten, Reitjagd, Wander-, Distanzritt).

- Schließen Sie einen schriftlichen Vertrag, der wie folgt aufschlüsselt:
    - Name und Anschrift des Pferdebesitzers
    - Name und Anschrift des Reitpartners
    - Name, Alter, Geschlecht, Rasse usw. des betreffenden Pferdes
    - Rechte und Pflichten des Reitpartners - möglichst unter Hinzufügung der betreffenden Wochentage
    - Rechte und Pflichten des Pferdebesitzers
    - Höhe der regelmäßig anfallenden Zahlungen und Zahlungsweise
    - eventuelle prozentuale Beteiligung an sonstigen Kosten (z. B. der Hufbeschlagarbeiten)
    - Regelung für Urlaube und/oder Ausfallen des jeweiligen Partners
    - Klausel, was mit dem Pferd im Falle einer Erkrankung oder eines Unfalls zu geschehen hat, falls der Eigentümer nicht erreichbar ist
    - Haftungseinschluß oder Haftungsausschluß, je nach Vereinbarung *)
    - die für das Pferd bestehenden Versicherungen (mit Name und Anschrift der Versicherungsgesellschaft, Versicherungsnummer und Anschrift des zuständigen Versicherungsagenten)
    - Kündigungsklausel
    - Ort, Datum und beider Unterschriften

**) Um Konflikte von vornherein auszuschalten, formulieren Sie gemeinsam mit Ihrem Partner einen Vertrag vor und lassen das Dokument von einem sachkundigen Juristen begutachten und gegebenenfalls korrigieren. Die hierfür anfallenden Beratungskosten teilen Sie hälftig.*

Erwägen Sie die Möglichkeit, sich auf guten Lehrpferden weiterbilden zu lassen.

Sprechen Sie offen mit Ihrem Reitpartner, daß Sie sich zunächst in ihre neue Rolle mit einem Ihnen bislang unbekannten Pferd hineinleben müssen. Erkennen Sie auch an, daß es dem Pferdebesitzer gefühlsmäßig vielleicht schwerfällt, sein Pferd nun plötzlich ‘teilen’ zu müssen und führen Sie nicht demonstrativ vor, daß es Ihnen vielleicht besondere Zuneigung schenkt. Als Gruppentier hat das Pferd von Natur aus Freude an einem ausgeprägten Sozialleben.

Es bringt Ihnen - dem ‘neuen Menschen’ in seinem Leben - wie einem hinzukommenden Gruppenmitglied zunächst besondere Aufmerksamkeit entgegen. Zeigt es allerdings auch nach mehreren Tagen deutlich seine Abneigung oder kommen umgekehrt Sie auch nach einer Eingewöhnungsphase nicht mit dem Tier zurecht, sollten Sie in seinem Sinne und zu seinem Wohl einer Aufhebung des Vertrages zustimmen.

Reiten auf Leihpferden

Während Sie sich beim Einstieg in eine Reitpartnerschaft wiederum an eine - allerdings überschaubare - Reihe von Pflichten binden, bleiben Sie bei der Entscheidung, zukünftig auf Leihpferden zu reiten, unabhängig. Wenn sie umsichtig planen und für die jeweiligen Tage eine liebevolle Ersatzperson für Ihr eigenes Pferd engagieren, geraten Sie nicht unter zusätzlichen Zeitdruck. Sie sind frei, Ihre zusätzlichen Reitpläne auf Ihr finanzielles Budget abzustimmen. Folgende Wege stehen Ihnen offen, bei denen Sie Ihr altes Pferd dennoch weiterhin liebevoll betreuen können:

Heute ich, morgen du - unter Freunden hilft man einander gern bei der Betreuung der Pferde aus.

- Sie nehmen an Reitunterricht und Ausritten teil - im Idealfall sogar in derselben Reitanlage, in der Sie auch Ihren Pferderentner halten, ansonsten in einem anderen, nahegelegenen seriösen Betrieb. Hier empfiehlt sich eine gewisse Regelmäßigkeit, um ihr reiterliches Können zu verbessern.
- Falls Sie am Geländereiten Freude haben, nehmen Sie in größeren Abständen an Wochenend-Wanderritten teil. Solche Ritte werden - abgestimmt auf das Leistungsniveau der jeweiligen Gäste - von einer wachsenden Anzahl ausgebildeter Wanderrittunternehmer angeboten *). Über das sportliche Vergnügen hinaus zählt auf einem solchen Ritt das Natur- und Kulturerlebnis der durchrittenen Landschaft, das lange in Ihnen nachhallt und Ihrem Alltag neue Impulse verleiht.
- Falls Sie sich gezielt fortbilden oder eine andere Reitweise erlernen wollen, buchen Sie in seriösen Ausbildungsställen einen entsprechenden Lehrgang. Für Einsteiger werden meist Wochenendkurse, für Fortgeschrittene mehrtägige Lehrgänge angeboten. Zum 'Hineinschnuppern' in eine neue Materie empfiehlt sich die Teilnahme an einem Informationsseminar.

Auf diese Weise bleiben Sie dem Reitsport aktiv verbunden, pflegen weiterhin Kontakte zu Gleichgesinnten, vertiefen Ihr theoretisches Wissen ebenso wie Ihr Können in der Praxis und fühlen sich durch die Haltung Ihres alten Pferdes nicht ausgegrenzt. Sie werden im Gegenteil sogar die ruhige Vertrautheit im Umgang mit ihrem Methusalem besonders genießen, denn mit fremden Pferden bleiben aufregende Erlebnisse nicht immer aus.

Hilfe unter Freunden

In vielen Reitbetrieben wachsen im Laufe der Jahre, in denen die dortigen Einsteller ihre Pferde Seite an Seite betreuen, gute

) Anschriften erhalten Sie über die* ***Deutsche Reiterliche Vereinigung in Warendorf oder über Ihren jeweiligen Landesverband der Reit- und Fahrvereine.*

Freundschaften heran. Nirgendwo besser als direkt vor Ort am Pferd lassen sich Zuverlässigkeit und Horsemanship eines Pferdehalters beurteilen! Vielleicht sind auch Sie in der glücklichen Lage, daß Sie in Ihrer Anlage einen lieben Menschen kennen, dem Sie ohne zu zögern Ihr altes Pferd anvertrauen und der wiederum froh ist, daß Sie gelegentlich sein Tier betreuen und bewegen.

Auf der Basis 'Zug um Zug' lassen sich vernünftige Arrangements treffen, die beiden Partnern - ohne daß sie eine dauerhafte und mit finanziellem Aufwand verbundene Bindung eingehen - zu Zeit- und Kostenersparnissen und den Pferden zu zusätzlicher Bewegung verhilft. Auch wenn keiner von Ihnen eine Art Reitpartnerschaft in Betracht zieht und Sie die jeweilige Vereinbarung 'ad hoc', also aus den Gegebenheiten heraus, treffen, so sollten Sie doch eine kleine schriftliche Vereinbarung aufsetzen.

Bestätigen Sie einander, daß Sie einander gestatten, nach vorheriger Absprache das jeweilige Pferd (Namen, Alter, Geschlecht, Rasse usw. nennen) auf die besprochene Weise zu betreuen und daß Sie einander von Haftungsansprüchen freistellen. Besteht ein wirkliches Vertrauensverhältnis, können Sie einen Passus aufnehmen, in dem Sie dem jeweiligen Partner gestatten, bei eigener Abwesenheit über die Hinzuziehung eines Tierarztes zu entscheiden und nötigenfalls sogar die Euthanasie des Pferdes in seinem Beisein zu veranlassen.

Informieren Sie unbedingt auch den Stallinhaber über Ihre Regelung und veranlassen Sie, daß er in Ihrer Abwesenheit in einem Notfall nicht nur versucht, Sie zu erreichen, sondern auch Kontakt mit Ihrer Vertrauensperson aufnimmt. Sich bei allen Fragen auf einen sachkundigen Freund verlassen zu können und Ihr Pferd bei ihm in den allerbesten Händen zu wissen, gibt Ihnen (und natürlich auch Ihrem Pferd) ein Gefühl der Geborgenheit und Sicherheit.

Ein zweites Pferd?

Sie waren als Freizeit- oder Sportreiter/in sehr aktiv? Es ist für Sie eine Selbstverständlichkeit, Ihrem alten Kameraden, solange sein Zustand dies erlaubt, einen schönen Lebensabend zu gönnen - aber aufs Reiten wollen und können Sie nicht verzichten? Wenn weder Leihpferd noch Reitpartnerschaft für Sie eine akzeptable Lösung darstellen, dann kommt eigentlich nur eines in Betracht: ein zweites Pferd.

... auf einmal waren's zwei! Die Entscheidung, ein zweites Pferd anzuschaffen, will sorgfältig überdacht werden.

Mehr noch als bei der Anschaffung des ersten Pferdes entscheiden Ihre Zeit, Ihr Geld, Ihre körperliche und psychische Konstitution über diese Frage: Denn jetzt müssen Sie den wahrscheinlich sehr unterschiedlichen Belangen zweier Pferde gerecht werden, ohne Ihren Beruf, Ihre Familie, Ihre Freunde und Ihre sonstigen privaten Angelegenheiten zu vernachlässigen. Analysieren Sie Ihre jeweilige Situation in allen genannten Bereichen genau. *(Orientieren Sie sich dabei an den in Kapitel 4 „Ich - der Pferdebesitzer", gegebenen Ratschlägen).*

Womit Sie rechnen müssen...

Auch wenn Sie sich noch so sehr danach sehnen, wieder in den Sattel zu steigen: Lassen Sie sich Zeit für den Neukauf und wägen Sie so wie bei Ihrem ersten Pferd die Vor- und Nachteile sehr genau ab. Sie wissen nun, worauf Sie achten müssen, wo Sie Ihre eigenen Schwerpunkte im Pferdesport setzen, welche persönlichen Vorzüge Sie einbringen und gegen welche Nachteile Sie kämpfen müssen *(lesen Sie hierzu Kapitel 4 noch einmal gründlich durch).* Eines Tages ist es dann soweit - Ihr zweites Pferd ist da! Auch wenn Sie alles haarklein vorgeplant und durchorganisiert haben, werden Sie unter Umständen mit Gefühlen und Situationen konfrontiert, die Sie im Innern sehr bewegen:

- **Sie haben ein schlechtes Gewissen gegenüber Ihrem alten Pferd!**

Der Reiz, der von Ihrem neuen Pferd ausgeht, ist groß. Es ist anders, fremd, faszinierend - und Sie werben um seine Zuneigung. Sie fühlen sich so, als seien Sie frisch verliebt und entdecken, daß Ihre Gedanken sehr häufig um Ihr neues Pferd kreisen. Sobald Sie mit Ihrem alten vierbeinigen Freund umgehen, wallt die Liebe zu ihm beinah schmerzhaft auf - an ihm ist Ihnen absolut alles vertraut. Aber Sie können die besondere Anziehungskraft, die das neue Pferd derzeit auf Sie ausübt, nicht abstreiten. Das ist nur natürlich, denn Sie befinden sich sozusagen auf Entdeckungsreise und erforschen voller Neugier und Spannung sein Wesen.

Verurteilen Sie sich nicht, sondern lassen Sie diese belebenden Gefühle zu und spielen Sie in Ihren Tagträumen fröhlich alle Möglichkeiten durch, die Ihnen das neue

Ja – unter sieben Voraussetzungen:

Schaffen Sie sich ein neues Pferd erst dann an, wenn fest steht:

- Sie können Ihr altes Pferd weiterhin optimal betreuen (lassen).
- Ihr Monatseinkommen sowie Ihre Reserven reichen aus, um die laufenden Kosten für zwei Pferde zu decken und Notfälle ohne finanzielle Einschränkungen zu bewältigen.
- Sie sind absolut gesund und fit genug, um die körperliche Belastung ohne Nachteile für Ihre Gesundheit durchzustehen, falls Sie (wenn Helfer ausfallen) über einen längeren Zeitraum Ihre zwei Tiere Tag für Tag versorgen und ausreichend bewegen müssen.
- Sie praktizieren privat und beruflich die Methoden moderner Arbeitstechnik und des Zeitmanagements, so daß Sie Ihren Terminkalender 'im Griff' haben und auch Krisensituationen, mit denen Sie im Alltag immer rechnen müssen, gelassen und ohne Stress bewältigen.
- Sie brauchen Ihre Familie und/oder Partner und Freunde aufgrund des zweiten Pferdes nicht zu vernachlässigen.
- Sie sind in jeder Beziehung in der Lage, auch besonderen Ansprüchen Ihres zweiten Pferdes - die Sie beim Kauf noch nicht abschätzen können - gerecht zu werden.
- Sie haben Zeit, Geld und Kraft genug, um sich mit dem neuen Pferd reiterlich fortzubilden und an Veranstaltungen teilzunehmen.

Pferd wieder eröffnet. Nach einer Weile nimmt der Neureiz allmählich wieder ab und Ihr Neuling wird zu einem vertrauten Bestandteil Ihres Alltags.

- **Ihre zwei Pferde sind eifersüchtig aufeinander.**

Wenn Sie Ihre beiden Pferde in der gleichen Pferdegruppe halten und beide stets gemeinsam versorgen, kann es sein, daß eines von beiden (meist ist es das alte) deutliche Zeichen der Eifersucht zeigt. Die Eifersucht kann so ausgeprägte Formen annehmen, daß es sogar 'den Eindringling' angreift, nach ihm schnappt oder austritt. Meist geschieht dies aber nur, sobald Sie hinzukommen.

Dieses Verhalten Ihres alten Pferdes mag Sie beunruhigen und Ihr schlechtes Gewissen verstärken. Lassen Sie sich nicht von diesem Gefühl beherrschen. Im Zusammensein mit Ihren beiden Vierbeinern sind Sie der Chef und dulden keine Zankereien. Um das immer wieder klarzumachen, gehen Sie - wann immer möglich - mit beiden Pferden gleichzeitig um und binden Sie beispielsweise nebeneinander am Putzplatz fest. Holen Sie aber das alte Pferd stets zuerst aus seinem Stall und bestätigen Sie ihm auf diese Weise, daß es in Ihrer Dreiergruppe den höheren Rang einnimmt.

Weisen Sie es mit einem klaren 'Nein' zurecht, sobald es einen Angriff starten möchte. Beziehen Sie Ihr altes Pferd möglichst häufig ein, wenn Sie mit dem jungen arbeiten. So wird der oder die Neue als Familienmitglied akzeptiert und die Zankereien hören von allein auf. Möchten Sie die Freundschaft zwischen beiden Pferden fördern, müssen Sie Ihr altes Pferd eine Zeitlang aus seinem gewohnten Herdenverband herauslösen und nur mit Ihrem neuen Pferd zusammenstellen. In Ihrer Bedürfnis nach Sozialkontakt werden Sie sich - zunächst aus der Not der Situation heraus, später aus allmählich wachsender Sympathie - einander anschließen. Es sind zahllose Fälle bekannt, in denen das alte und das jüngere Pferd innige Freunde wurden.

- **Sie ertappen sich, daß Sie ständig Vergleiche zwischen altem und neuen Pferd ziehen.**

Auch das ist natürlich. Sie sehen auf eine überwältigende Fülle von Erinnerungen mit Ihrem alten Pferd zurück und erinnern sich bei jeder neuen Situation, in der Ihr neues Tier auf eine bestimmte Weise reagiert, an die Art, wie sich das alte verhielt. Rufen Sie sich ins Gedächtnis zurück, daß Ihr neues Pferd ein Individuum ist und auf eine andere Vergangenheit zurückblickt als Ihr altes Pferd.

Nach dem Prinzip von Ursache und Wirkung hat jede seiner Verhaltensweisen einen - aus der Sicht des Pferdes - logischen Grund. Freuen Sie sich, daß Sie neue Erfahrungen machen dürfen!

Merke:

Jedes neue Pferd, das Sie in Ihr Leben aufnehmen, hat das Recht auf Respekt, Achtung, individuelle Behandlung und Förderung. Machen Sie sich von dem Gedanken frei, daß Sie Ihre Liebe und Fürsorge nunmehr zwischen Ihrem alten und dem neuen Pferd 'aufteilen' oder 'halbieren' müssen. Gefühle und Empfindungen stehen Ihnen grenzenlos zur Verfügung. Sie entstehen spontan, wollen erlebt und genossen und in Form von liebevoller Zuneigung einfach verschenkt werden.

Kapitel 13 • Tod und Leben:

Das Ende... und ein Neubeginn

'Wann ist 'es' soweit?' Eine Ihrer schwierigsten Entscheidungen besteht darin, den Tag zu bestimmen, an dem Sie Ihren vierbeinigen Partner endgültig 'auf die ganz große Weide' schicken. Nur selten nimmt Ihnen ein Unfall oder eine schwere akute Erkrankung, bei der der Tierarzt zur umgehenden Tötung des Pferdes rät, diese Entscheidung aus der Hand. In den meisten Fällen lautete die Diagnose bereits vor langer Zeit auf 'Verschleißerscheinungen'. Sie reiten Ihr Pferd seit langem nicht mehr und haben sich Ersatzbeschäftigungen ausgedacht - geruhsame Spaziergänge, ein wenig Bodenarbeit, das Einüben einiger kleiner Kunststücke, die den Bewegungsapparat nicht belasten. Die meiste Zeit über verbringt das Pferd auf der Weide oder im Auslauf. Sie beobachten Ihr Pferd mit Argusaugen: Lahmt es heute mehr als gestern? Nach Sommertagen mit warmen Nächten frohlocken Sie: Es geht ihm/ihr ausgezeichnet! Hin und wieder galoppiert Ihr Methusalem sogar mit der Herde mit - dafür bringt die nächste Regenperiode eine unübersehbare Verschlimmerung, die selbst dann anhält, wenn Sie Ihr Pferd aufstallen.

Es kommt der Tag, da Ihr Pferd einfach müde ist...

Andere Alterserkrankungen - Tumore beispielsweise - machen sich durch höchst unterschiedliche Symptome bemerkbar, zu denen unter anderem die Gewichtsabnahme gehört. Bei Herzfehlern erscheint das Pferd gelegentlich fitter als es tatsächlich ist. Es möchte herumtoben - und darf es doch nicht, da die schnelle unkontrollierte Galoppade zum plötzlichen Herzversagen führen kann. Die gründliche Beratung mit dem Tierarzt ist daher stets unverzichtbar.

Beobachten Sie auch, ob und welches Hinterbein Ihr Pferd wie häufig entlastet.

Wie sehr leidet mein Pferd?

Vergessen Sie darüber hinaus niemals: Pferde leiden schweigend. Auch wenn Ihr Tier noch mit Appetit zu fressen scheint, braucht es nicht schmerzfrei zu sein. Es hat resigniert, die Schmerzen akzeptiert. Wieviel Schmerz ist zumutbar? Haben Sie nicht selbst Angst vor einem Leben mit ständigen starken Schmerzen? Ihr Tierarzt kann Ihnen eine Entscheidungshilfe aus dem medizinischen Blickwinkel geben. Plädiert er nachdrücklich dafür, das unheilbare Pferd zu töten, machen Sie sich der Tierquälerei schuldig, wenn Sie nicht auf ihn hören und die Entscheidung immer wieder hinauszögern.

Beobachten Sie Ihr Pferd kritisch - können Sie folgende Verhaltensweisen feststellen?

- Ihr Pferd setzt sich als letztes in Bewegung, wenn auf der Weide die Herde weiterzieht. **Ja/Nein**
- Es steht auf der Koppel oder im Auslauf häufig abseits von den anderen Pferden und schließt sich ihren Aktivitäten immer seltener an. **Ja/Nein**
- Es setzt manchmal zum Wälzen an, entscheidet sich aber im letzten Augenblick doch dagegen. **Ja/Nein**
- Nach dem Wälzen hat es Mühe aufzustehen. **Ja/Nein**
- Nach dem Aufstehen bleibt es mehrere Minuten lang mit hängendem Kopf stehen und entlastet dabei ein Bein. Sobald es antritt, geht es deutlich klamm oder lahmt gar. **Ja/Nein**
- Es entlastet fast ausschließlich ein bestimmtes Hinterbein. **Ja/Nein**
- Auch auf völlig ebenem Untergrund scheint es immer irgendwie 'schief' zu stehen. **Ja/Nein**
- Es scheint immer öfter zu dösen, senkt den Kopf dabei aber tiefer als sonst. Die Unterlippe hängt nicht, wie früher, beim Schlummern herab. **Ja/Nein**
- Seine Konzentrationsfähigkeit läßt nach, wenn Sie sich mit ihm beschäftigen. Es erscheint 'abwesend'. **Ja/Nein**
- In seinem Maulwinkel bildet sich gelegentlich das sogenannte Schmerzdreieck. **Ja/Nein**

- Es interessiert sich weniger für sein Umfeld, sondern schaut des öfteren 'nach innen'. **Ja/Nein**
- Es ändert sein Verhalten Ihnen gegenüber: entweder zieht es sich deutlich zurück oder es entwickelt eine Anschmiegsamkeit, die Sie von ihm nicht gewohnt sind. **Ja/Nein**
- Es kommt Ihnen im Auslauf oder auf der Koppel nicht mehr erwartungsvoll entgegen, sondern wartet, bis Sie es holen. Es geht nicht mehr forsch vorwärts, sondern eher schleppend und läßt sich 'ziehen'. **Ja/Nein**
- War es früher eher schreckhaft, erscheint es plötzlich ausgesprochen 'cool'. Scheuauslöser lassen es mehr und mehr kalt. **Ja/Nein**
- Sein Bewegungsdrang ist deutlich herabgesetzt. **Ja/Nein**
- Es nimmt Ihre Leckerchen zwar noch entgegen, bettelt aber nicht mehr intensiv nach Belohnungen. **Ja/Nein**
- Das normale Futter schmeckt ihm offensichtlich nicht mehr, wenn überhaupt, zeigt es nur noch bei seinen Lieblingsleckereien (Mash, Obst usw.) Appetit. **Ja/Nein**
- Selbst bei reichlicher Nahrungsaufnahme setzt es kein Fleisch mehr an. **Ja/Nein**

Je mehr Jas Sie ankreuzen, desto intensivere Gedanken sollten Sie sich über die Lebensqualität Ihres Pferdes machen - über das reine Krankheitsgeschehen, sprich Lahmheits- oder andere Symptome hinaus. Auch wenn es hart klingt: Schieben Sie aus Selbstmitleid Ihre Entscheidung nicht bis zu dem Punkt hinaus, an dem Ihr Pferd Tag für Tag 24 Stunden mal 60 Minuten leidet. Lassen Sie es zu einem Zeitpunkt erlösen, an dem es noch, ohne sich zu quälen, in den Transporter steigen kann, falls Sie es zum Pferdemetzger bringen - oder an dem es noch, ohne unsägliche Schmerzen zu dulden, aus seinem Stall zu dem vertrauten Platz geführt werden kann, an dem der Tierarzt es einschläfern kann.

Versuchen Sie, loszulassen...

Weder Sie noch ich: Niemand kann vollkommen in die Seele eines Tieres hineinblicken. Zoologen und Tierverhaltensforscher gehen davon aus, daß das Tier *die* Angst vorm Tod (und vor dem 'danach'), die uns Menschen bewegt, nicht kennt.

Vor allem Ihrem Kind wird es schwerfallen, Abschied von seinem vierbeinigen Freund zu nehmen.

Vertreter vieler esoterischer Richtungen stimmen darin überein, daß kein Lebewesen stirbt, ohne die Entscheidung über das wie, wo und wann hierüber vorher auf einer geistigen Ebene gefällt zu haben.

Ein Pferd wird eingeschläfert...

Projizieren Sie also Ihre Ängste vor dem Tod nicht in Ihr Pferd. Nehmen Sie schrittweise Abschied. Verwöhnen Sie Ihr Alterchen mit sanften Massagen, ein paar besonderen Leckereien, auf die es noch Lust zeigt und vor allem mit Ihrer Anwesenheit.

Seien Sie einfach bei ihm, nehmen Sie es in den Arm und danken Sie ihm für all Ihre schönen gemeinsamen Erlebnisse, für seine Dienste und seine Treue. Fassen Sie aber auch den Mut und sprechen - wenn Sie allein mit ihm sind, auf der Weide oder im Stall - die Worte aus: 'Du darfst jetzt gehen!' Damit geben Sie es bewußt frei und erlauben ihm, zu einem Zeitpunkt 'zu gehen', an dem es dies noch mit einer gewissen Würde tun kann. Es hat diese Achtung verdient.

Einschläfern oder schlachten lassen?

Sie können Ihr Pferd von einem Tierarzt einschläfern oder es von einem Metzger schlachten lassen. Keine Methode ist 'besser', sondern jede Möglichkeit hat bestimmte Vor- und Nachteile, die Sie - da Sie Ihr Pferd am besten kennen - gegeneinander abwägen müssen. Der körperliche und psychische Zustand Ihres Pferdes ist dabei die wichtigste Entscheidungshilfe. Lesen Sie zunächst, was bei beiden Tötungsmethoden im einzelnen geschieht.

Euthanasie durch den Tierarzt

- Der Begriff Euthanasie leitet sich vom altgriechischen 'eu'= gut und 'thanatos' = Tod ab, heißt 'leichtes Sterben' und bedeutet im medizinischen Sinne, daß das Sterben durch Narkotika erleichtert wird.
- Der Tierarzt injiziert Ihrem Pferd zunächst ein Beruhigungsmittel. Die Wirkung setzt innerhalb der nächsten fünf Minuten ein. Beruhigungsmittel wirken bei Angst und Spannungszuständen dämpfend und muskelentspannend. Ihr Pferd wird ein wenig schläfrig, die Augen fallen ihm immer wieder zu, es senkt entspannt den Kopf.
- Der Arzt legt nun einen Venenkatheder am Hals des Pferdes. Das stellt sicher, daß beim späteren Verabreichen des zum Tod führenden Mittels die gesamte Dosis ohne Verzögerung in den Körper des Pferdes gelangt.
- Nun können Sie - oder ein vertrauenswürdiger Freund, falls Sie bei der Tötung nicht anwesend sein sollten - das Pferd ruhig zu der Stelle führen, an der es eingeschläfert werden soll. Wählen Sie - in Abstimmung mit dem Stallbetreiber - hierfür einen Platz im Freien mit einem festen Untergrund aus, der für

einen LKW zugänglich ist. Hier wird der Kadaver später von einem Fahrzeug der Tierkörperbeseitigungsanstalt abgeholt.

- Für die Tötung selbst stehen dem Tierarzt nun unterschiedliche Verfahren zur Verfügung. Entweder er spritzt ein barbiturathaltiges Schlaf- und Narkosemittel in einer Überdosis. Der überwiegende Teil aller Pferde bricht nun nach einigen Sekunden zusammen und liegt in tiefer Bewußtlosigkeit. Durch die verabreichte Überdosis vertieft sich dieser Zustand, bis eine vollständige Atemlähmung und der Herzstillstand eintreten.
- Nach einem anderen Verfahren wird das Pferd zunächst durch eine Medikamentenkombination in Kurznarkose versetzt. Diese Narkose stellt absolut sicher, daß es bewußtlos ist, wenn das eigentliche Tötungsmittel - das zur Muskel- und Atemlähmung und zum Herzstillstand führt - injiziert wird.
- Sie können sicher sein: Bei beiden Verfahren wird das Pferd genauso in Narkose gelegt wie bei einer Operation. Sobald die Wirkung der Narkose eintritt, spürt das Pferd absolut nichts mehr. Die eigentliche Tötung ist völlig schmerzfrei.
- Was jedoch passieren kann: Einige wenige Pferde fallen nach Verabreichung des Narkosemittels nicht sofort um, sondern steigen noch ein, zweimal unkontrolliert und können sich dabei sogar überschlagen. Andere zucken noch eine Weile mit den Beinen oder heben den Kopf an und schnappen nach Luft. Auf diese Reaktion, die Sie sicher sehr bestürzen wird, müssen sie gefaßt sein. Leiden muß Ihr Tier dennoch nicht.
- Was Sie jedoch unbedingt im Vorfeld mit Ihrem Tierarzt abklären müssen:
  - Stellen Sie sicher, daß Ihr Tierarzt einen Venenkatheder setzt. Tut er dies nicht, kann die Nadel beim Injizieren des Narkosemittels abbrechen und nur eine Teilmenge des Mittels gelangt in den Pferdekörper. Der angestrebte Narkoseeffekt tritt dann nicht ein.
  - Ihr Tierarzt darf an der Menge des zu injizierenden Narkosemittels keinesfalls sparen.
  - Weiterhin müssen Sie sich darauf verlassen können, daß Ihr Tierarzt vorher wirklich ein Narkosemittel verabreicht, auch wenn das eigentliche Tötungsmittel als ausreichend wirksames Alleinmittel zugelassen ist.
  - Wenn Sie auch nur den geringsten Zweifel hegen, daß Ihr Tierarzt bei der Tötung Ihres Pferdes nicht

Bewahren Sie sich diese Erinnerung - Ihr Pferd friedlich grasend in seiner Herde.

diesen Vorgaben entsprechend verfahren will, wenden Sie sich an einen anderen Veterinärmediziner!

Damit die Fahrt zum Schlachter keinen Streß verursacht, muß Ihr Pferd ans Hängerfahren gewöhnt sein.

- Die Tierarztkosten für die Euthanasie belaufen sich auf ungefähr 200 bis 300 Mark.
- Da Sie weder ein großes noch ein kleines Pferd (auch kein Minipony oder Fohlen) in Ihrem Garten, auf der Koppel oder auf sonstigem Land begraben dürfen, haben Sie vorher bereits mit der für Ihren Ort zuständigen Tierkörperbeseitigungsanstalt Kontakt aufgenommen. Sie finden deren Telefonnummer nicht in jedem Telefonverzeichnis, sondern erhalten Sie über Ihren Tierarzt (der das Arrangement auch für Sie treffen kann).
- Die Tatsache, daß diese Anstalt den Kadaver nur werktags abholt, ist bei der Planung der Euthanasie (falls sie nicht wegen eines Notfalls ganz kurzfristig erfolgen muß) zu berücksichtigen.
- Bitten Sie auf jeden Fall vorher den Stallbetreiber, eine große, blickdichte Plane bereitzuhalten (oder organisieren Sie selbst eine), damit Ihr Pferd nach der Tötung zugedeckt werden kann. Da sich unter der Plane der Körper vor allem im Sommer sehr erhitzt, empfiehlt sich ersatzweise, den Kadaver mit Stroh zuzudecken.
- Je nach Bundesland kostet die Tierkörperbeseitigung entweder gar nichts oder nur eine kleine Gebühr.
- An Ihrer Stelle kann auch eine andere Person (zum Beispiel der Stallbesitzer) bei der Abholung des Kadavers anwesend sein.
- In der Tierkörperbeseitigungsanstalt wird der tote Körper Ihres Pferdes durch Hitze sterilisiert und später zu Tiermehl und -fett verarbeitet.

Schlachtung durch den Metzger

- Die Schlachtung wird vorgenommen, wenn das Fleisch des Pferdes noch als Nahrungsmittel dienen soll. Die Tötung erfolgt durch das Entbluten; das Tier wird vorher mit einem Bolzenschußapparat betäubt. Diese - mit vielen Vorurteilen behaftete - Tötungsmethode ist für das Pferd absolut schmerzfrei und sicher.
- Sie vereinbaren mit einem Pferdemetzger einen festen Termin. Er wird die notwendigen Vorbereitungen treffen, damit Ihr Pferd *sofort* nach dem Eintreffen auf dem Schlachthof geschlachtet werden kann.

- Sie oder ein zuverlässiger Freund fahren Ihr Pferd - das an den Transport im Hänger gewöhnt sein muß - zum Schlachthof. In zahlreichen Pferdeschlächtereien muß Ihr Pferd keine Schlachthalle betreten. Sie können mit dem Transporter beinahe bis an den Schlachtplatz heranfahren.
- Ihr Pferd verläßt den Hänger, tritt von der Rampe und wird ruhig zum Schlachtplatz geführt.
- Der Bolzenschußapparat wird auf die Pferdestirn gesetzt. Beim Abdrücken dringt ein starker Metallstift ins Gehirn des Pferdes und zerstört im Bruchteil einer Sekunde jenen Hirnteil, an dem sich Groß- und Kleinhirn und Rückenmark treffen. Das Pferd bricht vollständig bewußtlos zusammen - 'wie vom Blitz getroffen', wie die meisten Beobachter bestätigen.
- Der Schlachter öffnet nun sofort die Halsschlagadern; der Tod tritt kurz darauf durch das Entbluten ein.
- Wie jedes andere Schlachttier wird das Pferd nun fachkundig zerlegt, das Fleisch als Nahrungsmittel verwendet, die Häute zu Leder, Mähne und Schweif zu Matratzenfüllungen und Besenborsten verarbeitet. Nur Knochen und Hufe werden der Tierkörperbeseitigungsanstalt zugeführt.
- Je nach Marktsituation zahlt Ihnen der Schlachter für das verwertbare Fleisch zwischen circa 300 und 1000 Mark.
- Ein sehr selten eintretender Fall ist die **Notschlachtung.**
- Sie darf auf dem Hof erfolgen, wenn Ihr Pferd einen Unfall erleidet oder plötzlich erkrankt und sofort getötet werden muß, ihm aber der Transport aus tierschützerischen Gründen nicht mehr zumutbar ist.
- Möchten Sie das Fleisch des Pferdes noch als Nahrungsmittel verwerten lassen, dann lassen Sie in diesem Fall das Tier nicht einschläfern. Sie ziehen umgehend einen Amtstierarzt hinzu (Ihr Haustierarzt nennt Ihnen den Ansprechpartner in der Veterinärbehörde), der die sogenannte Lebenduntersuchung vornimmt.
- Der herbeigerufene Metzger schlachtet das Pferd dann am Hof.
- In den meisten dieser Fälle entscheidet sich der betreffende Pferdebesitzer aber für die Euthanasie durch den Tierarzt.

Welche Tötungsart eignet sich für mein Pferd?

Über das Wissen um die rein 'technischen' Vorgänge bei den Tötungsalternativen hinaus liefert Ihnen auch der körperliche und seelische Zustand Ihres Pferdes eine Entscheidungshilfe.

Wurde Ihr Pferd vor seinem Tod mit Medikamenten behandelt, scheidet die Schlachtung vorn vornherein aus, da das Fleisch dann nicht als Nahrungsmittel verwertet werden kann. Sie möchten, daß es den letzten Weg ohne Angst und größere Schmerzen erlebt. Vergleichen Sie daher folgende Empfehlungen:

Müssen Sie bei der Tötung dabei sein?

Dies ist eine weitere schwerwiegende Frage - und Sie müssen Sie ganz allein beant-

Euthanasie	Schlachtung
Ihr Pferd hat keine Angst vorm Tierarzt und läßt auch Injektionen gelassen über sich ergehen.	Ihr Pferd hat besonders vor Injektionen Angst.
Ihr Pferd wurde in letzter Zeit mit Arzneimitteln behandelt.	Ihr Pferd wurde in letzter Zeit nicht medikamentös behandelt.
Ihr Pferd ist fremde Umgebungen nicht gewohnt und wird schnell ängstlich oder unruhig.	Ihr Pferd ist nervenstark und gewohnt, nicht nur in der eigenen Anlage, sondern auch an fremden Orten zu sein.
Ihr Pferd läßt sich schwer verladen und ist kein routinierter Hängerfahrer.	Ihr Pferd läßt sich leicht verladen und hat keine Angst vorm Hängerfahren.
Ihr Pferd leidet unter Schmerzen, so daß ihm ein Transport nicht mehr zumutbar ist.	Ein Transport ist dem Pferd aus ärztlicher Sicht durchaus zuzumuten.
Sie haben keinen guten, absolut vertrauenswürdigen Freund, der Sie und Ihr Pferd (oder Ihr Pferd allein) zum Metzger begleitet.	Ein guter, absolut zuverlässiger Freund, den auch Ihr Pferd kennt, kann Sie und/oder Ihr Pferd auf dem Weg zum Schlachthof begleiten.
Die Vorstellung, daß das Fleisch Ihres Pferdes als Nahrungsmittel verwertet wird, stößt Sie ab.	Sie finden die Vorstellung, Ihr Pferd wird nach der Tötung in einem Kessel 'gekocht' und zu Tiermehl zerkleinert, befremdlich.
Sie können mit der Vorstellung leben, daß Ihr Pferd nach dem Einschläfern zu Tiermehl verarbeitet wird.	Sie finden den Gedanken, daß das Fleisch Ihres Pferdes noch als Nahrungsmittel dient, nicht verwerflich.

worten und zudem versuchen, sich später weder mit Schuldgefühlen oder quälenden Erinnerungen und Reuegedanken zu martern. Ob Ja oder Nein: Beide Antworten können für Sie und Ihr Pferd richtig sein.

Sie hängen von Ihrer eigenen Psyche ab. Vielleicht sind Sie mit dem Tod vertraut und haben dem Sterben nahestehender Menschen und geliebter Tiere beigewohnt. Sie fühlen sich psychisch stark und belastbar und leben derzeit in einem intakten Umfeld, das Sie in Ihrem Kummer auffangen kann. Sind Sie außerdem einigermaßen sicher, daß Sie nicht weit vorher schon in Tränen ausbrechen und dadurch Ihr Pferd auf seinem letzten Gang (den es vermutlich ganz arglos antritt) verunsichern werden? Dann begleiten Sie Ihr Tier selbst.

Aber nicht immer verläuft Ihr eigenes Leben so problemlos. Sie durchlaufen möglicherweise eine schwierige private Periode, wurden von einem Partner verlassen, ängstigen sich um die Gesundheit Ihres Kindes oder stehen vor großen finanziellen Problemen und fühlen sich sehr verunsichert.

Ihr Pferd war eine Ihrer wenigen Freuden und Sie genießen seinen vertrauten Anblick im Kreise der Weidekameraden. In einem solchen Zustand werden Sie vermutlich zwar schon die Kraft aufbringen, unter heißen Tränen Ihren vierbeinigen Kameraden bis ans Ende zu begleiten - aber Sie laufen Gefahr, jedes Detail des Tötungsvorgangs in Ihrer Erinnerung wie einen Riesenballon aufzublähen und es wieder und wieder abzuspulen: Hat er nicht vielleicht doch Todesangst gehabt? Schmerzen gespürt? Was wollte sein letzter Blick mir sagen? Entscheiden Sie sich für ein klares 'Nein'. Verabschieden Sie sich liebevoll von Ihrem Pferd im Stall oder auf der Koppel und behalten Sie es so in Erinnerung. Beauftragen Sie einen wirklich guten, vertrauenswürdigen Freund, es am nächsten Tag auf seinem letzten Weg zu begleiten. Ihr Pferd sollte diesen Menschen gut kennen und vor allem mögen. Unbelastet von gefühlsmäßigen Bindungen wird dieser 'neutrale Begleiter' die Ruhe und Besonnenheit ausstrahlen können, die Ihr Pferd vor jeder Angst bewahren.

Wie auch immer Sie sich entscheiden:
Zweifeln Sie 'nachher' Ihren Entschluß nicht an. Alles ist, wie es ist, und wie es ist, ist es gut.

Nur eines dürfen Sie nicht sein - feige!

Sie sind nicht feige, wenn Sie sich entschließen, dem Leben Ihres Pferdes ein Ende zu setzen, weil es zunehmend Schmerzen leidet. Sie sind nicht feige, wenn Sie für sich entscheiden, daß Sie sich langfristig mit einem unreitbaren Pferd nicht belasten wollen und es töten lassen, um ihm eine ungewisse Zukunft in fremder, vielleicht sachunkundiger Hand zu ersparen. Sie sind auch nicht feige, wenn Sie selbst der Tötung nicht beiwohnen möchten, sondern einen vertrauenswürdigen Freund bitten, Ihr Pferd auf dem letzten Weg zu begleiten.

Verkaufen Sie niemals Ihr Pferd an einen windigen Pferdeaufkäufer!

Aber: Sie sind feige, wenn Sie es nun am Ende seines Lebens irgendeinem dubiosen Menschen anvertrauen, der großzügig anbietet, 'alles in die Wege zu leiten', und Sie selbst weinerlich sagen: 'Ich überlasse die Entscheidung dir, sorg dafür, daß er irgendwie wegkommt. Ich kann es nicht ertragen, mich selbst darum zu kümmern...' Wie auch immer Sie es formulieren - Sie setzen Ihr Pferd, das Sie lange Jahre geduldig ge- und ertragen hat - folgendem furchtbaren Schicksal aus:

- Es wird an einen Pferdehändler weiterveräußert, der Aufkäufer von Schlachtpferden beliefert.
- Eingepfercht zwischen Artgenossen und unzureichend betreut wartet es unter unwürdigen Bedingungen auf seinen Abtransport in Richtung Südeuropa.
- Ohne tierärztliche Versorgung, ohne Rücksicht auf seine Erkrankung, meist ohne Wasser und Futter wird es tagelang quer durch Europa gekarrt. In dunklen, schlecht belüfteten Hängern oder Vieh-Transportern mit Leidensgenossen zusammengepfercht wartet es oft stundenlang an Grenzübergängen in praller Sonne. Kreislaufzusammenbrüche und Hitzschlagtote sind keine Seltenheit.

- Die Menschen, die mit ihm auf diesem Transportweg umgehen, quälen es, fügen ihm Schmerzen zu und lassen es ohne einen Hauch von schlechtem Gewissen leiden.
- Am Ankunftsort wird es mit elektrischen Schweinetreibstöcken aus dem Wagen getrieben, ungeachtet seiner Verletzungen, seiner Ängste und seiner Schmerzen.

Erlauben Sie sich ein wenig Abwechslung, um dem Trauerschmerz die Spitze zu brechen.

- Inmitten von toten oder sterbenden Artgenossen wartet es in unsäglicher Qual auf seine Erlösung.
- Die Schlachtung - vorgenommen von rohen Menschen - erfolgt oft genug ohne vorherige Betäubung.
- In anderen Fällen wird es - falls es noch einigermaßen fit aussieht - an unseriöse Verleihbetriebe weiter veräußert, um hier noch eine Saison lang 'verheizt' zu werden.
- Anschließend geht es den beschriebenen Weg...

Wollen Sie feige sein? Die Frage erübrigt sich jetzt sicher.

Trauerarbeit - und was Ihnen jetzt ein wenig hilft

Sie haben Ihr Pferd geliebt. Sie haben dafür gesorgt, daß es ein Leben lang weitgehend fit und fröhlich war - und nun haben Sie ihm zu einem würdigen Ende verholfen. Sie fühlen sich traurig und leer zugleich. Sein gemütlicher Stall erscheint Ihnen öde, auf der Koppel fehlt seine vertraute Erscheinung inmitten der Herde. Sie vermissen sein liebevolles Grummeln, sein fanfarengleiches Wiehern, mit dem es sie begrüßte. Sie sehnen sich nach seinen kleinen Unarten - ach, wäre es doch noch da. Gleichzeitig, und das flößt Ihnen ein schlechtes Gewissen ein, verspüren Sie auch eine gewisse Erleichterung. Schämen Sie sich nicht für dieses Gefühl.

Die schwersten Entscheidungen (Soll ich es töten lassen oder nicht? Soll ich dabei sein oder nicht?) liegen hinter Ihnen. Hin und wieder wallen Zweifel auf: Habe ich es so richtig gemacht? Wäre es anders besser gewesen?

Es liegt in der Natur des Menschen, sich Gedanken zu machen und das Für und Wider von Entschlüssen zu erwägen, nachdem Sie sie längst getroffen haben. Verdrängen Sie auch diese Gedanken nicht, sondern akzeptieren Sie sie und lassen Sie sie durch sie hindurchfließen. Sprechen Sie mit wirklich guten Freunden über Ihr Pferd, auch wenn Sie dabei weinen müssen. Schreiben Sie, wenn es Sie drängt, auf, was Sie fühlen.

Wenn Sie sehr deprimiert sind, bringen Sie viel Abwechslung in Ihren Alltag. Nehmen Sie Aufgaben in Angriff, die Sie lange vor sich hergeschoben haben und bei denen Sie sich konzentrieren müssen. Auch körperliche Arbeiten helfen ihnen, das Gefühl der Trauer abzubauen. Meiden Sie den Umgang mit Pferden nicht - greifen Sie Freunden bei der Stallarbeit oder der Weidepflege unter die Arme. Mißachten Sie die Freundlichkeit nicht, die fremde Pferde ihnen jetzt entgegenbringen - auch diese anderen Pferde haben ein Anrecht auf Ihre Sympathie! Falls Sie bereits seit einiger Zeit ein neues Pferd besitzen, wird der Umgang mit ihm dazu beitragen, Ihrem Schmerz die brennende Spitze zu nehmen.

Erkennen Sie allmählich auch an, daß Sie durch den Tod des geliebten Pferdes einen Verlust erlitten haben, aber nun durch seine Erlösung selbst auch von einer Vielzahl von Sorgen erlöst sind. Leben und Tod sind untrennbar miteinander verbunden. In dem Augenblick, in dem Sie sich für ein lebendiges Wesen entscheiden, akzeptieren Sie auch den schmerzhaften Abschied, selbst wenn er in noch so ferner Zukunft liegt. Leben ist ein wundervolles Geschenk - und immer ist es ein Geschenk auf Zeit. Seien Sie dankbar, daß Sie ein Stück Weg zusammen mit Ihrem Pferd gehen durften. Stellen Sie sich ruhig vor, es grast nun auf einer wunderschönen immergrünen Weide mit all den Stallkameraden, die es immer liebte.

Viele Menschen glauben an ein Leben nach dem Tode. Und wirkliche Tierliebhaber sind sicher, daß dieser ‘Himmel’ nicht nur dem Menschen vorbehalten ist. Wenn Menschen eine unsterbliche Seele haben, dann besitzen die Tiere sie wohl auch. Wenn Menschen auf einer anderen Daseinsebene weiterexistieren, dann Tiere sicherlich ebenfalls. Falls Ihr Pferd also fortexistiert, hat es mit seiner Daseinsform auf der Erde abgeschlossen und eine höhere Intelligenz wird dafür sorgen, daß es einen neuen Aufgabenbereich betritt.

Wagen Sie einen Neubeginn!

Sie aber leben weiter - und Sie haben das Recht auf ein glückliches, sinnerfülltes Leben. Aller Voraussicht nach entdecken Sie nach ein paar Monaten, daß Ihre Trauer nachgelassen hat. Sie können an Ihr altes Pferd denken, ohne wehmütig zu werden, und fangen an, sich Ihre gemeinsamen Erlebnisse ins Gedächtnis zu rufen und eine stille Freude dabei zu empfinden. Sie sind durch diese schmerzhafte Erfahrung gereift und bereit für einen neuen Anfang. Sie brennen geradezu darauf, wieder mit einem Pferd ‘etwas zu machen’. Sie wollen nicht mehr nur ‘irgendwo’ reiten

Ihr neues Pferd – eine faszinierende Persönlichkeit. Sind Sie bereit, sich auf diese Begegnung einzulassen?

- nein, Sie wollen wieder ein eigenes Pferd! Herzlichen Glückwunsch! Sie sind wieder aktiv, brennen vor Tatendrang. Sie haben mit Ihrem alten Pferd viele wertvolle Erfahrungen gesammelt, neue Erkenntnisse gewonnen und aus Fehlern gelernt. Ihr neuer vierbeiniger Partner hat somit beste Chancen, unter Ihrer Obhut ein fittes und fröhliches Leben zu führen. Handeln Sie dennoch nicht übereilt. Lesen Sie vielleicht dieses Buch noch einmal durch - gibt es ein paar Anregungen, die Sie jetzt, bevor Sie spontan ein neues Pferd kaufen, vielleicht in die Praxis umsetzen möchten? Sie könnten beispielsweise

- die Methoden des modernen Zeitmanagements erarbeiten (fragen Sie in Ihrem Buchladen nach entsprechender Literatur),
- lernen, wie Sie Ihre Arbeiten - privat und beruflich - effektiv organisieren und Aufgaben, für die andere besser geeignet sind als Sie, delegieren,
- in einem Gespräch mit Ihrem Banker Ihre Finanzplanung auf sichere Füße stellen - auch im Hinblick auf die Versorgung Ihres zukünftigen neuen Pferdes,
- Ihr Privatleben in Ordnung bringen und versuchen, Partner und Familie in Ihr Hobby Pferd einzubeziehen oder für möglicherweise auftretende Konflikte, welche sich aus der Pferdehaltung ergeben könnten, kreative Lösungen erarbeiten,
- Ihre Karriere überdenken, Ihr Berufsleben eventuell umorganisieren und Bildungsmaßnahmen einplanen **und**
- Ihre persönlichen Ziele erkennen und benennen.

Haben Sie jetzt den Mut zur Selbstanalyse. Fragen Sie sich:

- Was will ich - was kann ich - im Gesamtbereich Pferdesport?
- Was soll mein neues Pferd mir bringen?
- Will ich bei der Pferdeausbildung von Stunde Null anfangen?
- Möchte ich ein sofort einsatzfähiges Pferd?
- Soll mein neues Pferd dem alten ähneln - warum und worin?
- Wie denke ich über ein völlig anderes Pferd?

Lassen Sie sich so viele Fragen einfallen wie möglich. Machen Sie aus Ihrer Planung zum Thema Pferdekauf ein kreatives Brainstorming, ein Gedankenspiel, bei dem Sie alle Eventualitäten spontan notieren, mögliche Folgen durchspielen und erst viel später bewerten, was Ihnen gefallen könnte und was nicht. Nehmen Sie dieses Buch ruhig wieder und wieder zur Hand und benutzen Sie es als Orientierungshilfe. Sie haben alle Zeit der Welt!

Eines Tages wird nicht nur Ihr Verstand 'ja' sagen, sondern auch Ihr Herz entscheiden. Und dann steht es in Ihrem Stall: Ihr neues Pferd! Es möchte - wie sein Vorgänger - fit und fröhlich bleiben. Nein, und selbst wenn es Ihrem ersten Pferd äußerlich wie ein Ei dem anderen gleichen sollte (ja, das gibt es!), so vergessen Sie niemals: es ist nicht die Wiedergeburt Ihres alten Pferdes - es ist eine Persönlichkeit für sich. Es will als Individuum angenommen und gefördert werden. Es wird Sie zum Lachen und manchmal auch zur Verzweiflung bringen. Öffnen Sie Ihr Herz für dieses neue Wesen und wagen Sie einen Neubeginn. Geben Sie sich und ihm eine Chance, zusammen glücklich zu sein. ■

Ein Dankeschön zum Schluß

Viele Jahre meines Lebens habe ich vor allem mit erwachsenen Pferden verbracht - und so wie ich von der Schülerin zur Studentin wurde, dann eine Familie gründete, meinen Sohn und zahllose Tiere großzog und heute mit einem neuen Partner noch einmal den Sprung in ein 'neues Leben' gewagt habe, so sah ich auch höchst unterschiedliche Pferde heranwachsen und reifen. Diesen Pferden und ihren Besitzern gilt mein Dank, denn sie erlaubten mir immer wieder, sie ein Stück auf ihrer 'gemeinsamen Reise' zu begleiten und aus ihren Erfahrungen zu lernen. Pferdefachleute aus aller Welt - echte Horsewomen und Horsemen - ließen mich als Journalistin und Schriftstellerin an der Fülle ihres Wissens teilhaben - auch dafür danke ich. Besonders möchte ich die Tierärztin Frau Dr. med. vet. Lioba Wagner-Schlensok und den Rechtsanwalt und Fachbuchautor Reinhard Hahn dankend erwähnen, die mir für Auskünfte und Interviews jederzeit zur Verfügung standen.

Meine liebevollste Erinnerung jedoch gebührt meiner alten Stute. Viele meiner Leser kennen die 'großrahmige Braune' aus meinen Büchern und von der Vielzahl der Illustrationen in meinen Artikeln. Sarina war meine Vertraute, die große Pferdeliebe meines Lebens, an der und mit der ich immerfort lernte. Ich war es ihr schuldig, sie erlösen zu lassen, als sie mir auf sanfte, aber eindringliche Art immer öfter zeigte: 'Du, hier tut's mir weh... und da auch!' Und die sich doch immer wieder bemühte, bei allem eifrig mitzutun. Sie sollte keine Schmerzen leiden. Am Ende ihres Leben schenkte sie mir ihre Nachfolgerin, das 'Büffelchen' Leika, und wies mir selbst durch ihre innige Zuneigung zu der 'Neuen' in unserer Gemeinschaft den Weg ins Herz dieser einst unnahbaren und eigensinnigen kleinen Schwarzbraunen. Danke, Sarina.

Christine Lange